Berliner Spaziergänge

Literatur • Architektur • Film

Berliner Spaziergänge

Literatur • Architektur • Film

Reinhard Zachau
University of the South

mit

Margit Sinka
Clemson University

Rolf Goebel
*University of Alabama,
Huntsville*

TABLE OF CONTENTS

Preface vii

Karte von Berlin viii

Einleitung: Der Berliner Flaneur xi

Kapitel 1: Berlin im neunzehnten Jahrhundert 1

Kapitel 2: Berlin in der Weimarer Republik 25

Kapitel 3: Berlin im Dritten Reich 59

Zwischenkapitel: Nachkriegsberlin 1945-49 97

Kapitel 4: West-Berlin 115

Kapitel 5: Ostberlin 151

Kapitel 6: Hauptstadt Berlin 175

Preface

Berliner Spaziergänge grew out of the frustration of the authors that there are plenty of books on Berlin history, mostly in English, but no books for Berlin literature that can be used on the undergraduate level. With its selection of literature excerpts, *Berliner Spaziergänge* wants to present a realistic image of the life average Berliners led under the city's many oppressing political systems during the last two centuries, starting with life in imperial Germany, then moving to Weimar Berlin and Berlin's most difficult times during the Nazi period, then on to the postwar years.

Each chapter begins with information on Berlin's topographical layout in combination with a literary text. By concentrating on excerpts from literary texts of a particular historical period, students not only explore the layout of the city but can also relate abstract historical information to a physical experience within the city's geography. *Berliner Spaziergänge* begins its exploration of nineteenth century life in the Mitte district, moves to Weimar culture in the Western suburbs of Charlottenburg and Tiergarten, and then on to the Nazi period. While some monuments of Nazi Berlin still exist, most buildings after 1945 still stand which make the exploration of post-war Berlin much easier. Each chapter consists of a general introduction into the culture of the district and its history, followed by an outline of the location of the literature excerpts. The text selections are divided into a general introduction with in-depth information on the book from which the text excerpt is taken. Each excerpt is glossed and footnoted with cultural information. The study questions can be used either for class discussion or for essay writing and the bibliography lists the source for the text and gives ideas for further reading.

Berliner Spaziergänge is the first part of a two-part book series. The second part, *Berlin Walks*, includes background information in English and is intended either as a compendium to *Berliner Spaziergänge*, or it can be used as an introduction to Berlin's culture and literature in a course on Berlin taught in English. The articles in *Berliner Spaziergänge* were conceived and written by Margit Sinka of Clemson University (Kapitel 3, Zwischenkapitel, parts of Kapitel 4), Rolf Goebel of the University of Alabama at Huntsville (Kapitel 6), and Reinhard Zachau of the University of the South in Sewanee, Tennessee (Einleitung, Kapitel 1, Kapitel 2, parts of Kapitel 4, Kapitel 5). Most photos are courtesy of the Bildarchiv Preußischer Kulturbesitz (bpk) and Amy Metzger, a former student at the University of the South. The map was drawn by Dan Backlund, Professor of Theater Arts at the University of the South. We thank all publishers for permission to reprint the text excerpts. A complete credit list appears at the end of the book.

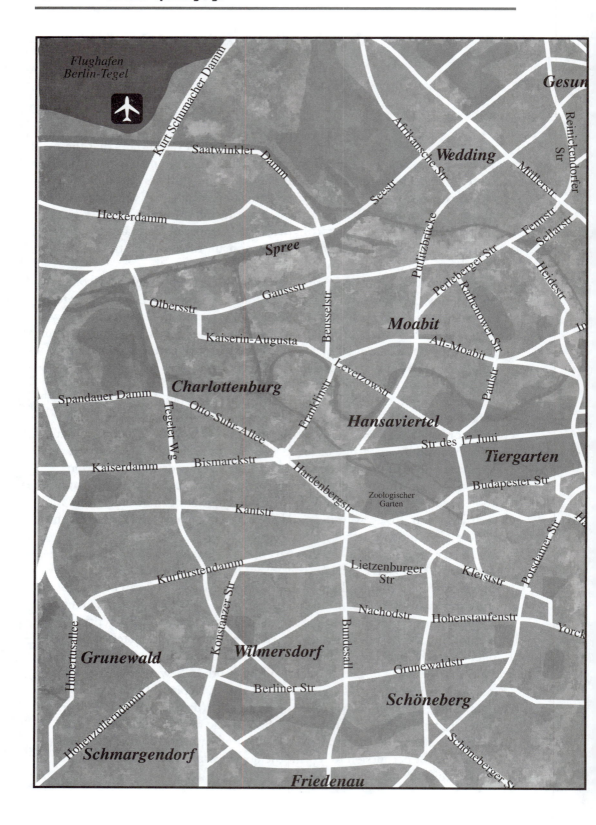

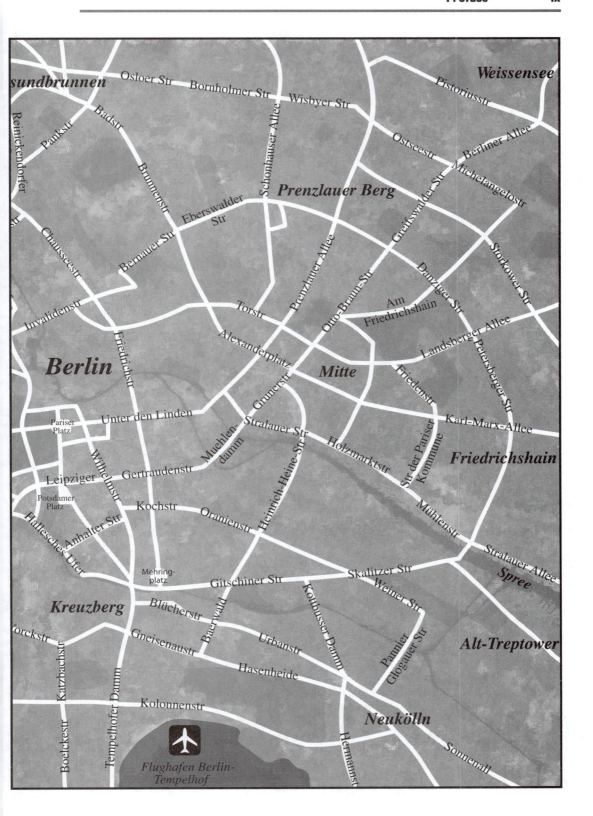

Einleitung: Der Berliner Flaneur

Walter Benjamin schrieb mit *Berliner Kindheit um 1900* eine der ersten Autobiographien eines Berliners, die zeigte, wie seine Identität von der Stadt beeinflusst wurde. Benjamin zeigt in seinem Buch, wie sein kindliches Spielen und Träumen immer mit dem Stadtraum Berlin verbunden war und wie dadurch Berlins Geschichte zu seiner eigenen Geschichte wurde. Benjamin versuchte später immer wieder, die unterschiedlichsten Eindrücke miteinander zu verbinden, nicht nur im Reflektieren und Schreiben, sondern als Flaneur in der Erforschung des modernen Stadtraums, eine literarische Figur des 19. Jahrhunderts. Besonders im *Passagen-Werk* (1927-40), Benjamins umfangreicher Materialsammlung zum Paris des 19. Jahrhunderts, ist der Flaneur aufmerksamer Beobachter des modernen Großstadtlebens, an dessen Straßen, Plätzen und Gebäuden er Spuren der Massengesellschaft erkennt als auch halbvergessene Erinnerungen an die Vergangenheit und sie dann in seine Bilderwelt umwandelt. Die Wohnung der Eltern mit ihren geheimnisvollen Plätzen sollte Benjamins Phantasie bis an das Ende seines Lebens begleiten. Und wie Benjamin noch als Erwachsener aus seinen Erinnerungen lebte, so lebt die Stadt Berlin auch heute noch aus ihrer Geschichte. Benjamins Erinnerungen zeigen, wie das Schicksal eines Einzelnen mit dem einer Stadtgemeinschaft verglichen werden kann. Und so soll Benjamins Buch am Beginn unserer Auswahl von Berlintexten stehen, da wir wie Benjamin die Geschichte aus dem gegenwärtig Sichtbaren rekonstruieren wollen. Eine geschichtlich so komplexe Stadt wie Berlin können wir nur dann verstehen, wenn wir vom Heutigen kommend das Historische zu rekonstruieren versuchen.

Unsere Wanderung durch die Berliner Stadtlandschaft wird so zu einer aufregenden Reise durch die Geschichte der Stadt. Spuren des Vergangenen finden sich in vielen Kleinigkeiten in dieser Stadt, vielleicht etwas versteckter als in anderen europäischen Städten. Wo Geschichte so reichhaltig vorhanden war wie in Berlin, ging man schon immer sorglos damit um. Es waren nicht nur die Nazis oder die Kommunisten, die bedeutende Bauwerke abrissen. Es geschieht auch in unserer Zeit, dass man nachlässig mit den Spuren der Geschichte umgeht, den noch erhaltenen Mauerresten oder dem Palast der Republik. Doch wo die alte Architektur trotz der groß angelegten Rekonstruktionen und Neubauten besonders in Berlin-Mitte langsam verschwindet, bleiben uns die literarischen Zeugnisse aus mehr als hundert Jahren preußischer und deutscher Geschichte, die oft sehr detailliert ihre Zeit festhalten. Sie geben uns im Aufzeigen des Wechselspiels des Menschen mit seiner Umgebung ein genaues Bild vom Leben in vergangenen Zeiten.

Berlin begann als Stadtlandschaft, die zunächst nur aus den Gemeinden Berlin und Cölln zusammengesetzt war. Doch schon im 17. Jahrhundert sollten weitere Vorstädte hinzukommen, die Friedrichstadt oder die Dorotheenstadt, bis sich aus Dutzenden ehemals unabhängiger Gemeinden im 20. Jahrhundert die Metropole Berlin bildete. Ab 1871, in der so genannten Gründerzeit, erhielt Berlin als deutsche Reichshauptstadt seine eigentliche Aufgabe, die die Stadt schnell von der verschlafenen preußischen Residenz in die dynamische Weltstadt verwandelte. Diese schnelle Transformation mit ihren sechs so unterschiedlichen historischen Abschnitten wird in der Textauswahl deutlich, mit der Nicht-Berlinern das Gefühl des Dabeiseins in diesem historischen Raum gegeben wird. Die Texte geben wohl Einblick in ausgewählte Aspekte des Berliner Lebens, können jedoch keinen umfassenden Überblick geben. Sie wollen mit der Stadtgeographie vertraut machen und dem damit verbundenen politischen System und seiner kulturellen Struktur, zunächst in der alten preußischen Stadt, dann der Hektik des Potsdamer Platzes in der Weimarer Zeit, dann dem brutalen Berlin der Nazizeit, den zwei säuberlich von einander abgeteilten Berlin des kalten Krieges und den aufregenden Neuanfängen in der modernen Hauptstadt. Wenn diese Reise auch keine historische Einführung in die Stadt ersetzen kann, so kann sie doch mit den Texten Einblick in die Wandlungen der Stadt geben.

Walter Benjamin: Berliner Kindheit um Neunzehnhundert (1987)

Kontext

Berliner Kindheit um Neunzehnhundert besteht aus einer Reihe von Miniaturen, die Benjamins Kindheitserinnerungen beschreiben. Aufgeschrieben wurden die kurzen Texte erst nach 1932, als Benjamin an einem Buch über seine Kindheit und Jugend arbeitete. Zu Benjamins Lebzeiten wurden nur einige Kapitel veröffentlicht. Erst 1950 erschien die Buchausgabe, die später mehrmals neu zusammengestellt wurde. Der Grund für diese komplexe Entstehungsgeschichte liegt in Benjamins Leben, der als Jude aus Nazi-Deutschland nach Frankreich fliehen musste. 1892 in Berlin geboren starb er 1940 auf der Flucht in Port-Bou, Frankreich, als er beim Grenzübergang zum neutralen Spanien befürchten musste, von Vichy-Frankreich nach Deutschland ausgeliefert zu werden. Benjamin ist einer der einflussreichsten Philosophen und Literaturkritiker des 20. Jahrhunderts, dessen Werk noch heute unser Denken beeinflusst. Neben dem *Passagen-Werk* wurde sein Buch *Das Kunstwerk im Zeitalter seiner technischen Reproduzierbarkeit* wichtig für die moderne Medientheorie.

Berliner Kindheit (Loggien)

Wie eine Mutter, die das Neugeborene an ihre Brust legt, ohne es zu wecken, verfährt das Leben lange Zeit mit der noch zarten Erinnerung an die Kindheit. Nichts kräftigt die meine inniger als der Blick in Höfe, von deren dunklen Loggien (1) eine, die im Sommer von Markisen beschattet wurde, für mich die Wiege war, in die die Stadt den neuen Bürger legte. Die Karyatiden (1), die die Loggia des nächsten Stockwerks trugen, mochten ihren Platz für einen Augenblick verlassen, um an dieser Wiege ein Lied zu singen, das zwar fast nichts von dem enthielt, was später auf mich wartete, dafür jedoch den Spruch, durch den die Luft der Höfe mir auf immer berauschend blieb. Ich glaube, dass ein Beisatz dieser Luft noch um die Weinberge von Capri (2) war, in denen ich die Geliebte umschlungen hielt; und es ist eben diese Luft, in der die Bilder und Allegorien stehen, die über meinem Denken herrschen wie die Karyatiden auf der Loggienhöhe über die Höfe des Berliner Westens.

Der Takt der Stadtbahn und des Teppichklopfens wiegte mich da in Schlaf. Es war die Mulde, in der sich meine Träume (3) bildeten. Zuerst die ungestalten, die vielleicht vom Schwall des Wassers oder dem Geruch der Milch durchzogen waren; dann die langgesponnenen; Reise– und Regenträume; endlich die geweckteren; vom nächsten Murmelspiel im Zoo, vom Sonntagsausflug. Der Frühling hisste hier die ersten Triebe vor einer grauen Rückfront; und wenn später im Jahr ein staubiges Laubdach tausendmal am Tag die Hauswand streifte, nahm das Schlürfen der Zweige mich in eine Lehre, der ich noch nicht gewachsen war. Denn alles wurde mir im Hof zum Wink. Wie viele Botschaften saßen nicht im Geplänkel grüner Rouleaus, die hochgezogen wurden, und wie viel Hiobsposten ließ ich klug im Poltern der Rollläden uneröffnet, die in der Dämmerung niederdonnerten.

Am tiefsten aber konnte mich die Stelle betreffen, wo der Baum im Hofe stand. Sie war im Pflaster ausgespart, in das ein breiter Eisenring versenkt war. Stäbe durchzogen ihn derart, dass er ein Gitter vorm nackten Erdreich bildete. Es schien mir nicht umsonst so eingefasst; manchmal sann ich dem nach, was in der schwarzen Kute, aus der der Stamm kam, vorging. Später dehnte ich diese Forschung auf die Droschkenhaltestellen aus. Die Bäume dort wurzelten ähnlich, doch sie waren noch dazu umzäunt und Kutscher hingen an die Umzäunung ihre Pelerinen, während sie für den Gaul das Pumpenbecken, welches ins Trottoir gesenkt war, mit dem Strahl füllten, der Heu- und Haferreste wegtrieb. Mir waren diese Warteplätze, deren Ruhe nur selten durch den Zuwachs oder Abgang von Wagen unterbrochen wurde, entlegenere Provinzen meines Hofes.

Wäscheleinen liefen von einer Wand zur anderen; die Palme sah umso obdachloser aus, als längst nicht mehr der dunkle Erdteil, sondern der benachbarte Salon als ihre Heimat empfunden wurde. So wollte es das Gesetz des Ortes, um den einst die Träume der Bewohner gespielt hatten. Doch ehe er der Vergessenheit verfiel, hatte bisweilen die Kunst ihn zu verklären unternommen. Bald stahl sich eine Ampel, bald eine Bronze, bald eine Chinavase in seinen Bereich. Und wenn auch diese Altertümer selten dem Orte Ehre machten, so gewann auf diesen Loggien der Zeitverlauf selbst etwas Altertümliches. Das pompejanische Rot, das sich so oft in breitem Bande an der Wand entlang zog, war der gegebene Hintergrund der Stunden, welche in dieser Abgeschiedenheit sich stauten. Die Zeit veraltete in diesen schattenreichen Gelassen, die sich auf die Höfe öffneten. Und eben darum war der Vormittag, wenn ich auf unserer Loggia auf ihn stieß, so lange schon Vormittag, dass er mehr er selbst schien als auf jedem anderen Fleck. So auch die ferneren Tageszeiten. Nie konnte ich sie hier erwarten; immer erwarteten sie mich bereits. Sie waren schon lange da, ja gleichsam aus der Mode, wenn ich sie endlich dort aufstöberte.

Später entdeckte ich vom Bahndamm aus die Höfe neu. Und wenn ich dann an schwülen Sommernachmittagen aus dem Abteil auf sie heruntersah, schien sich der Sommer in sie eingesperrt und von der Landschaft losgesagt zu haben. Und die Geranien, die mit roten Blüten aus ihren Kästen sahen, passten weniger zu ihm als die roten Matratzen, die am Vormittag zum Lüften über den Brüstungen gehangen hatten. Abende, die auf solche Tage folgten, sahen uns - mich und meine Kameraden - manchmal am Tisch der Loggia versammelt. Eiserne Gartenmöbel, die geflochten oder von Schilf umwunden schienen, waren die Sitzgelegenheit. Und auf die Reclamhefte schien aus einem rot und grün geflammten Kelch, in dem der Strumpf summte, das Gaslicht nieder: Lesekränzchen. Romeos letzter Seufzer strich durch unsern Hof auf seiner Suche nach dem Echo, das ihm die Gruft der Julia in Bereitschaft hielt.

Seitdem ich Kind war, haben sich die Loggien weniger verändert als die anderen Räume. Doch nicht nur darum sind sie mir noch nah. Es ist vielmehr des Trostes wegen, der in ihrer Unbewohnbarkeit für den liegt, der selber nicht mehr recht zum Wohnen kommt. An ihnen hat nicht die Behausung des Berliners ihre Grenze. Berlin – der Stadtgott (4) selber – beginnt in ihnen. Es bleibt sich dort so gegenwärtig, dass nichts Flüchtiges sich neben ihm behauptet. In seinem Schutze finden Ort und Zeit zu sich und zueinander. Beide lagern sich hier zu seinen Füßen. Das Kind jedoch, das einmal mit im Bunde gewesen war, hält sich, von dieser Gruppe eingefasst, auf seiner Loggia wie in einem längst ihm zugedachten Mausoleum auf.

Walter Benjamin, *Berliner Kindheit*, © Suhrkamp-Verlag, Berlin.

Wörter

Substantive

Abgeschiedenheit (*f.*)	seclusion
Ampel (*f.*)	traffic light, here: outdoor lamp
Beisatz (*m.*)	additional item
Brüstung (*f.*)	balustrade
Droschkenhaltestelle (*f.*)	carriage stop
Fleck (*m.*)	spot
Geplänkel (*n.*)	banter
Hiobspost (*f.*)	bad news
Kelch (*m.*)	chalice, cup
Kute (*f.*)	pit, hole
Kutscher (*m.*)	carriage driver
Mulde (*f.*)	trough
Murmelspiel	marble game
Pelerine (*f.*)	cape, coat
Pumpenbecken (*n.*)	water bowl
Reclamheft (*n.*)	paperback
Rolladen (*m.*)	blind
Rückstand (*m.*)	residue
Teppichklopfen (*n.*)	carpet pounding
Trottoir (*n.*)	sidewalk
Trieb (*m.*)	drive
Unbewohnbarkeit (*f.*)	inhabitability
Wiege (*f.*)	cradle

Verben

aufstöbern	to track down
schlürfen	to sip, to slurp
streifen	to graze
vererben	to pass on
verklären	to glorify

Adjektive

berauschend	intoxicating
eitel	in vain
gelassen	laid-back
geweckt	bright
lang gesponnenen	elaborate
pompejanisch	from Pompeii
ungestalten	shapeless

Anmerkungen

1. Die Familie Benjamin kaufte 1912 eine „burgartige Villa" mit Loggien in der Delbrückstraße im Grunewald. Diese Szene gibt einen guten Einblick in Walter Benjamin Assoziationstechnik. In der Loggia verläuft die imaginäre „Grenze", wo die Binnenwelt von Benjamins Wohnung mit dem öffentliche Raum zusammen kommen. Für Benjamin war hier ein erster Erinnerungsort, wo er als Kind seine Identität fand (Witte). Die „Karyatiden, die die Loggia des nächsten Stockwerks trugen," verwandeln sich für ihn in Schutzgöttinnen des Erotischen. Karyatiden sind weibliche Statuen, die das Dach eines griechischen Tempels anstatt von Säulen tragen.

2. Spätere Reisen führten Benjamin nach Capri. Hier wird die zweite Dimension von Benjamins Träumen deutlich, die auf die Zukunft des Kindes gerichtet ist und in der die Erfahrung fremder Geographien mit der eigenen Stadterinnerung verwoben wird.

3. Benjamin praktiziert hier eine Methode der literarischen Montage oder Assoziation. Die Geräusche der vorbeifahrenden Stadtbahn werden als Verlockung zum Reisen erfahren, der der Autor später gefolgt ist. Überhaupt sind es die Geräusche, das „Teppichklopfen", das „Schlürfen der Zweige", „das Poltern der Rollläden", die den Erinnerungsschub des Erwachsenen auslösen.

4. Benjamin vermischt hier seine allegorische Schreibweise mit einem expressionistischen Stil, um einen Ausdruck für Berlin zu finden. Wie bei Georg Heyms „Der Gott der Stadt" versucht Benjamin den Geist der Stadt mit einer Metapher zu benennen.

Übungen

1. Finden Sie eine Überschrift für jeden der sechs Absätze. Beispiel: (1.) Die Loggia.

2. Geben Sie Beispiele aus dem Text für Benjamins Träume und Erinnerungen.

3. Wodurch werden diese Erinnerungen im Text ausgelöst?

4. Warum assoziiert Benjamin seine Kindheitserinnerungen mit dem Prinzip des Mütterlichen?

5. Was bedeutet es für Benjamins Art der Stadtbeobachtung, dass ihm im Hof (und anderswo auch) „alles… zum Wink" wird?

6. Was meint Benjamin damit, dass die Kunst den Hof „verklärt", ehe er dem Vergessen anheim fällt?

Bibliographie

Benjamin, Walter. *Berliner Kindheit um neunzehnhundert*. Frankfurt: Suhrkamp.
    2006.
Goebel, Rolf. *Benjamin heute: Großstadtdiskurs, Postkolonialität und Flanerie
    zwischen den Kulturen*. München: Iudicium, 2001.
Lindner, Burkhardt. *Benjamin-Handbuch: Leben, Werk, Wirkung*. Stuttgart:
    Mertzler, 2006.

KAPITEL 1

Berlin im neunzehnten Jahrhundert

Berlin lädt zu Exkursionen ein, doch die Größe der Stadt kann nicht an einem Tag erkundet werden, sie verlangt danach sich Zeit zu lassen. Die Stadt zu Fuß zu erkunden ist dabei die beste Möglichkeit, um die einzelnen Bezirke kennen zu lernen, denn nur so lassen sich die gewachsenen Strukturen erkennen, die Straßensysteme der mittelalterlichen Stadt, von der heute noch das Nikolai-Viertel und die Marienkirche einen Eindruck geben. An dieser Stelle entstand im 13. Jahrhundert Berlin als Kolonialstadt auf der östlichen Seite der Spree, da hier einer der günstigsten Flussübergänge lag. Hier kreuzten sich zwei große Handelsstraßen von Westdeutschland nach Polen und von Norddeutschland nach Böhmen. Auf der westlichen Seite des Flusses entstand bald ein kleinerer Ort, der den Namen Cölln erhalten sollte. Schon bald entwickelte sich am Flussübergang ein Markt, der die wirtschaftliche Stellung des Ortes bestimmte. Als der Kurfürst Friedrich II. im 15. Jahrhundert die erste Burg auf der cöllnischen Seite anlegte, begann die Jahrhunderte dauernde Abhängigkeit Berlins von den Hohenzollern als Residenzstadt, die Berlin seit 1701 war.

Die im achtzehnten Jahrhundert entstandenen die Bauten um die Straße Unter den Linden dienten der Repräsentation der neuen Residenzstadt: das Zeughaus, das Kronprinzenpalais, das Opernpalais, die Staatsoper, das Prinz-Heinrich-Palais, die St. Hedwigs-Kathedrale und die Alte Bibliothek. Als der französische Kaiser Napoleon am 27. Oktober 1806 mit seinen Truppen durch das Brandenburger Tor in Berlin einzog, endete diese Periode vorerst; sie wurde jedoch nach Ende der Befreiungskriege 1814 mit erneuter Energie fortgesetzt. Die neue Berliner Universität zog 1810 in das Kronprinzenpalais und das Alte Museum wurde von Karl-Friedrich Schinkel als erstes Museum auf der Museumsinsel am Stadtschloss der Hohenzollern errichtet. Bis zur Gründung des Kaiserreiches durch Bismarck 1871 blieb die Stadt um den Boulevard Unter den Linden das Zentrum Berlins, wie wir es auch heute noch kennen. Erst nach 1891 setzte die explosionsartige Ausweitung der Stadt durch den Boom der Gründerzeit ein, als um das Stadtzentrum in Kreuzberg, Prenzlauer Berg, Friedrichshain und Wedding, dem "Wilhelminischen Ring", Mietskasernen errichtet wurden, um billige Arbeiterwohnungen zu schaffen. In den ländlichen Vororten im Südwesten wie Charlottenburg, Wilmersdorf und Schöneberg entstanden Villenkolonien für das Bürgertum. Durch diese zumeist ungeplante Baupolitik des neunzehnten Jahrhunderts waren die sozialen Spannungen vorprogrammiert. 1878 reagierte die Reichsregierung mit dem Verbot aller sozialdemokratischen und sozialistischen Parteien, den Sozialistengesetzen. Um weiteren Unruhen vorzubeugen, führte Bismarck im Zuge der Sozialgesetze 1883 die Krankenversicherung und 1884 die Unfallversicherung ein.

Eine ausgedehnte Stadtwanderung durch die Friedrichstadt und Dorotheenstadt im Westen des Stadtzentrums gibt einen Eindruck von den Erweiterungen des achtzehnten und neunzehnten Jahrhunderts mit den neoklassischen Bauten des Architekten Karl Friedrich Schinkel. Dieses Flanieren erzeugt ein Bild der Zusammenhänge, zwischen dem Schlossplatz, der Friedrichstraße, dem Gendarmenmarkt am östlichen und dem Brandenburger Tor und Reichtagsgebäude am westlichen Ende. So wird deutlich, wie die Innenstadt früher vom Stadtschloss der Hohenzollern dominiert war, dessen Wiederaufbau inzwischen beschlossene Sache zu sein scheint. Durch die Rekonstruktion sollen die alten Stadtstrukturen hergestellt werden, damit Berlin seine historische Mitte wieder erhält.

Die literarischen Texte imitieren die schnelle Wandlung Berlins von einer preußischen Residenzstadt zur Kaiserstadt am Ende des neunzehnten Jahrhunderts. Durch den heutigen Bezirk Mitte zu flanieren imitiert die Wege der Menschen im neunzehnten Jahrhundert, die in der Literatur zum Leben kommen, beginnend mit Georg Hermanns Berlinern aus dem jüdischen Bürgertum der Biedermeierzeit des frühen neunzehnten Jahrhunderts, Jettchen Gebert alias Henriette Jakoby und ihrem Onkel Jason, dem Flaneur. In dieser nostalgischen Darstellung des Berlins der Preußenzeit wird auch schon die Übergangszeit sichtbar. Die Berliner der preußischen Befreiungskriege sterben, die Jungen machen weiter, noch orientierungslos, doch neugierig auf die Zukunft. Jettchen wird diese Zukunft nicht mehr erleben, auch nicht Jason. Auch Theodor Fontanes Lene Nimptsch und Botho von Rienäcker werden nicht das Glück in diesem sich wandelnden Berlin finden, das zunehmend vom Bürgertum der industriellen Gründerzeit des späten neunzehnten Jahrhunderts der Kaiserzeit dominiert wird. Das alte Berlin verschwindet, wie in den Menschen auch in der Architektur, von der nur noch Reste bleiben wie in der mittelalterlich anmutenden Subkultur des jüdischen Scheunenviertels, das Fallada aus dem Blickwinkel des Berliner Bürgersohns zeigt. Diese Kultur flößt den wohlhabenden Besuchern Angst ein.

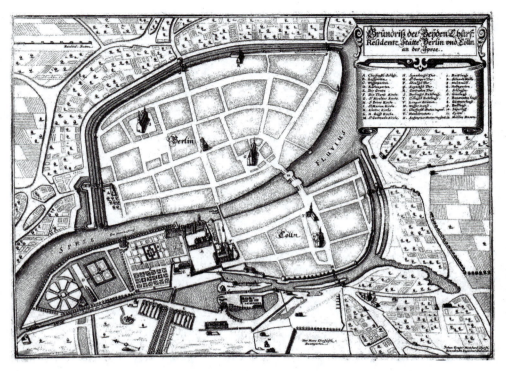

Abbildung 1: Berlin und Cölln 1648 nach dem *Grundriss der beyden Churfürstlichen Residenz Stätte Berlin und Cölln an der Spree* von Johan Gregor Menhardt. Es ist der älteste Plan der Stadt. Die Nordorientierung auf der Karte ist nach links. Berlin liegt östlich der Spree und Cölln mit dem Schloss westlich. Landsarchiv Berlin.

Georg Hermann: Jettchen Gebert (1906)

Kontext

In Hermanns *Jettchen Gebert* wird das alte Berlin gezeigt, das zu Beginn des zwanzigsten Jahrhunderts wieder verschwunden war. Die Handlung des Romans findet in den Jahren 1839 und 1840 statt, nachdem Deutschland Napoleon in den Befreiungskriegen besiegt hatte. Zwischen 1820 und 1840 hatte Karl Friedrich Schinkel die wichtigsten neoklassischen Gebäude auf dem Boulevard Unter den Linden gebaut, die das Symbol des neuen Berlin werden sollten, und die Berlin auch in der Architektur zu einer herausragenden europäischen Hauptstadt machten. Nach 1840 begann Berlin sich mit der Industrialisierung auszudehnen. Als eine der ersten großen Maschinenfabriken wurden die Borsig-Werke 1837 eröffnet und 1838 fuhr die erste Eisenbahn von Berlin nach Potsdam. Doch weder Neo-Klassik noch Industrialisierung spielen eine Rolle in Hermanns nostalgischem Berlin-Roman, das sich auf den mittelalterlichen Kern der Stadt konzentriert. Im Roman steht die Kultur des

Biedermeiers im Mittelpunkt, die mit ihren einfachen Möbeln als Vorläufer der Moderne gilt. Einfachheit in Wohnkultur und in der Mode, begleitet von einem auf die Familie beschränkten Leben ist das Thema dieses Romans, das die Waise Jettchen Gebert inmitten ihrer großbürgerlichen jüdischen Verwandten zeigt.

Georg Hermann, geboren am 7. Oktober 1871 in Berlin und gestorben am 19. November 1943 in Auschwitz, ist einer der bekanntesten jüdischen Autoren Deutschlands und gilt als wichtiger Vertreter des historischen Romans. Der Doppelroman *Jettchen Gebert/ Henriette Jacoby* entstand 1906/08 und beschreibt die Zeit von Hermanns jüdischen Großeltern während der Biedermeierzeit um 1840. Georg Hermann (Borchert) war Kunsthistoriker wie sein Bruder Rudolf Borchert, der Entdecker der ägyptischen Nofretete-Statue, die jetzt in Berlin im Alten Museum steht. Hermann, der selbst Porzellanfiguren des Biedermeiers sammelte und die Möbel und Kleidermode der Zeit studierte, rekonstruierte akribisch den historischen Kontext seiner Romane.

Der Textauszug stammt aus dem ersten Teil des Romans *Jettchen Gebert*, in dem die achtundzwanzigjährige Jettchen vorgestellt wird. Im Laufe des Romans verliebt Jettchen sich in den Künstler Kößling, wird aber gegen ihren Willen mit ihrem Vetter Julius Jacoby verheiratet. Der Roman endet mit Jettchens Flucht von ihrer eigenen Hochzeit. Im zweiten Teil der Geschichte, *Henriette Jacoby*, findet Jettchen Zuflucht bei ihrem Onkel Jason, der sich um eine Aussöhnung zwischen ihrem verlassenen Mann Julius Jacoby und Kößling bemüht. Doch im Laufe des zweiten Teils wird klar, dass Jettchen auch mit Kößling nicht glücklich werden kann, da sie seine Armut und Entschlusslosigkeit nicht teilen will. Als sie sich zu ihrem Onkel immer mehr hingezogen fühlt, begeht sie Selbstmord, da sie keinen Ausweg aus ihrem Dilemma sieht.

Jettchen Gebert

Es kann sich wohl kaum noch einer erinnern, wie damals Jettchen Gebert die Königstraße (1) entlang ging. Staubwolken blies der Wind vom Alexanderplatz in die Königstraße hinein; und es war so der erste wirklich schöne blaue Frühlingstag im Jahre. Grade zwischen den Puppen der Königskolonnaden oben auf dem Dach, zwischen den hastig bewegten Steinfiguren zogen am Himmel weiße Wölkchen hin. In der Neuen Friedrichstraße, in den Gärten hinter der Mauer, wurden eben die Bäume rot und braun; Kätzchen pendelten an den Pappeln (2), und Blütentupfen überzogen selbst die feinsten Ästchen der Ulmen. Die Fliederbüsche, die sich über den Zaun bogen, hatten sogar dicke grüne Knospen mit zackigen Spitzen, die morgen schon aufbrechen wollten. Um den Turm der Parochialkirche aber flogen, sich jagend und taumelnd wie schwarze verliebte Schmetterlinge, die Dohlen; und die ganze Klosterstraße herunter

standen die Planwagen vom Gänsemarkt . . . große braune Pilze unter der
weißen Sonne.

Die schmalen Häuser (3) jedoch, die unter der rotbraunen Kappe
der Dächer, rosig und hell angestrichen, mit ihren schlichten Püppchen
von Stuck in der Sonne lagen, mit den Kellerhälsen und den Steinbänken
daneben, mit den vielen kleinen blanken Scheiben im weißen Rahmen, mit
den Spionen an den Fenstern jedes Stockwerks - sie standen da, wie zwei
Reihen Grenadiere, die Spalier bilden und präsentieren, weil die Schönheit
kommt.

Und in der Mitte, auf dem Fahrdamm, auf dem holprigen Pflaster
mit den Steinen, wie Kinderköpfe, zwischen den tiefen überbrückten
Rinnen, die den Damm vom Bürgersteig trennten, da zogen mit Halli
die Postwagen (3). . . manche alt und verstaubt, manche blank und
sauber, hoch bepackt in die Welt. Und schwere Lastfuhren, gezogen von
schweren Pferden mit klingenden Gehängen, die in die Zöpfchen der
Mähne eingeflochten waren, sie rollten zur Stadt hinaus. An der Neuen
Friedrichstraße aber stand mit einer Hornbrille auf der Nase vor seinem
Karren ein alter Lumpenmatz (3) und prüfte seine Leinenrestchen, die
ihm die Kinder brachten, wichtig und würdevoll, umzwitschert und
umschrieen von hellen fordernden Stimmchen. Ja, die Passanten mussten
sogar hie und da ganz nahe am Rinnstein entlang balancieren, so weit auf
den Bürgersteig hinaus standen die Felder blauer und roter Hyazinthen in
weißen Tontöpfen, wie die Blumenhändler sie verkaufen.

Es kann sich wohl keiner mehr erinnern, wie an *diesem* Apriltag 1839
Jettchen Gebert die Königstraße entlang ging. … War das ein hübsches
Mädchen! Wie sie trendelte und ging auf ihren kleinen Schuhen (4)
mit den breiten Schnallen, ganz in Silbergrau, wie ein Frühlingsabend.
Die drei Reihen von Volants am weiten Rock glitten, rauschten und
zitterten. Die breiten Bindebänder der Schute flatterten ordentlich . . .
breite silbergraue Seidenbänder mit Rosenknospen drauf; und die langen
Fransen des indischen Schals, den sie um die vollen Schultern trug -
zwischen den breiten Gigotärmeln durchgezogen - tänzelten bei jedem
Schritt. Sie trug mattblaue Handschuhe, hatte ein Fischnetz in der Hand,
einen Sonnenknicker und ein Täschchen, - eine Art Pompadour, der eine
schwarze Lyra in schwarzen Perlen gestickt zeigte.

Sie ging ganz steif und gerade, ohne nach rechts und links zu sehen,
wie alle Geberts. Sie hatte etwas wundervoll Stolzes in Gang und in
Bewegung. Sie rauschte daher in ihrem silbergrauen Taffetkleid (4), wie ein
Fünfmaster mit vollen Segeln. Sie wusste, dass die Leute stehen blieben
und ihr nachsahen, . . . aber es gehörte zu ihr. An ihr war alles von einer
stolzen Schönheit: Die große Figur; dieses lange und doch volle Antlitz
mit der hohen und weißen Stirn, und den schweren Lidern; und der feste,
geschlossene Mund, mit jenem leichten Anflug von Flaum darüber wie

ein Schatten. In je drei Puffen, sorgsam gedreht, blank und schwarz, legte sich das Haar in der großen Schute rechts und links an die Schläfen und Wangen, - wie ein Polisanderrahmen (4) um einen englischen Farbenstich sich schließt. Kraft, Lebensstärke und ein Hauch von Schwermut teilten sich in das brünette Gesicht.

Das waren wieder die dunklen Gebertschen Augen (5), mandelförmig vom bläulichen Weiß, die vom Großvater an alle Männer zu Schwerenötern (5) und Mädchenjägern gemacht hatten. Sie verrieten Eigenschaften, diese dunklen Augen, über die wir grübeln wie über Rätsel, und die wir nie ergründen, weil sich die Schönheit, der sie dienen, ihrer selbst nicht bewusst ist, ja, sie vielleicht nicht einmal besitzt. Diese Erscheinung und dieses Gesicht hatten eine gewisse Tragik in sich. Sie machten neugierig auf den Menschen und mussten dann Enttäuschung bringen; weil eine solche Charme, eine solche Anmut und Gesundheit, eine solche Pfirsichweiche der Seele nur denen zueigen ist, die wir nachts in unsern Träumen küssen.

Sie war nicht mehr jung, sah älter, voller, reifer aus, als sie war. Doch sie war schön. - O, was war sie schön, Jettchen Gebert!

Wörter

Substantive

Antlitz (*n.*)	face
Blütentupfen (*m.*)	flower dots
Flaum (*m.*)	fluff
Fliederbusch (*m.*)	lilac bush
Fünfmaster (*m.*)	five mast ship
Gehänge (*n.*)	harness
Gigotärmel (*m.*)	elaborate sleeves
Kellerhals (*m.*)	cellar entrance
Knospe (*f.*)	bud
Lastfuhre (*f.*)	payload carriage
Mähne (*f.*)	mane
Pfirsichweiche (*f.*)	peachlike softness
Pilz (*m.*)	mushroom
Planwagen (*m.*)	covered waggon
Puffe (*f.*)	cuff
Sonnenknicker (*m.*)	parasol
Spion (*m.*)	spy, observation mirror
Stuck (*m.*)	stucco
Ulme (*f.*)	elm tree
Volant (*m./n.*)	flounce

Verben

(Spalier) bilden	to line up
grübeln	to ponder
trendeln	to dawdle
umzwitschern	to chirp around

Adjektive

holprig	bumpy
mandelförmig	almond shaped

Anmerkungen

1. Jettchen geht durch den alten Stadtkern von Berlin, der sich auf beiden Seiten der Spree erstreckte. Zur Orientierung benutzen Sie bitte die Karte der Abbildung 1 in der Einleitung dieses Kapitels. Das eigentliche Berlin befand sich auf der rechten (östlichen) Seite, die Stadt Cölln lag auf der linken Seite. Die große Straße von Osten (rechts), die beide Städte verbindet, ist die alte Königsstraße, die auf der Cöllner Seite direkt zum Berliner Schloss führt. Die Königstraße wird von der Neuen Friedrichstraße (entlang der alten Stadtmauer) und der Kosterstraße gekreuzt, an deren Ende sich der Gänsemarkt anschloss. Am Südende der Klosterstraße lag die Parochialkirche. Der Alexanderplatz ist der ehemalige Paradeplatz und lag vor dem Stadttor. Das heute rekonstruierte Nikolaiviertel gibt noch einen Eindruck von dem Berlin um 1840.

2. Pappeln, Ulmen (elm trees), Fliederbüsche, und auch die Dohlen zeigen, wie Berlin zur Mitte des 19. Jahrhunderts noch ein idyllischer Ort inmitten von Natur war.

3. Ebenso gibt die Beschreibung der Häuser mit den Stuckfiguren, die wie Soldaten (Grenadiere) stehen, sowie mit den Menschen einen romantischen Eindruck des alten Berlin. Es fehlt weder der Lumpensammler (Lumpenmatz), noch der stereotypische Postwagen mit dem Posthornton („Halli"), der über das holprige (alte) Pflaster der idyllischen Stadt mit den gepflegten Pferden fährt. Auch die Spione, Spiegel, mit denen das Leben auf der Straße beobachtet werden konnte, tragen zur Beschreibung der Kleinstadtatmosphäre bei.

4. Doch über allem steht die ausführliche Beschreibung der Hauptfigur des Romans, Jettchen Gebert, die mit dem luxuriösen Biedermeierkleid beginnt, den Schnallen, den Volants, den Fransen, den Ärmeln, den Puffen, des Schals, des Sonnenschirms (Sonnenknicker), der Schute, sowie der Beschreibung des Materials (Gigot, Pompadour, Lyra, Taffet). Die Erwähnung eines Bilderrahmens aus Polisanderholz sowie die Beschreibung als Bild (Stich) komplettieren diese auf das Visuelle angelegte Darstellung Jettchen Geberts. Biedermeierkleider waren zwischen 1830

und 1850 populär, der Zeit, in der im Süden der USA die Kleider der Southern Belles florierten.

5. Interessant ist Hermanns Darstellung des Charakters des Mädchens, das als Biedermeieridealfigur gezeigt wird, und bei der jeder Mann schwach und zum Schwerenöter („ladies man") wird.

Übungen

1. Die Kultur des Biedermeiers mit ihren Kleidern und Gepflogenheiten wird in diesem Romanauszug gezeigt. Ermitteln Sie den Hintergrund der politischen Ereignisse in Berlin, um den historischen Kontext zu verstehen.

2. Versuchen Sie Hermanns Absicht bei der Beschreibung dieser literarischen Figur zu ergründen. Der letzte längere Absatz gibt Ihnen Hinweise auf seine Absicht, auf sein Grübeln (Nachdenken) über Jettchen. *Jettchen Gebert* und *Henriette Jacoby* sind tragische Romane, die mit dem Tod der Heldin enden. Wo sehen Sie in diesem Absatz eine Vorahnung dieser Tragik?

3. Inwieweit könnte sich in diesem Text das Schicksal der deutschen Juden spiegeln? Könnte man vielleicht einen Zusammenhang mit seiner Darstellung des jüdischen Bürgertums in Berlin sehen? In diesem Zusammenhang ist wichtig, dass Hermann vor dem zweiten Weltkrieg einer der bekanntesten deutschen Autoren war, doch nach 1945 fast vergessen ist.

Wilhelm Raabe: Die Chronik der Sperlingsgasse (1856)

Kontext

Die Chronik der Sperlingsgasse ist die fiktive Autobiographie von Johannes Wacholder, die zur Zeit ihres Entstehens in der Mitte des neunzehnten Jahrhunderts spielt. Die *Chronik* ist damit ein authentischer Text aus der Mitte des 19. Jahrhunderts, als die Revolution von 1848 den Berlinern die preußische Militärherrschaft gebracht hat. Davon jedoch kein Wort in dem Buch. In diesem Entsagen ist der Text ein Beispiel des bürgerlichen Verhaltens während der Biedermeierzeit, das sich von politisch missliebigen Themen fernhielt nach dem Motto „Ruhe ist die erste Bürgerpflicht." Das Fehlschlagen der Revolution von 1848 und der Hoffnung auf eine liberale Verfassung, die das Gründungsparlament in Frankfurt ausgearbeitet hatte, mögen Gründe für den Rückzug des Bürgertums in das Private gewesen sein.

Wilhelm Raabe wurde am 8. September 1831 in Eschershausen geboren und starb am 15. November 1910 in Braunschweig. Er war ein damals sehr bekannter Vertreter des poetischen Realismus in Deutschland, der sich seit seinem Roman *Die Chronik der Sperlingsgasse* in Deutschland durchzusetzen begann. Heute ist Raabes Ruhm verblasst und der ehemalige Klassiker ist kaum noch bekannt, was wohl daran liegen mag, dass seine Art die Welt des neunzehnten Jahrhunderts darzustellen uns heute fremd erscheint. Raabe wohnte als Student auf der Cöllner Fischerinsel in der Spreegasse, die das Modell für seinen Roman ist. 1931 wurde die Spreegasse in Sperlingsgasse zu Ehren Raabes umbenannt.

Die *Chronik* stellt eine Reihe von Personen dar, die der alte Johannes Wacholder in seinem Haus und dem Wohnviertel der Berliner Sperlingsgasse kennen gelernt hat. In einer Art Collage stellt Raabe diese Personen und ihr tragisches Schicksal dar und verbindet sie zu einer oftmals forcierten Handlung. Es ist eine entsagungsvolle Liebesgeschichte, da der Held seine Angebetete an seinen Freund verliert, der aber auch nicht mit ihr glücklich wird. Raabe, der beim Niederschreiben des Werkes erst sechsundzwanzig Jahre alt war, nimmt in dem Buch die Haltung eines alten Mannes ein. Der abgedruckte Ausschnitt zeigt eine nostalgische Erinnerung des Erzählers an seine Jugendliebe in Berlin und ist eine der ersten Eintragungen in die *Chronik*, die das Leben der Gasse vom 15. November bis zum 1. Mai zeigt.

Die Chronik der Sperlingsgasse

Am 20. November.

Ich liebe in großen Städten diese ältern Stadtteile mit ihren engen, krummen, dunkeln Gassen, in welche der Sonnenschein nur verstohlen hineinzublicken wagt: ich liebe sie mit ihren Giebelhäusern (1) und wundersamen Dachtraufen, mit ihren alten Kartaunen und Feldschlangen, welche man als Prellsteine an die Ecken gesetzt hat. Ich liebe diesen Mittelpunkt einer vergangenen Zeit, um welchen sich ein neues Leben in liniengraden, parademäßig aufmarschierten Straßen (2) und Plätzen angesetzt hat, und nie kann ich um die Ecke meiner Sperlingsgasse biegen, ohne den alten Geschützlauf mit der Jahreszahl 1589, der dort lehnt, liebkosend mit der Hand zu berühren. Selbst die Bewohner des ältern Stadtteils scheinen noch ein originelleres, sonderbareres Völkchen zu sein, als die Leute der modernen Viertel. Hier in diesen winkligen Gassen wohnt das Volk des Leichtsinns dicht neben dem der Arbeit und des Ernsts, und der zusammengedrängtere Verkehr reibt die Menschen in tolleren, ergötzlicheren Szenen aneinander als in den vornehmern, aber auch öderen Straßen. Hier gibt es noch die alten Patrizierhäuser - die Geschlechter selbst sind freilich meistens lange dahin -, welche nach einer Eigentümlichkeit ihrer Bauart oder sonst einem Wahrzeichen unter irgendeiner naiven, merkwürdigen Benennung im Munde des Volks fortleben. Hier sind die dunkeln, verrauchten Kontore der alten gewichtigen Handelsfirmen, hier ist das wahre Reich der Keller- und Dachwohnungen. Die Dämmerung, die Nacht produzieren hier wundersamere Beleuchtungen durch Lampenlicht und Mondschein, seltsamere Töne als anderswo. Das Klirren und Ächzen der verrosteten Wetterfahnen, das Klappern des Windes mit den Dachziegeln, das Weinen der Kinder, das Miauen der Katzen, das Gekeif der Weiber, wo klingt es passender - man möchte sagen dem Ort angemessener - als hier in diesen engen Gassen, zwischen diesen hohen Häusern, wo jeder Winkel, jede Ecke, jeder Vorsprung den Ton auffängt, bricht und verändert zurückwirft! –

Horch, wie in dem Augenblick, wo ich dieses niederschreibe, drunten in jenem gewölbten Torwege die Drehorgel (3) beginnt; wie sie ihre klagenden, an diesem Ort wahrhaft melodischen Tonwogen über das dumpfe Murren und Rollen der Arbeit hinwälzt! - Die Stimme Gottes spricht zwar vernehmlich genug im Rauschen des Windes, im Brausen der Wellen und im Donner, aber nicht vernehmlicher als in diesen unbestimmten Tönen, welche das Getriebe der Menschenwelt hervorbringt. Ich behaupte, ein angehender Dichter oder Maler - ein Musiker, das ist freilich eine andere Sache - dürfe nirgend anders wohnen als hier! Und fragst du auch, wo die frischesten, originellsten Schöpfungen in allen Künsten entstanden sind, so wird meistens die Antwort sein: in einer *Dachstube!* - [...]

Die Sperlingsgasse ist ein kurzer, enger Durchgang, der die Kronenstraße mit einem Ufer des Flusses verknüpft, welcher in vielen Armen und Kanälen die große Stadt durchwindet. Sie ist bevölkert und lebendig genug, einen mit nervösem Kopfweh Behafteten wahnsinnig zu machen und ihn im Irrenhause enden zu lassen; mir aber ist sie seit vielen Jahren eine unschätzbare Bühne des Weltlebens, wo Krieg und Friede, Elend und Glück, Hunger und Überfluss, alle Antinomien des Daseins sich widerspiegeln.

»In der Natur liegt alles ins Unendliche auseinander, im Geist konzentriert sich das Universum in einem Punkt«, dozierte einst mein alter Professor der Logik. Ich schrieb das damals zwar gewissenhaft nach in meinem Heft, bekümmerte mich aber nicht viel um die Wahrheit dieses Satzes. Damals war ich jung, und Marie, die niedliche kleine Putzmacherin, wohnte mir gegenüber und nähte gewöhnlich am Fenster, während ich, Kants Kritik der reinen Vernunft (4) vor der Nase, die Augen nur bei ihr hatte. Sehr kurzsichtig und zu arm, mir für diese Fensterstudien eine Brille, ein Fernglas oder einen Operngucker zuzulegen, war ich in Verzweiflung. Ich begriff, was es heißt: Alles liegt ins Unendliche auseinander.

Da stand ich eines schönen Nachmittags, wie gewöhnlich, am Fenster, die Nase gegen die Scheibe drückend, und drüben unter Blumen, in einem lustigen, hellen Sonnenstrahl, saß meine in Wahrheit ombra *adorata* (5). Was hätte ich darum gegeben, zu wissen, ob sie herüberlächele!

Auf einmal fiel mein Blick auf eines jener kleinen Bläschen, die sich oft in den Glasscheiben finden. Zufällig schaute ich hindurch nach meiner kleinen Putzmacherin, und ich begriff, daß das Universum sich in einem Punkt konzentrieren könne.

So ist es auch mit diesem Traum- und Bilderbuch der Sperlingsgasse. Die Bühne ist klein, der darauf Erscheinenden sind wenig, und doch können sie eine Welt von Interesse in sich begreifen für den Schreiber und eine Welt von Langeweile für den Fremden, den Unberufenen, dem einmal diese Blätter in die Hände fallen sollten.

Wörter

Substantive

Bläschen (*n.*)	small bubble
Dachtraufe (*f.*)	gutter
Dachziegel (*m.*)	roof shingle
Dämmerung (*f.*)	dusk
Eigentümlichkeit (*f.*)	peculiarity
Feldschlange (*f.*)	house ornaments
Fernglas (*n.*)	binoculars
Gasse (*f.*)	alley
Gekeif (*n.*)	barking
Geschützlauf (*m.*)	gun barrel
Getriebe (*n.*)	activity, hustle
Irrenhaus (*n.*)	madhouse
Kartaune (*f.*)	canon
Kontor (*n.*)	office
Leichtsinn (*m.*)	carelessness
Prellstein (*m.*)	border stone
Putzmacherin (*f.*)	milliner
Schöpfung (*f.*)	creation
Tonwoge (*f.*)	sound wave
Unberufene (*m.*)	unauthorized person
Vorsprung (*m.*)	here: cornice
Wahrzeichen (*n.*)	symbol
Wetterfahne (*f.*)	weather vane
Winkel (*m.*)	corner

Verben

ächzen	to moan
aufmarschieren	to parade
begreifen	to comprehend
brausen	to roar

klappern	to rattle
klirren	to clink, to clank
murren	to grumble
reiben	to rub
widerspiegeln	to reflect

Adjektive

behaftet	attached
dahin	gone
ergötzlich	delightful
klagend	plaintive
liebkosend	caressing
öde	deserted, dreary, dull, bleak
unbestimmt	indefinite
unschätzbar	invaluable
verstohlen	secretly
vornehm	elegant
winklig	crooked

Anmerkungen

1. Raabe zeigt hier sein Bild der romantischen deutschen Kleinstadt, wie sie in den Bildern von Carl Spitzweg popularisiert wird. Die Darstellung entspricht der von Jettchens Weg durch die Berliner Innenstadt und zeigt in ihrer Authentizität die Wirklichkeit des 19. Jahrhunderts mit ihren Giebelhäusern und Dachtraufen (Dachrinnen), mit den Kartaunen und Feldschlangen (Verzierungen), welche man als Prellsteine für die Wagen benutzte.

2. Die hier beschriebenen Straßen und Plätze sind Schinkels Kreationen: Unter den Linden und der Gendarmenmarkt, die ganze neoklassische Umgestaltung der Dorotheenstadt und Friedrichstadt westlich vom Berliner Altstadtgebiet. Raabes nostalgische Haltung wird hier besonders deutlich.

3. Ein beliebtes öffentliches („klassisches") Musikinstrument in Berlin, in der die Orgel von der Hand gedreht wird und die Zuschauer dem Musikanten Geld geben.

4. Immanuel Kants *Kritik der reinen Vernunft* ist das Hauptwerk des Philosophen, das heute als wichtigstes Werk der modernen Philosophie gilt. Das Buch erschien 1781.

5. »In der Natur liegt alles ins Unendliche auseinander, im Geist konzentriert sich das Universum in einem Punkt«. Mit diesem Satz kommt Raabe zum Hauptgedanken seines Textes, der zunächst ironisch-humorvoll vorgestellt wird, da er als junger Student kurzsichtig war, und die Putzmacherin (Näherin) Marie, die angebetete Sonne (*ombra adorata*) nicht klar erkennen konnte.

Übungen

1. Vergleichen Sie Raabes Beschreibung mit dem Bild von Spitzweg, *Ein Hypochonder*. Wie stellt Spitzweg den Gegensatz zwischen Mann und Frau dar im Vergleich zu Raabe?

2. Interpretieren Sie die Drehorgel im Zusammenhang mit „der Stimme Gottes". Was hat das miteinander zu tun, und was möchte Raabe hier sagen mit seiner Behauptung, „ein angehender Dichter oder Maler … dürfe nirgends anders wohnen als in einer Dachstube."?

3. Als er einen Fehler im Fensterglas erkennt, bemerkt er, dass sich die Welt dort reflektiert und er „begriff, dass das Universum sich in einem Punkt konzentrieren" kann. Erklären Sie, was diese Metapher (zusammen mit der Metapher „die Welt ist eine Bühne") für eine Bedeutung hat für das Konzept seines Buches.

Abbildung 2: Carl Spitzweg, Ein Hypochonder (1865)

4. In seinem Roman *Jettchen Gebert* macht sich Georg Hermann über die versponnenen Dichter lustig, die keine Vorstellung von Realität haben, wie die Person des Kößling, Jettchens Geliebten. Was bedeutet dieser Rückzug von der Welt des Poeten für die Geschichte und Entwicklung Deutschlands als Industrienation?

Theodor Fontane: Irrungen Wirrungen (1888)

Kontext

Die Zeit des Romans ist der Beginn des zweiten Deutschen Reiches unter Bismarck, als Berlin sich von der preußischen Hauptstadt zur Hauptstadt Deutschlands wandelte. Nach Fehlschlagen der Deutschen Nationalversammlung in Frankfurt 1848 setzte sich die konservative Politik in Preußen und nach der Vereinigung in ganz Deutschland durch. So waren Deutschland und Berlin am Beginn des zweiten deutschen Kaiserreichs gefangen in den alten preußischen Klassenkonventionen. Es war ungewöhnlich, dass Angehörige aus dem Adel und dem Bürgertum heirateten. Mit der beginnenden Industrialisierung begannen sich diese Konflikte zu verschärfen. Der deutsch-nationale Kanzler Bismarck versuchte mit seinen Sozialgesetzen den sozialistischen Umtrieben der Arbeiter zwar die Spitze zu nehmen, indem er Arbeitern eine staatliche Gesundheits- und Altersversorgung verschaffte, doch das zweite deutsche Reich scheiterte unter anderem an seinen nicht zu vereinbaren sozialen Konflikten.

Theodor Fontane gilt als bekanntester deutscher Romanautor des 19. Jahrhunderts, der den oft kopierten Stil des poetischen Realismus populär machte. Fontane wurde am 30. Dezember 1819 in Neuruppin bei Berlin geboren und starb am 20. September 1898 in Berlin als angesehener Romanautor, nachdem er zuvor mehrere Jahre in London als Zeitungskorrespondent gearbeitet hatte. Eines seiner ersten bekannten Werke ist das Buch *Wanderungen durch die Mark Brandenburg* (1862ff.), in denen er als journalistischer Flaneur die Geschichte der kleinen Orte um Berlin beschrieb. In *Irrungen Wirrungen* gelingt es Fontane, den Konflikt zwischen preußischem Landadel und Berliner Stadtbürgertum am Schicksal seiner Romanfiguren aufzuzeigen, deren Popularität ihr zeitbezogenes Schicksal überdauern sollte. Der Roman spielt während des so genannten Booms der Gründerzeit um 1875, als Berlins erste große Expansion in der Industriellen Revolution nach der Reichsgründung stattfand. *Irrungen Wirrungen* zeigt die Geschichte der Waise Lene Nimptsch, die bei Verwandten in einer Gärtnerfamilie lebt und dort den adligen Offizier Botho von Rienäcker kennen und lieben lernt. Nach einer gemeinsam verbrachten Nacht in „Hankels Ablage", einem Ausflugsort bei Berlin, muss Botho aus finanziellen Gründen auf Lene verzichten, da er durch die Heirat mit seiner Kusine den Familienbesitz vor dem Ruin retten kann. Lene unterstützt Bothos Entschluss, da sie sich bei Bothos adligen Offiziersfreunden nicht wohl fühlt.

Irrungen Wirrungen

Um zwölf war der Dienst in der Kaserne getan, und Botho von Rienäcker ging die Linden hinunter aufs Tor zu, lediglich in der Absicht, die Stunde bis zum Rendezvous bei Hiller, so gut sichs tun ließ, auszufüllen. Zwei, drei Bilderläden waren ihm dabei sehr willkommen. Bei Lepke standen ein paar Oswald Achenbachs (1) im Schaufenster, darunter eine palermitanische Straße, schmutzig und sonnig und von einer geradezu frappierenden Wahrheit des Lebens und Kolorits. »Es gibt doch Dinge, worüber man nie ins reine kommt. So mit den Achenbachs. Bis vor kurzem hab ich auf Andreas geschworen; aber wenn ich so was sehe, wie das hier, so weiß ich nicht, ob ihm der Oswald nicht gleichkommt oder ihn überholt. Jedenfalls ist er bunter und mannigfacher. All dergleichen aber ist mir bloß zu denken erlaubt; vor den Leuten es aussprechen hieße meinen ›Seesturm‹ ohne Not auf den halben Preis herabsetzen.«

Unter solchen Betrachtungen stand er eine Zeitlang vor dem Lepkeschen Schaufenster und ging dann, über den Pariser Platz (2) hin, auf das Tor und die schräg links führende Tiergartenallee zu, bis er vor der Wolfschen Löwengruppe haltmachte. Hier sah er nach der Uhr. »Halb eins. Also Zeit.« Und so wandt er sich wieder, um auf demselben Wege nach den »Linden« hin zurückzukehren. Vor dem Redernschen Palais sah er Leutnant von Wedell von den Gardedragonern auf sich zukommen.

»Wohin, Wedell?«

»In den Klub. Und Sie?«

»Zu Hiller.«

»Etwas früh.«

»Ja. Aber was hilfts? Ich soll mit einem alten Onkel von mir frühstücken, neumärkisch Blut und just in dem Winkel zu Hause, wo Bentsch, Rentsch, Stentsch liegen (3) – lauter Reimwörter auf Mensch, selbstverständlich ohne weitere Konsequenz oder Verpflichtung. Übrigens hat er, ich meine den Onkel, mal in Ihrem Regiment gestanden. Freilich lange her, erste vierziger Jahre Baron Osten.«

»Der Wietzendorfer?«

»Eben der.«

»Oh, den kenn ich, das heißt dem Namen nach. Etwas Verwandtschaft. Meine Großmutter war eine Osten. Ist doch derselbe, der mit Bismarck auf dem Kriegsfuß steht?«

»Derselbe. Wissen Sie was, Wedell, kommen Sie mit. Der Klub läuft Ihnen nicht weg und Pitt und Serge auch nicht; Sie finden sie um drei geradso gut wie um eins. Der Alte schwärmt noch immer für

Dragonerblau mit Gold und ist Neumärker genug, um sich über jeden Wedell zu freuen.«

»Gut, Rienäcker. Aber auf Ihre Verantwortung.«

»Mit Vergnügen.«

Unter solchem Gespräche waren sie bei Hiller angelangt, wo der alte Baron bereits an der Glastür stand und ausschaute, denn es war eine Minute nach eins. Er unterließ aber jede Bemerkung und war augenscheinlich erfreut, als Botho vorstellte: »Leutnant von Wedell.«

Wörter

Substantive

Absicht (*f.*)	intention
Betrachtung (*f.*)	consideration
Gardedragoner (*m.*)	horse soldier
Kaserne (*f.*)	barracks
Kolorit (*n.*)	colorful ethnic life
Lepke	Berlin art and auction house
Pitt, Serge	Botho's friends
Redernsches Palais (n.)	Reder's Palace, now Hotel Adlon
Rendezvous (*n.*)	meeting
Schaufenster (*n.*)	display window
Verantwortung (*f.*)	responsibility
Verpflichtung (*f.*)	obligation
Wolfsche Löwengruppe (f.)	lion statues in front of Wolf's store

Verben

herabsetzen	to lower the price
ins Reine kommen	to get square with
schwören, geschworen	to swear
auf dem Kriegsfuß stehen	to have a feud
wenden, wandte	to turn

Adjektive

dergleichen	similar
frappierend	surprising
freilich	obviously
palermitanisch	from Palermo (in Sicily)
mannigfach	varied
überholt	old-fashioned

Anmerkungen

1. Oswald Achenbach wurde am 2. Februar 1827 in Düsseldorf geboren und starb dort am 1. Februar 1905. Er ist ein heute meist unbekannter Künstler, doch er zählte im 19. Jahrhundert zu den bedeutendsten Landschaftsmalern Europas. Der zwölf Jahre ältere Andreas Achenbach war sein Bruder, und gehörte ebenfalls zu den bekanntesten Landschaftsmalern, der die Ideen der Neoklassik vertrat.

2. Der Pariser Platz wurde zwischen 1732-34 angelegt und mit Adelspalästen (Palais) bebaut. Der ursprüngliche Name des Platzes war „Viereck" bzw. „Quarree", 1814 erhielt er anlässlich der Eroberung von Paris durch die preußischen Truppen seinen heutigen Namen. Im Westen wird der Pariser Platz vom Brandenburger Tor begrenzt, im Osten mündet er in den Boulevard Unter den Linden. Das Brandenburger Tor wurde als klassizistisches Stadttor an der Straße nach Brandenburg errichtet. Mit der von Schadow geschaffenen Quadriga ist es bis heute das Wahrzeichen der Stadt Berlin.

Abbildung 3: Das Brandenburger Tor um 1832

3. Neumark, von Brandenburg-Preußen im Mittelalter besiedelter Teil der Provinz östlich der Oder (heute in Polen), in dem der preußische Adel große Güter unterhielt.

Übungen

1. Worüber sprechen von Wedell und Botho Rienäcker? Machen Sie eine Liste der Themen.

2. Warum freut sich der Onkel, als er von Wedell sieht?

3. Was bedeutet die Szene am Beginn, als Botho das Gemälde in der Kunsthandlung betrachtet?

4. Versuchen Sie Fontanes Thema des Konflikts zwischen Berliner Bürgertum und preußischem Landadel in diesem Kapitel zu finden.

5. Warum spielt diese Szene wohl in dem neoklassischen Kontext der Friedrichstadt, des Pariser Platzes und des Boulevards Unter den Linden?

Hans Fallada: Damals bei uns daheim (1941)

Kontext

Falladas Erinnerungen spielen um 1900, als das Wilhelminische Deutschland auf dem Zenith seiner Macht stand. Unter Deutschlands selbstherrlichem Kaiser Wilhelm II., dem „Reisekaiser", hatten sich die Spannungen zu den westeuropäischen Mächten, besonders zu Großbritannien, weiter verschärft. Deutschland fühlte sich jetzt als eine wichtige Macht in Europa. Falladas Autobiographie ist interessant, da sie aus der Perspektive eines Bürgersohns aus den wohlhabenden Gegenden des Berliner Westens Einblick in die Mentalität der Kaiserzeit gibt, doch wird auch die Entstehungszeit des Texts 1941 sicherlich eine Rolle bei der antisemitischen Darstellung des Scheunenviertels gespielt haben.

Hans Fallada (eigentlich Rudolf Ditzen) ist einer der bekanntesten deutschen Schriftsteller des 20. Jahrhunderts, besonders der Zeit der Weimarer Republik. Er schrieb Romane zu wichtigen sozialen Problemen der Weimarer Zeit, wie die Inflation von 1923 (*Wolf unter Wölfen*), der Verdrängung der kleinen Unternehmer durch größere Betriebe (*Der eiserne Gustav*), die Änderung des Strafvollzugs zu humaneren Methoden (*Wer einmal aus dem Blechnapf frißt*), und besonders zur Arbeitslosigkeit (*Kleiner Mann, was nun?*). Hans Fallada wurde am 21. Juli 1893 in Greifswald geboren, wuchs in Berlin auf und starb am 5. Februar 1947 in Berlin. Fallada blieb während der Nazizeit in Deutschland und lebte auf dem Land in Mecklenburg, um weit entfernt von Berlin zu sein. Doch trotz der vermeintlichen Entfernung von Berlin versuchten die Nazis mehrfach, ihn für ihre Ziele zu gewinnen.

Damals bei uns daheim sind Falladas Berliner Jugenderinnerungen, die er ohne Beschönigungen berichtet. Er veröffentlichte seine Erinnerungen zum Kaiserreich während der Nazizeit, als er sich nicht mehr zu Gegenwartsthemen äußern konnte. Als Sohn eines Richters am Reichkammergericht und am obersten Reichgericht in Leipzig, gibt er Aufschluss über die Mentalität der staatstragenden Schicht im wilhelminischen Deutschland. Besonders wichtig sind die Beschreibungen der Klassenunterschiede, die er in seinem Berliner Gymnasium beobachtete.

Damals bei uns daheim

Das Schloss (1) lag grau und düster unter dem grauen und düsteren Novemberhimmel. Unser Kaiser, den wir nach Berliner Gewohnheit nur SM - Abkürzung für Seine Majestät - nannten, war mal wieder unterwegs, keine Kaiserstandarte wehte auf dem Flaggenmast. Nun, es war kein Wunder. Nicht umsonst hieß er der Reisekaiser, er hielt es nirgendwo lange aus. Die Fanfare seines Autos Tatü! Tata! klang all seinen Untertanen mit „Bald hier, bald da!" in den Ohren.

Nach einem kurzen Zögern entschlossen wir uns, in ganz unbekannte Gegenden vorzustoßen, der Turm des Rathauses der Stadt Berlin, des Roten Schlosses (2), winkte uns. Wir folgten diesem Wink und pilgerten weiter bis zum Alexanderplatz (3), von wo uns der Zufall in das Scheunenviertel (4) trieb.

Diese Unterwelt, die wir hier betraten, erregte unser lebhaftes Staunen, von diesem Berlin hatten wir noch nichts gesehen. Das ganze Leben seiner Bewohner schien sich auf der Straße abzuspielen, alles stand dort herum, in den unglaublichsten Aufzügen, schnatterte, stritt miteinander . . . Jüdische Händler im Kaftan, mit langen, schmierigen, gedrehten Löckchen, Kleider über dem Arm, strichen durch die Menge und flüsterten bald hier, bald dort Anpreisungen. Vor einem Kellereingang saß ein dickes, schmieriges Weib, hatte den Kopf eines jaulenden Pudels zwischen die Beine geklemmt und schor ihm mit einer Art Rasenschere den Hinterteil.

Und überall gab es Händler, Händler mit heißen Würstchen, mit „Boletten" aus prima kernfettem Rossfleisch das Stück'nen Sechser, mit Schlipsen (der janze Adel trägt meine Binderl), mit Seife und Parfüms. An einer Ecke prügelten sich ein paar Kerle, umringt von einem Kreis von Zuschauern, die, trotzdem schon Blut floss, weiter höchst amüsiert blieben. Mir, dem Juristensohn, fiel zuerst das völlige Fehlen von „Blauen" auf, von Schutzleuten also.

In diesen engen Gassen schien ein aller Ordnung und Gesetzmäßigkeit entzogenes Leben zu herrschen. Bisher hatte ich fest daran geglaubt, dass was in der Luitpoldstraße galt, mit geringen, durch die Stufen reich und arm bedingten Abweichungen überall galt. Hier sah ich nun, wie der eine Kerl sich über den zu Boden gestürzten Gegner warf, der kaum noch bei Besinnung war, und ihm unter dem johlenden Beifallsgeschrei der Zuschauer immer wieder den blutigen Kopf gegen das Pflaster schlug.

Es wurde uns unheimlich, wir machten, dass wir davonkamen. Aber an der nächsten Straßenecke hielt uns ein Kaftanjude an, flüsternd in einem kaum verständlichen Deutsch schlug er uns vor, ihm unsere Wintermäntel zu verkaufen. „Zwei Mork das Stück. Und eurer Momme seggt ihr, ihr hebbt se verloren . . ."

Dabei fing er schon an, mir meinen Mantel aufzuknöpfen. Mit Mühe riss ich mich los, Fötsch und ich fingen an zu laufen. Aber das war nicht richtig. Denn nun fing die Jugend an, auf uns aufmerksam zu werden. Ein großer Junge, den ich angerannt hatte, rief: „Du bist wohl von jestern übrig jeblieben –?!" und gab damit das Signal zu einer Jagd auf uns.

Wir rannten, was wir konnten, durch ein Gewirr von Gassen und Sträßchen ratlos, wann und wo dies einmal ein Ende nehmen würde. Eine ganze Horde stürzte schreiend, lachend, hetzend hinter uns her. Ein großer Kerl, durch den Lärm aufmerksam geworden, schlug nach Hans Fötsch. Aber der lief weiter, nur seine Mütze fiel verloren auf das Pflaster. Bei meinem Annähern zog eine Frau, die vor ihrer Tür an einem Strumpf strickte, sachte die Nadel aus der Strickerei und stach damit nach mir, mit der gleichgültigsten Miene von der Welt. Nur ein Sprung rettete mich. . .

Ich lief, was ich laufen konnte, wie ich noch nie gelaufen war. Ich wusste, hier galten weder Beruf noch Ansehen meines Vaters etwas, das doch in der Luitpoldstraße alle respektierten, hier galt es auch nichts, dass ich ein Gymnasiast war. . . Hier galten jetzt nur meine Beine. Ich! Ich selbst!

Und ich ließ die Beine laufen, immer einen halben Schritt hinter Hans Fötsch lief ich, mit keuchender Brust, mit Stichen in Herz und Brust, rannte immer weiter . . . Und so wirklich auch die Schmerzen waren, so wirklich die Verfolger uns auch immer näher rückten, so unwirklich kam mir doch alles vor. Es war wie ein Schreckenstraum, es war doch unmöglich, dass ich, der Sohn eines Kammergerichtsrates, hier in der Kaiserstadt Berlin um meine heilen Glieder, meine Kleider lief. Ich brauchte nur anzuhalten, die Verfolger heranzulassen, und alles würde sich mit einem Lächeln aufklären. Gefahr gab es nur in den Büchern bei Karl May, Cooper und Marryat, nicht hier in Berlin, nicht für uns . . .

Gottlob lief ich trotz all dieser Unwirklichkeitsgefühle ganz wirklich weiter, und schließlich fand denn auch Hans Fötsch durch Zufall einen Ausgang aus dem Gewirre des Scheunenviertels. Aufatmend hielten wir auf einer breiten Straße an, in der jetzt schon die Gaslaternen brannten.

Wir lehnten uns in einen Hauseingang und spürten mit Zufriedenheit das langsamere Schlagen des Herzens, das ruhigere Atmen der Brust. Nach einer langen Zeit sagte schließlich Hans Fötsch mit einem tiefen Seufzer: „Na, weißt du –!"

Ich stimmte ihm bei. „Ich hätte nie gedacht, dass es so etwas geben könnte! Und noch dazu in Berlin!"

„Das war das Scheunenviertel," erklärte Fötsch. „Vater hat mir davon erzählt. Da trauen sich Große nicht mal bei Tage rein. Dadrin leben bloß Verbrecher."

Wörter

Substantive

Abweichung (*f.*)	deviation
Anpreisung (*f.*)	offer
Ansehen (*n.*)	reputation
Aufzug (*m.*)	outfit
Besinnung (*f.*)	consciousness
Binderl (*m.*)	necktie
Bolette (*f.*)	(*slang*) hamburger
Flaggenmast (*m.*)	flagstaff
Gegner (*m.*)	opponent
Gesetzmäßigkeit (*f.*)	legality
Gewirr (*n.*)	maze
Horde (*f.*)	horde
Kaftan (*m.*)	Jewish coat, caftan
Kaiserstandarte (*f.*)	emperor's flag, standard
Kammergerichtsrat (*m.*)	title of Fallada's father: council of the superior court of justice
Löckchen (*n.*)	lock, curl
Luitpoldstraße (*f.*)	Fallada's middle class residence street
Marryat	popular author of adventure stories
Miene (*f.*)	facial expression
Momme (*f.*)	(*yiddish*) die Mutter
Mork (*f.*)	(*yiddish*) die Mark
Pflaster (*n.*)	pavement
Rasenschere (*f.*)	lawn clippers
Rossfleisch (*n.*)	horse meat
Schutzleute	policemen
Seufzer (*m.*)	sigh
Sprung (*m.*)	jump
Stich (*m.*)	side stitch
Untertan (*m.*)	subject
Unwirklichkeitsgefühl (*n.*)	feeling of unreality
Verfolger (*m.*)	pursuer
Zufriedenheit (*f.*)	contentment

Verben

aufatmen	to be relieved
aufknöpfen	to unbutton
gelten	to be valid
hetzen	to chase
jaulen	to squeal
johlen	to scream

keuchen	to breath heavily
klemmen	to hold tight
losreißen	to tear away
pilgern	to make a pilgrimage
prügeln	to fight
rücken	to move close
schnattern	to quack
seggen	(*yiddish*) sagen
streichen	to move around
stricken	to knit
sich trauen	to dare
vorstoßen	to advance
winken	to beckon
zögern	to hesitate

Adjektive

entzogen	removed
gleichgültig	indifferent
jestern	(*yiddish*) gestern
sachte	quietly
unheimlich	eerie

Anmerkungen

1. Das Berliner Schloss geht auf eine Burg von 1443 Zurick, welche die sich auf der Spreeinsel kreuzenden Handelswege kontrollieren sollte. Ab 1699 baute Andreas Schlüter das Schloss zum bedeutendsten Profanbau des protestantischen Barock aus. Von einem Balkon des Schlosses proklamierte der Sozialistenführer Karl Liebknecht am 9. November 1918 die Sozialistische Deutsche Republik. Während des Zweiten Weltkriegs wurde das Schloss weitgehend zerstört und später von der kommunistischen Regierung gesprengt. 1976 wurde an seiner Stelle der Palast der Republik, das Parlament der DDR gebaut, und an der Südseite das Staatsratsgebäude mit dem Portal des Schlosses, von dem aus der Kommunist Liebknecht die sozialistische Republik ausgerufen hatte.

2. Das Berliner Rathaus, auch Rotes Rathaus oder Rotes Schloss genannt, wurde von 1861 bis 1869 erbaut. Nach dem Zweiten Weltkrieg beherbergte es den Ost-Berliner Magistrat, während der West-Berliner Senat im Rathaus Schöneberg untergebracht war. 1991 zog die wiedervereinigte Verwaltung offiziell wieder zurück ins Rote Rathaus.

Abbildung 4: Das Berliner Schloss um 1900

3. Der Alexanderplatz ist der Hauptplatz im Osten Berlins (siehe Kapitel II unter Berlin Alexanderplatz).

4. Das Scheunenviertel ist ein Teil des Berliner Stadtbezirks Berlin-Mitte rund um den Hackeschen Markt. Im ersten Drittel des 20. Jahrhundert war es ein jüdisches Wohngebiet nahe dem Zentrum, das durch Armut, Prostitution und Kriminalität geprägt war und bei der Berliner Bevölkerung einen entsprechenden Ruf hatte. Im westlich angrenzenden Teil der Spandauer Vorstadt hatte sich dagegen ein gut-bürgerliches, jüdisch geprägtes Milieu etabliert. Hier in der Oranienburger Straße stand auch die Neue Synagoge der Reformierten Jüdischen Gemeinde.

Übungen

1. Geben Sie Beispiele für antisemitische Tendenzen des Texts.

2. Fallada ist ein lebendiger Erzähler. Geben Sie Beispiele, wie die Gestalten im Scheunenviertel beschrieben werden.

3. Wie wird das jüdische Milieu des Scheunenviertels gezeigt? Vergleichen Sie Falladas Text mit der Darstellung von Liebermann: „Das Berliner Ghetto umgaben keine Mauern, und doch war es eine abgeschlossene Welt. Es hatte seine eigenen Gesetze, seine Sitten und Gebräuche. Die orthodoxen Juden wachten darüber, dass sie streng eingehalten wurden. Es gab eine eigene Versorgung. Alles musste ja koscher (rein, nach bestimmten rituellen Vorschriften zubereitet) sein. Die enge Grenadierstraße war voller kleiner

Läden: Fleischwaren, Kolonialwaren, Grünkram, zwei Bäckereien, na und die Fischhandlung. Die durfte auf keinen Fall fehlen. Denn was ist ein Sabbat ohne gefüllten Fisch!" (Mischket Liebermann: *Aus dem Ghetto in die Welt*. Berlin, 3. Aufl. 1995, S. 5-7.)

Literatur

Beradt, Martin. *Die Straße der kleinen Ewigkeit. Ein Roman aus dem Berliner Scheunenviertel*. Frankfurt am Mai: Eichborn Verlag, 2000.

Fallada, Hans. *Damals bei uns daheim : Erlebtes, Erfahrenes und Erfundenes*. Berlin: Aufbau-Taschenbuch-Verl., 2001.

Fontane, Theodor. *Irrungen Wirrungen*: Roman. Köln: Anaconda, 2007.

Hermann, Georg. *Henriette Jacoby*. Berlin: Das neue Berlin, 1998.

Hermann, Georg. *Heinrich Schön jun*. Berlin: Das neue Berlin, 1998.

Hermann, Georg. *Jettchen Gebert*. Berlin: Das neue Berlin, 1998.

Hermann, Georg. *Das Biedermeier im Spiegel seiner Zeit*. Berlin: 1913.

Plett, Bettina. *Theodor Fontane: Neue Wege der Forschung*. Darmstadt: Wissenschaftliche Buchgesellschaft, 2007.

Raabe, Wilhelm. *Die Chronik der Sperlingsgasse*. Göttingen : Vandenhoeck & Ruprecht, 1965.

Raabe, Wilhelm. *Die Chronik der Sperlingsgasse*. Frankfurt am Main: Ullstein, 1995.

Weiss-Sussex, Godela. *Georg Hermann, deutsch-jüdischer Schriftsteller und Journalist, 1871-1943*. Tübingen: Niemeyer, 2004.

KAPITEL 2

Berlin in der Weimarer Republik 1918-33

Am Ende des ersten Weltkriegs herrschte Chaos in Berlin, als die Soldaten der kaiserlichen Flotte in Wilhelmshaven und Kiel am 28. Oktober 1918 meuterten und die Unruhen sofort auf Berlin übergriffen. Nachdem der Kaiser abgedankt hatte, rief der Sozialdemokrat Philip Scheidemann am 9. November in Berlin die Republik aus, um dem Spartakisten (Kommunisten) Karl Liebknecht zuvorzukommen. Dadurch entstand zwar die erste parlamentarische Demokratie in Deutschland, doch die innenpolitische Entwicklung der Weimarer Republik war fortan durch eine Radikalisierung von rechten und linken Gruppen gekennzeichnet, die sich ausgeschlossen fühlten. 1919 versuchten die Kommunisten im Spartakusaufstand erneut an die Macht zu kommen und im März 1920 versuchte die radikal-konservative Deutsche Vaterlandspartei im Kapp-Putsch die Regierung zu stürzen. Alle Putschversuche schlugen fehl, ebenso der Umsturzversuch der Nationalsozialisten unter Adolf Hitler am 9. November 1923 in München.

Nach dem Ende der katastrophalen Inflation im November 1923 blühte die Weimarer Republik wirtschaftlich auf. Ab 1924 verbesserte sich die Lage durch die Verabschiedung des Dawes-Plans zur Konsolidierung der Reparationszahlungen an die Alliierten, was zu einer zunehmenden Investition von ausländischen Krediten in Deutschland führte, die moderne Technologien und Fertigungsmethoden mitbrachten. Die wirtschaftliche Blütezeit sollte aber nicht von Dauer sein, denn die 1929 von den USA ausgehende Wirtschaftskrise traf Deutschland besonders schwer. Nicht nur der Staat war durch die Reparationszahlungen an die ehemaligen Kriegsgegner bankrott, auch die schnell aufeinander folgenden Regierungen konnten nur noch am Parlament vorbei durch so genannte „Notverordnungen" regieren. Die auf fast sechs Millionen steigende Zahl an Arbeitslosen trug mit dazu bei, dass die Nationalsozialisten zur stärksten Partei wurden.

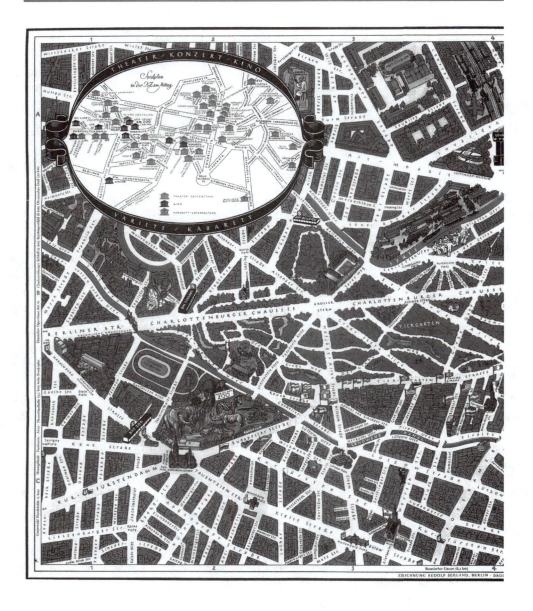

Kulturell waren die so genannten "Goldenen Zwanziger" Berlins Blütezeit. Am Beginn der zwanziger Jahre dominierte noch die expressionistische Kunst mit Bildern von George Grosz, Theaterstücken von Ernst Toller, der experimentellen Dada-Kunst von Max Ernst, oder den frühen Stummfilmen der UFA. Amerikanische Einflüsse begannen sich langsam durchzusetzen, nicht nur im Film, sondern auch in der Jazzmusik, im Sport und in der Mode. Wie New York wurde Berlin jetzt zu einer aufregenden Weltstadt.

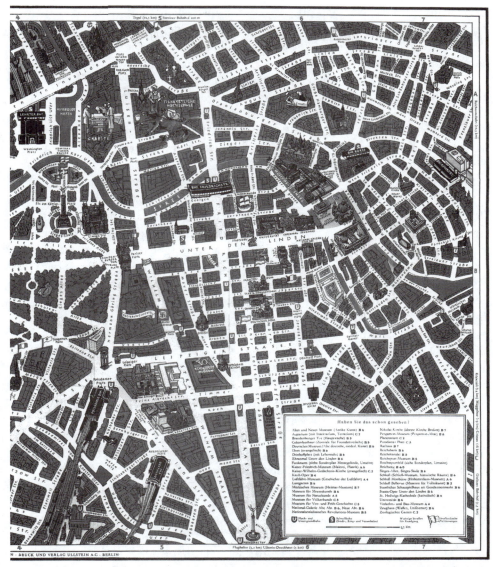

Abbildung 5: Bummel durch Berlin. Vogelschau-Plan der BZ am Mittag, Pharus-Plan von 1936, aus Anlass der Olympischen Spiele in Berlin. © Pharus-Verlag.

Die kurze kulturelle Blütezeit Berlins beschränkte sich auf zentrale Orte, auf den Alexanderplatz im Osten und den Potsdamer Platz im Westen, die Friedrichstraße und Leipziger Straße im Bezirk Mitte, Orte die jetzt erst ihre eigentliche Funktion im Leben Berlins finden sollten. Die schnellen Verwandlungen des Potsdamer Platzes über die vergangenen Jahrzehnte erstaunen noch heute, die Transformation von einem Lebenszentrum der Weimarer Zeit mit der ersten europäischen Verkehrsampel über die

Zerstörungen in der Nazizeit und der kommunistischen Zeit, die in der Wüste des Niemandslands nach dem Zweiten Weltkrieg endeten, und schließlich zur Wiederauferstehung dieses Platzes nach 1989 führten, die ihn zu einem Symbol des Neuanfangs werden ließ.

Unsere Texterkundungen der Weimarer Periode beginnen im Westen, dem reicheren Teil der Stadt, im Bezirk Tiergarten um den Potsdamer Platz, und weiter westlich um den Bereich Kurfürstendamm, wo ein großer Teil des Kästner-Romans spielt. Die Wanderung führt dann in den eigentlichen Bezirk Mitte um den Bahnhof Friedrichstraße, das historische Zentrum Berlins, wo Falladas Roman spielt. Unsere Stadterkundung endet im Osten der Stadt auf dem Alexanderplatz, dem östlichen Pendant zum Potsdamer Platz.

Walther Ruttmanns Film *Berlin, die Sinfonie der Großstadt* aus dem Jahre 1927 gibt eine gute Einführung in das Berlin der Weimarer Republik, da er einen Tag im Leben Berlins dokumentiert. Der Film beginnt am Potsdamer Platz, wo der Besucher nach einer Bahnfahrt frühmorgens ankommt und sich das Berliner Stadtleben ansieht. *Berlin Sinfonie* montiert Szenen aus dem Stadtleben, vornehmlich von den großen Plätzen aus Weimar-Berlin, und zeigt den verwirrenden Verkehr am Potsdamer Platz zu unterschiedlichen Zeiten am Tage. Der Film ist in fünf Teile oder Akte eingeteilt, die den Tagesablauf eines typischen Berliner Tages zeigen, von fünf bis acht Uhr morgens, von acht bis zwölf Uhr mittags, den Nachmittag bis sechs Uhr abends, und am Schluss das berühmte Berliner Nachtleben der Weimarer Zeit, das oft bis in die frühen Morgenstunden dauerte.

Der erste Akt nach der Bahnfahrt und Ankunft am Anhalter Bahnhof neben dem Potsdamer Platz wird von der beginnenden Unruhe der erwachenden Stadt abgelöst, dem ständig zunehmenden Verkehr, den U- und S-Bahnen, Autos, Straßenbahnen und der Hektik der Menschen im öffentlichen Raum, Kinder auf dem Weg zur Schule, Fabrikarbeiter auf dem Weg zur Arbeit, Angestellte auf dem Weg ins Büro und später Bedienstete und Frauen beim Einkaufen. Der Film zeigt Unfälle, essende, spielende, kämpfende, flirtende Menschen, sogar einen inszenierten Selbstmord. Wie in einem Theaterstück intensivieren sich die Beziehungen im Laufe des Nachmittags, um am Abend ihren Höhepunkt zu finden. Das Hauptthema des hektischen Lebens und des Verkehrs wird in dem Film mit damals als modern geltenden Montage- und Schnitttechniken dargestellt. Der Film, einer der ersten Dokumentarfilme, gibt eine gute Einführung in das verwirrende Stadtleben im Berlin der Weimarer Republik.

Das Gedicht „Augen in der Großstadt" gibt eine literarische Illustration von Walter Ruttmanns Konzept in *Berlin, Sinfonie einer großen Stadt*, der die Stadt aus der unpersönlichen Perspektive des Kameraauges zeigt. Kurt Tucholsky gibt die Oberflächlichkeit der Großstadt in seinem Gedicht wieder, die den Großstadtbewohner zu einem anonymen Beobachter macht und eine gefährliche Anonymität herstellt. In einer Welt, in der die meisten Menschen aus einer dörflichen und familiengeprägten Atmosphäre in die Großstadt

Abbildung 6: Berlin, Sinfonie einer großen Stadt

kommen um Arbeit zu suchen, war diese Anonymität etwas Neues und wurde als zynisch empfunden. Tucholsky war ein bekannter Journalist der Weimarer Zeit, dessen neutraler Stil sich auf sein gesamtes Werk erstreckte. Tucholsky starb verzweifelt an der politischen Entwicklung Deutschlands und nahm sich am 21. Dezember 1935 in seinem schwedischen Exil das Leben.

Augen in der Großstadt

Wenn du zur Arbeit gehst
am frühen Morgen,
wenn du am Bahnhof stehst
mit deinen Sorgen:
da zeigt die Stadt
dir asphaltglatt
im Menschentrichter
Millionen Gesichter:
Zwei fremde Augen, ein kurzer Blick,
die Braue, Pupillen, die Lider –
Was war das? vielleicht dein Lebensglück…
vorbei, verweht, nie wieder.

Du gehst dein Leben lang
auf tausend Straßen;
du siehst auf deinem Gang, die
dich vergaßen.
Ein Auge winkt,
die Seele klingt;
du hast's gefunden,
nur für Sekunden...
Zwei fremde Augen, ein kurzer Blick,
die Braue, Pupillen, die Lider –
Was war das? Kein Mensch dreht die Zeit zurück...
Vorbei, verweht, nie wieder.

Du musst auf deinem Gang
durch Städte wandern;
siehst einen Pulsschlag lang
den fremden Andern.
Es kann ein Feind sein,
es kann ein Freund sein,
es kann im Kampfe dein
Genosse sein.
Er sieht hinüber
und zieht vorüber ...
Zwei fremde Augen, ein kurzer Blick,
die Braue, Pupillen, die Lider –
Was war das?
Von der großen Menschheit ein Stück!
Vorbei, verweht, nie wieder.

Kurt Tucholsky, © Rowohlt-Verlag, 1975.

Mascha Kaléko kam mit ihren Eltern aus Polen nach Berlin und war eine der hunderttausend Sekretärinnen, die von der Faszination Berlins in den zwanziger Jahren ergriffen war. Sie gehört zu dem neuen Angestelltentypus der unabhängigen Sekretärin, der besonders in Berlin ausgeprägt war. Kaléko erhielt ihre literarischen Impulse durch den Kontakt mit Berlins Avantgarde im Romanischen Café, unter anderen lernte sie Kurt Tucholsky dort kennen. Ihr Gedicht beschreibt Berlins Amüsiermeile um die Gedächtniskirche und interpretiert den Unterschied zwischen der idyllischen Provinz, aus der so viele Berliner kamen, mit dem hektischen Berliner Großstadtleben. Von den Nazis verboten und als Jüdin verfolgt ging Mascha Kaléko ins Exil, zuerst in die USA, dann nach Israel, und schließlich in die Schweiz, wo sie 1975 starb.

Mascha Kaléko: Julinacht an der Gedächtniskirche

Die Dächer glühn als lägen sie im Fieber.
Es schlägt der vielgerühmte Puls der Stadt.
Grell sticht Fassadenlicht. Und hoch darüber
Erscheint der Vollmond schlechtrasiert und matt.

Ein Kinoliebling lächelt auf Reklamen
Nach Chlorodont und sieht hygienisch aus.
Ein paar sehr heftig retuschierte Damen
Blühn bunt am Hauptportal vorm Lichtspielhaus.

Laut glitzern Fenster auf der Tauentzien.
Man kann sich herrlich ziellos treiben lassen.
Da protzen Cafés mit dem bisschen Grün
Und geben sich nebst Efeu als Terrassen.

Zuweilen weht ein kleiner Schlager hin.
Gehorsam wippt es unter allen Bänken.
- Ein altes Fräulein senkt das welke Kinn
Und muss an längstvergangne Liebe denken.

Wie seltsam, dass jetzt fern noch Dörfer sind,
In denen längst die letzte Uhr geschlagen,
Da noch zu lauten, nutzlos langen Tagen
Uns selbst die schönste Sommernacht gerinnt…

Mascha Kaléko, © Rowohlt-Verlag, 1996.

Wörter

Chlorodont	a tooth paste brand
Lichtspielhaus (*n.*)	cinema
protzen	to brag
gehorsam	obedient
wippen	to move with the beat, to jig
welk	faded, wilted
gerinnen	to change, to solidify, to coagulate

Übungen

1. Suchen Sie im Film Berlin *Sinfonie einer Großstadt* nach Szenen, die auch in den Gedichten von Tucholsky und Kaléko dargestellt werden. Beschreiben Sie diese Menschen. Was für ein Leben könnten diese Menschen in Berlin führen?

2. Beschreiben Sie Gebäude, die Sie im ersten Teil des Berlin-Films sehen und versuchen Sie, diese zu identifizieren.

3. Welche Personen fallen im Film besonders auf? Können Sie sich eine Geschichte für sie vorstellen?

4. Welcher Ton herrscht in Tucholskys Gedicht vor? Der Stil ist als Neue Sachlichkeit beschrieben worden, einem Stil, der sich radikal vom Expressionismus unterschied und nur noch „sachliche" Fakten beschreiben wollte. Welche Elemente könnte man als sachlich bezeichnen?

Erich Kästner: Emil und die Detektive (1931)

Kontext

Berlin ist während der Zeit von Kästners Roman eine der größten Städte Europas mit mehr als vier Millionen Einwohnern. Nachdem britische Kinderbücher in den zwanziger Jahren in Deutschland populär wurden, bat die Verlegerin Edith Jacobsohn Kästner ebenfalls ein Kinderbuch zu schreiben. Bei seinem Detektivroman für Kinder *Emil und die Detektive* griff Kästner auf eigene Erlebnisse zurück. Doch Kästner wollte nicht nur einen Kinderroman schreiben, sondern auch die wirtschaftlichen Schwierigkeiten der Weimarer Republik mit in seinen Roman bringen. Das Buch berichtet von den Erlebnissen des zwölfjährigen Emil Tischbein, der während einer Reise zu Berliner Verwandten von dem Dieb Max Grundeis bestohlen wird. Als Emil Grundeis quer durch Berlin verfolgt, kommen ihm andere Kinder zu Hilfe, mit denen er schließlich den Dieb erwischen kann. Emil erhält am Ende der Verfolgungsjagd eine große Belohnung, weil er einen Verbrecher gestellt hat, der auch ein berüchtigter Bankräuber war.

Erich Kästner wurde 1899 in Dresden geboren. Er arbeitete zunächst als Journalist und schrieb satirische Gedichte, politische Artikel und Theaterkritiken. 1927 zog er nach Berlin, wo er als Romanautor mit *Emil und die Detektive* seinen ersten großen Erfolg hatte. Das Buch wurde mehrfach verfilmt und zählt zu den populärsten deutschen Kinderbüchern. (1) Weitere Kinderromane von Kästner sind *Pünktchen und Anton* (1931), *Das fliegende Klassenzimmer* (1933), und *Das doppelte Lottchen* (1949). Ein bekanntes Buch Kästners für Erwachsene ist sein Roman *Fabian* (1931). Erich Kästner starb am 29. Juli 1974 in München.

Der Textauszug "Straßenbahnlinie 177" stammt vom Beginn der Vorfolgungsjagd, nachdem Emil aus dem Zug gestiegen ist und den Dieb allein verfolgen will. Der Reiz des Buches besteht in Kästners Absicht, Kindern mit seinem Roman das Gefühl zu vermitteln, dass sie jedes Problem meistern können, wenn sie es gemeinsam anpacken. Die auch heute noch andauernde Popularität von *Emil und die Detektive* liegt in der packenden Darstellung der Berliner Großstadtwelt als exotische Abenteuerlandschaft. Kästner zeigt Berlin durch den wohlhabenden Westen um den Bahnhof Zoo, den Nollendorfplatz in Schöneberg und die Kaiserallee in Wilmersdorf. Doch auch andere Stadtteile spielen eine Rolle, die Wohnung der Großmutter in der Schumannstraße in der Nähe vom Bahnhof Friedrichstraße, wo sie vergeblich mit der Kusine „Pony Hütchen" auf Emil wartet, und die Fahrt zum Polizeipräsidium am „Alex" in Berlins Osten.

Emil und die Detektive

Emil (2) versteckte sich hinter einer großen, breiten Dame, die vor ihm ging, und guckte manchmal links und manchmal rechts an ihr vorbei, ob der andere noch zu sehen war und nicht plötzlich im Dauerlauf davonrannte. Der Mann war mittlerweile am Bahnhofsportal angelangt, blieb stehen, blickte sich um und musterte die Leute, die hinter ihm her drängten, als suche er wen. Emil presste sich ganz dicht an die große Dame und kam dem andern immer näher. Was sollte jetzt werden? Gleich würde er an ihm vorbei müssen, und dann war es aus mit den Heimlichkeiten. Ob ihm die Dame helfen würde? Aber sie würde ihm sicher nicht glauben. Und der Dieb würde sagen: Erlauben Sie mal, meine Dame, was fällt Ihnen eigentlich ein? Habe ich es etwa nötig kleine Kinder auszurauben? Und dann würden alle den Jungen ansehen und schreien: Das ist doch der Gipfel! Verleumdet erwachsene Menschen! Nein, die Jugend von heute ist doch zu frech! Emil klapperte schon mit den Zähnen.

Da drehte der Mann seinen Kopf glücklicherweise wieder weg und trat ins Freie. Der Junge sprang blitzrasch hinter die Tür, stellte seinen Koffer nieder und blickte durch die vergitterte Scheibe. Alle Wetter, tat ihm der Arm weh!

Der Dieb ging langsam über die Straße, sah noch einmal rückwärts und spazierte ziemlich beruhigt weiter. Dann kam eine Straßenbahn, mit der Nummer 177, von links angefahren und hielt. (3) Der Mann überlegte einen Augenblick, stieg auf den Vorderwagen und setzte sich an einen Fensterplatz.

Emil packte wieder seinen Koffer an, lief geduckt an der Tür vorbei, die Halle entlang, fand eine andere Tür rannte auf die Straße und erreichte, von hinten her, den Anhängewagen gerade, als die Bahn losfuhr. Er warf den Koffer hinauf, kletterte nach, schob ihn in eine Ecke, stellte sich davor und atmete auf. So, das war überstanden.

Doch was sollte nun werden? Wenn der andere während der Fahrt absprang, war das Geld endgültig weg. Denn mit dem Koffer abspringen, das ging nicht. Das war zu gefährlich.

Diese Autos! Sie drängten sich hastig an der Straßenbahn vorbei; hupten, quiekten, streckten rote Zeiger links und rechts heraus, bogen um die Ecke; andere Autos schoben sich nach. So ein Krach! Und die vielen

Menschen auf den Fußsteigen! Und von allen Seiten Straßenbahnen, Fuhrwerke, zweistöckige Autobusse! Zeitungsverkäufer an allen Ecken. Wunderbare Schaufenster mit Blumen, Früchten, Büchern, goldenen Uhren, Kleidern und seidener Wäsche. Und hohe, hohe Häuser.

Das war also Berlin.

Emil hätte sich gern alles in größter Ruhe betrachtet. Aber er hatte keine Zeit dazu. Im vorderen Wagen saß ein Mann, der hatte Emils Geld, konnte jeden Augenblick aussteigen und im Gedränge verschwinden. Dann war es aus. Denn dort hinten, zwischen den Autos und Menschen und Autobussen, da fand man niemanden wieder. Emil steckte den Kopf hinaus. Wenn nun der Kerl schon weg war? Dann fuhr er hier oben allein weiter, wusste nicht wohin, wusste nicht warum, und die Großmutter wartete unterdessen am Bahnhof Friedrichstraße am Blumenstand, und hatte keine Ahnung, dass ihr Enkel inzwischen auf der Linie 177 quer durch Berlin gondelte und großen Kummer hatte. Es war zum Platzen!

Da hielt die Straßenbahn zum ersten Mal. Emil ließ den Triebwagen nicht aus den Augen. Doch es stieg niemand aus. Es drängte nur viele neue Fahrgäste in die Bahn. Auch an Emil vorbei. Ein Herr schimpfte, weil der Junge den Kopf herausstreckte und im Wege war.

„Siehst du nicht, dass Leute rauf wollen?" brummte er ärgerlich.

Der Schaffner, der im Innern des Wagens Fahrscheine verkaufte, zog an einer Schnur. Es klingelte. Und die Straßenbahn fuhr weiter. Emil stellte sich wieder in seine Ecke, wurde gedrückt und auf die Füße getreten und dachte erschrocken: Ich habe ja kein Geld! Wenn der Schaffner herauskommt, muss ich einen Fahrschein lösen. Und wenn ich es nicht kann, schmeißt er mich 'raus. Und dann kann ich mich gleich begraben lassen.

Er sah sich die Leute an, die neben ihm standen. Konnte er einen von ihnen am Mantel zupfen und sagen: Borgen Sie mir doch, bitte, das Fahrgeld? Ach, die Menschen hatten so ernste Gesichter! Der eine las Zeitung. Zwei andere unterhielten sich über einen großen Bankeinbruch.(4)

„Einen richtigen Schacht haben sie gegraben," erzählte der erste, „Da sind sie hinein und haben alle Tresorfächer ausgeräumt. Der Schaden beläuft sich vermutlich auf mehrere Millionen."

„Es wird aber kolossal schwierig sein, festzustellen, was in den Schränken eigentlich drin war," sagte der zweite, „denn die Tresormieter sind doch der Bank keine Auskunft darüber schuldig gewesen, was sie in ihren Fächer verschlossen hatten."

„Da wird mancher erklären, er hätte fünfhunderttausend Mark Brillanten eingeschlossen gehabt, und in Wirklichkeit war nur ein Haufen wertloses Papiergeld drin oder ein Dutzend Alpakalöffel", meinte der erste. Und beide lachten ein bisschen.

Ganz genauso wird es mir gehen, dachte Emil traurig. Ich werde sagen, Herr Grundeis hat mir hundertvierzig Mark gestohlen. Und niemand wird es mir glauben. Und der Dieb wird sagen, das sei eine

Frechheit von mir, und es wären nur drei Mark fünfzig gewesen. So eine verdammte Geschichte!

Der Schaffner kam der Tür immer näher Jetzt stand er schon im Türrahmen und fragte laut: „Wer hat noch keinen Fahrschein?"

Er riss große weiße Zettel ab und machte mit einer Zange eine Reihe Löcher hinein. Die Leute auf dem Perron gaben ihm Geld und bekamen dafür Fahrscheine.

„Na, und du?" fragte er den Jungen.

„Ich habe mein Geld verloren, Herr Schaffner," antwortete Emil. Denn den Diebstahl hätte ihm keiner geglaubt.

„Geld verloren? Das kenn ich. Und wo willst du denn hin?"

„Das .. . das weiß ich noch nicht," stotterte Emil.

„So. Na, da steige mal an der nächste Station wieder ab und überleg dir erst, wo du hin willst."

„Nein, das geht nicht. Ich muss hier oben bleiben, Herr Schaffner. Bitte schön."

„Wenn ich dir sage, du sollst absteigen, steigst du ab. Verstanden?"

„Geben Sie dem Jungen einen Fahrschein!" sagte da der Herr, der Zeitung gelesen hatte. (5) Er gab dem Schaffner Geld. Und der Schaffner gab Emil einen Fahrschein und erzählte dem Herrn: „Was glauben Sie, wie viele Jungen da täglich raufkommen und einem weismachen, sie hätte das Geld vergessen. Hinterher lachen sie uns aus."

„Der hier lacht uns nicht aus," antwortete der Herr.

Der Schaffner stieg wieder ins Wageninnere.

„Haben Sie vielen, vielen Dank, mein Herr!" sagte Emil.

„Bitte schön, nichts zu danken," meinte der Herr und schaute wieder in seine Zeitung.

Dann hielt die Straßenbahn von neuem. Emil beugte sich hinaus, ob der Mann im steifen Hut ausstiege. Doch es war nichts zu sehen.

„Darf ich vielleicht um Ihre Adresse bitten?" fragte Emil den Herrn.

„Wozu denn?"

„Damit ich Ihnen das Geld zurückgebe kann, sobald ich welches habe. Ich bleibe vielleicht eine Woche in Berlin, und da komme ich mal bei Ihnen vorbei. Tischbein ist mein Name. Emil Tischbein aus Neustadt."

„Nein," sagte der Herr, „den Fahrschein habe ich dir selbstverständlich geschenkt. Soll ich dir noch etwas geben?"

„Unter keinen Umständen" erklärte Emil fest, „das nehme ich nicht an!"

„Wie du willst," meinte der Herr und guckte wieder in die Zeitung.

Und die Straßenbahn fuhr. Und sie hielt. Und sie fuhr weiter. Emil las den Namen der schönen breiten Straße. Kaiserallee hieß sie. Er fuhr und wusste nicht, wohin. Im andern Wagen saß ein Dieb. Und vielleicht saßen und standen noch andere Diebe in der Bahn. Niemand kümmerte sich um ihn. Ein fremder Herr hatte ihm zwar einen Fahrschein geschenkt. Doch nun las er schon wieder Zeitung.

Die Stadt war so groß. Und Emil war so klein. Und kein Mensch wollte wissen, warum er kein Geld hatte, und warum er nicht wusste, wo er aussteigen sollte. Vier Millionen Menschen lebten in Berlin; und keiner interessierte sich für Emil Tischbein. Niemand will von den Sorgen des andern etwas wissen. Jeder hat mit seinen eigenen Sorgen und Freuden genug zu tun. Und wenn man sagt: Das tut mir aber wirklich leid, so meint man meistens gar nichts weiter als: Mensch, lass mich bloß in Ruhe!

Was würde werden? Emil schluckte schwer. Und er fühlte sich sehr, sehr allein.

Wörter

Substantive

Anhängewagen (*m.*)	the second car of a street car
Dauerlauf (*m.*)	training run
Fuhrwerk (*n.*)	horse-drawn vehicle
Gedränge (*n.*)	crowd
Gipfel („Das ist der Gipfel!" *m.*)	mountain top ("That is the limit!")
Heimlichkeit (*f.*)	secrecy
Schacht (*m.*)	tunnel
Schnur (*f.*)	string, cord
Triebwagen (*m.*)	engine car
Umstand (*m.*)	condition
„(alle) Wetter" (*n.*)	"I am impressed."
Zange (*f.*)	ticket punch
Zeiger (*m.*)	clock hand
Perron (*n.*)	front part of streetcar

Verben

begraben	to bury
borgen	to lend
drängen	to push
einfallen	to occur to s/o; here: imagine
gondeln	to go back and forth
klappern	to rattle
(einen Fahrschein) lösen	to buy (a ticket)
mustern	to scrutinize
platzen	to blow up
schimpfen	to scold
verleumden	to malign
verstecken	to hide
zupfen	to pull (at clothes)

Abbildung 7: Straßenbahn am Wittenbergplatz. Bildarchiv Preußischer Kulturbesitz.

Adjektive

blitzrasch	very fast
geduckt	hunched over
vergittert	barred (windows)

Anmerkungen

1. *Emil und die Detektive* Filme: 1931, Deutschland, Regie Gerhard Lamprecht; 1935, Großbritannien; 1950, Argentinien; 1954, Deutschland, Regie Robert Stemmle; 1956, Japan; 1958, Brasilien; 1964, USA; 1973, Deutschland, Regie Werner Jacobs; 2001, Deutschland, Regie Franziska Buch.

2. Kästner, der selbst mit Vornamen Emil Erich hieß, ließ sich bei den Figuren Emils und seiner Mutter von seiner Autobiographie inspirieren. Für die Geschichte griff Kästner auf ein Erlebnis aus seiner Kindheit in Dresden zurück: Dort verfolgte und stellte er eine Betrügerin, die seine Mutter, eine Friseuse, geschädigt hatte.

3. Dies ist Emils erste Straßenbahnfahrt. Er kommt aus der Kleinstadt, wo es nur Pferdebahnen gibt. Der Berliner Verkehr machte einen enormen Eindruck auf jeden Besucher, der noch nicht an den hektischen Rhythmus der Weltstadt gewöhnt war.

4. Bei dem Bankeinbruch handelt es sich um den Einbruch der Brüder Sass am 28. Januar 1928 in der Diskonto-Gesellschaft, eine Bank in der Kleiststraße 23. Die Polizei bezifferte den Schaden auf 1,2 bis 2 Millionen Reichsmark.

5. Erich Kästner erscheint hier selbst in der Handlung und wird später im Buch mit Namen genannt. Er war von Beruf Zeitungsjournalist.

Übungen

1. Warum erwähnt Kästner die Geschichte des Sass-Bankraubs in dieser Geschichte von Emil Tischbein in der Großstadt?

2. Das folgende Gedicht von Erich Kästner beschreibt die Ankunft von Besuchern aus der deutschen Provinz auf Berlins belebtestem Platz, dem Potsdamer Platz. Hier standen zwei große Kopfbahnhöfe, der Bahnhof Potsdamer Platz und Berlins größter Bahnhof, der Anhalter Bahnhof. Finden Sie die Wörter, besonders Adjektive und Verben, die die Gefühle der Provinzbesucher ausdrücken. Beachten Sie besonders das zynische Ende des Gedichts, das für Kästners sachliche Literatur typisch ist, die der von Tucholsky nahe steht. Auch der Held in seinem bekanntesten Roman *Fabian* stirbt am Ende.

Besuch vom Lande (1929)

Sie stehen verstört am Potsdamer Platz.
Und finden Berlin zu laut.
Die Nacht glüht auf in Kilowatts.
Ein Fräulein sagt heiser: „Komm mit, mein Schatz!"
Und zeigt entsetzlich viel Haut.

Sie wissen vor Staunen nicht aus und nicht ein.
Sie stehen und wundern sich bloß.
Die Bahnen rasseln. Die Autos schrein.
Sie möchten am liebsten zu Hause sein.
Und finden Berlin zu groß.

Es klingt, als ob die Großstadt stöhnt,
weil irgendwer sie schilt.
Die Häuser funkeln. Die U-Bahn dröhnt.
Sie sind alles so gar nicht gewöhnt.
Und finden Berlin zu wild.

Sie machen vor Angst die Beine krumm.
Sie machen alles verkehrt.
Sie lächeln bestürzt. Und sie warten dumm.
Und stehn auf dem Potsdamer Platz herum,
bis man sie überfährt.

Abbildung 8: Der Potsdamer Platz 1926. Bildarchiv Preußischer Kulturbesitz.

3. Woran unterscheidet sich der Roman *Emil und die Detektive* von der "Erwachsenen"-Literatur, wie sie in dem Gedicht „Besuch vom Lande" vorgestellt wurde? Beachten Sie besonders die Szene mit dem Redakteur Kästner, der Emil den Straßenbahnfahrschein schenkt. Warum hat Kästner wohl später mehr Kinderbücher als Bücher für Erwachsene geschrieben?

4. Am Ende dieses Kapitels ist Emil „sehr, sehr allein." Was beabsichtigt der Autor mit dieser Aussage?

Irmgard Keun: Das kunstseidene Mädchen (1932)

Kontext

Die Weimarer Republik brachte einen neuen Angestelltentypus hervor, die Sekretärin. Dadurch wurde es jungen Frauen zum ersten Mal ermöglicht von den Eltern unabhängig berufstätig zu sein. Berlin wurde zum Hauptanziehungspunkt für diese jungen Frauen, die Irmgard Keun mit ihrer Heldin Doris in dem Roman *Das kunstseidene Mädchen* schildert. In den zwanziger Jahren wurde Kunstseide als Ersatz für teure Naturseide erfunden, was Frauen eine Glamourexistenz mit scheinbaren Luxusstrümpfen erlaubte. Wie Doris in dem Roman wurde Irmgard Keun in Berlin geboren. Auch Irmgard Keun arbeitete zunächst als Sekretärin in Köln, die sich zu Höherem berufen fühlte, und die wie die Heldin nach Berlin geht, um dort Karriere zu machen. Keun emigrierte in den dreißiger Jahren nach Holland und bereiste mit dem österreichischen Schriftsteller Joseph Roth ganz Europa.

Das kunstseidene Mädchen schildert das Leben einer jungen Frau in den Jahren 1931 und 1932. Doris, achtzehn Jahre, ist Sekretärin in einem Anwaltsbüro und möchte ihrem kleinbürgerlichen Milieu entkommen um „ein Glanz" zu werden. Sie geht zuerst zum Theater, wo sie durch einen Trick eine Rolle erhalten will, doch als das misslingt, einen Mantel stiehlt und nach Berlin verschwindet. Dieser Fehmantel, ein Eichhörnchenmantel, durchzieht den ganzen Roman als Symbol, denn er stellt etwas Einmaliges dar, keine Kopie wie die kunstseidenen Strümpfe. Doch auch in Berlin findet sie nicht das große Los, sondern macht vor allem Männerbekanntschaften. Der Schluss des Buches lässt offen, ob Doris zurück nach Köln geht, oder ob sie sich in Berlin als Prostituierte durchschlägt. Eine von Doris' Männerbekanntschaften ist der blinde Brenner, dem sie in dem Textauszug das Berliner Leben schildert. In diesem Auszug kommt Keuns Stil zum Ausdruck, der das schillernden Leben Berlins wiedergibt. *Das kunstseidene Mädchen* wurde erst in jüngster Zeit als großartiger Ausdruck des Lebensgefühls der Weimarer Zeit entdeckt.

Das kunstseidene Mädchen

Fragt er mich: „Liebe Volksliederstimme, wo warst du heute?"
„Ich war - auf dem Kurfürstendamm." (1)
„Was hast du gesehen?"
Und da muss ich doch viele Farben gesehen haben:
„Ich habe gesehen - Männer an Ecken, die verkaufen ein Parfüm, und keinen Mantel und kesses Gesicht und graue Mütze - und Plakate mit nackten rosa Mädchen - keiner guckt hin - ein Lokal mit so viel Metall und wie eine Operation, da gibt es auch Austern - und berühmte Photographen mit Bildern in Kästen von enormen Leuten ohne Schönheit. Manchmal auch mit."

Es kriecht eine Kakerlake - ist es immer dieselbe? – und ein Mief in der Stube - werden wir eine Zigarette -

„Was hast du gesehen?"

„Ich habe gesehen - ein Mann mit einem Plakat um den Hals: ‚Ich nehme jede Arbeit' - und ‚jede' dreimal rot unterstrichen - und ein böser Mund, der zog sich nach unten mehr und mehr - es gab eine Frau ihm zehn Pfennig, die waren gelb, und er rollte sie auf das Pflaster, das Schein hat durch Reklame von Kinos und Lokalen. Und das Plakat war weiß mit Schwarz drauf. Und viele Zeitungen und sehr bunt und das Tempo rosa-lila und Nachtausgabe (2) mit rotem Strich und ein gelber Querschnitt - und sehe das Kempinsky mit edlem Holz und Taxis davon mit weißen Karos und Chauffeure mit eingeknicktem Kopf, weil sie ja immer warten. Und von innen Spiegel und was von Klub. Und Menschen eilen. Und Vorgärten von Kaffees, die sind ein Winter und drinnen Musik. Und auch mal Bars und ein großes Licht hoch über der Erde von Kupferberg Sekt (3) - und einer mit Streichhölzern und auf der Erde mit schwarzen Beinen - quer übers Pflaster und Schachteln von Streichhölzern, die sind blau mit Weiß und kleiner roter Rand –„

„Was siehst du noch, was siehst du noch?"

„Ich sehe - gequirlte Lichter, das sind Birnen dicht nebeneinander - Frauen haben kleine Schleier und Haar absichtlich ins Gesicht geweht. Das ist die moderne Frisur - nämlich Windstoß - und haben Mundwinkel wie Schauspielerinnen vor großen Rollen und schwarze Pelze und drunter Gewalle - und Schimmer in den Augen - und sind ein schwarzes Theater oder ein blondes Kino. Kinos sind ja doch hauptsächlich blond - ich rase da mit und in meinem Feh, (4) der ist grau und weich - und ganz rasende Füße, meine Haut wird rosa, die Luft ist kalt und heiße Lichter - ich sehe, ich sehe - meine Augen erwarten ein Ungeheures - ich habe Hunger auf was Herrliches und auch auf ein Rumpsteak, so braun mit weißem Meerrettich und so Stäbchenkartoffeln, das sind in die Länge gezogene Bratkartoffeln - und manchmal liebe ich ein Essen so, dass ich es in die Hand nehmen möchte und reinbeißen und nicht immer essen mit Messer und Gabel –„

„Was siehst du noch, was siehst du noch?"

„Ich sehe - mich in Spiegeln von Fenstern, und dann finde ich mich hübsch und dann gucke ich die Männer an, und die gucken auch - und schwarze Mäntel und dunkelblau und im Gesicht viel Verachtung - das ist so bedeutend - und sehe - da ist die Gedächtniskirche und mit Türmen so grau wie Austernschalen - ich kann Austern essen hochfein - der Himmel hat ein rosa Gold im Nebel - es treibt mich drauf zu - man kann nicht ran wegen der Autos - ein roter Teppich liegt im Betrieb, weil am Nachmittag eine blödsinnige Hochzeit war - der Gloriapalast schillert - ein Schloss, ein Schloss, - es ist aber Kino und Kaffee und Berlin W - um die Kirche sind schwarze eiserne Ketten - und drüben das Romanische Cafe mit den längeren Haaren von Männern. Und da verkehrte ich einmal Abend für

Abend mit einer geistigen Elite, was eine Auswahl ist, was jede gebildete Individualität aus Kreuzworträtseln weiß. Und wir bildeten alle einen Kreis. Und das Romanische Cafe ist eigentlich nicht anzuerkennen. Und jeder sagt: Gott, dieses Lokal, wo diese herabgekommenen Literaten sitzen, man sollte da nicht mehr hingehn. Und gehn dann doch hin. Ich bildete mich ungeheuer, und es war, als wenn ich eine fremde Sprache lerne…"

„Was noch, was noch?"

„Und eine Ampel, die wechselt grün und rot und gelb - so riesige Augen und Autos warten vor ihr - ich gehe durch die Tauentzien - und Geschäfte mit rosa Korsetts verkaufen in einem auch grüne Pullover - wieso? Und Krawatten und der gestreifte Bademantel eines Mannes im Fenster - und ich gehe - es sind braune Schuhe und ein Automatenrestaurant mit Walkürenradiomusik und Brötchen wie ein Stern arrangiert - und Delikatessen, die man sich schämt, nicht zu kennen - in der Stadtküche. Und bei Zuntz vorbei riecht es nach Kaffee, er liegt klein und braun in südländischen großen schaligen Körben, es ist ja alles wunderbar - und breite Wege mit Schienen und gelben Bahnen. Und Menschen am KaDeWe (5), das ist so groß und mit Kleidern und Gold und an der Tür viele elegante kleine Hunde an Leinen, die warten auf Damen, die kaufen drinnen - und enorm viereckig - und ein kleiner Wittenbergtempel, da fährt unten im Bauch die Untergrund - es leuchtet ein großes Riesen-U."

Courtesy Bonnier Media Deutschland GmbH, Munich.

Wörter

Substantive

Auster (*f.*)	oyster
Automatenrestaurant (*n.*)	self- service restaurant
Birne (*f.*)	light bulb
Gewalle (*n.*)	here: elaborate dress
Kakerlake (*f.*)	cockroach
Karo (*n.*)	square
Kreuzworträtsel (*n.*)	cross word puzzle
Meerrettich (*m.*)	horseradish
Mief (*m.*)	stench
Pflaster (*n.*)	pavement
Streichholz (*n.*)	match
Ungeheure (*n.*)	monstrosity
Verachtung (*f.*)	contempt
Walkürenradiomusik (*f.*)	music of the valkyries (pagan goddesses)
Windstoß (*m.*)	"wind rush" (modern haircut)

Abbildung 9: Fußgänger auf der Tauentzienstraße, dreißiger Jahre. Bildarchiv Preußischer Kulturbesitz.

Verben

anerkennen	to acknowledge
sich ziehen	to take (a while)

Adjektive

absichtlich	intentional
bedeutend	important
eingeknickt	bent over
gequirlt	whisked
geweht	blown
kess	cheeky
schalig	like a bowl

Anmerkungen

1. Irmgard Keuns Roman spielt in Berlin West (Berlin W), der Gegend um den Kurfürstendamm. Dieses Gebiet um den berühmten Bahnhof Zoo wurde nach der Teilung Berlins 1945 das kommerzielle Zentrum von Westberlin. Keuns Roman zeigt, wie schon zur Zeit der Weimarer Republik der Luxus hier zu Hause war. Das visuelle Zentrum von Berlin West war die heute teilzerstörte Kaiser-Wilhelm-Gedächtniskirche, um die sich viele Kinos gruppierten, wie der Gloriapalast. Auch das Romanische Café, das berühmteste Künstlercafé Berlins, war um die Ecke. Die Verlängerung des Kurfürstendamms Richtung Westen war die Tauentzienstraße, an der auch heute noch die größten Kaufhäuser Berlins liegen. Das bekannteste ist das Kaufhaus des Westens, auch KaDeWe genannt. Schräg gegenüber vom KaDeWe liegt einer der interessantesten U-Bahnhöfe Berlins, der Wittenbergtempel.

2. „Tempo" und „Nachtausgabe" sind zwei der dutzenden Berliner Abendzeitungen, die auf den Straßen um den Kurfürstendamm verkauft wurden.

3. Kupferberg Sekt war eine teure Sektmarke, die den Luxus des Kurfürstendamms repräsentiert.

4. „Feh" ist ein Pelz aus sibirischen Eichhörnchen. Doris hatte ihn in Köln in einem Theater gestohlen und mit nach Berlin genommen. Er war für sie ein Symbol des Luxus, von dem sie immer träumte, und der für sie in Berlin Wirklichkeit werden sollte. Der Feh soll Doris helfen, in Berlin etwas Besonderes, ein "Glanz," zu werden, zum Beispiel auf der Tauentzien bei Zuntz, einem Etablissement, in dem man merkt, dass Betrieb ist in der Welt. Das Kempinsky war das teuerste Hotel Berlins und ist es heute wieder mit dem Adlon Hotel Kempinski am Pariser Platz (Zimmerpreise ab €1300 pro Person).

5. Das 1907 gegründete KaDeWe, das Kaufhaus des Westens, ist noch heute Berlins größtes und teuerstes Kaufhaus.

Übungen

1. Warum beschreibt Keun die Kakerlake in der Wohnung, als sie von ihren Abenteuern erzählt?

2. Wo sehen Sie Parallelen zwischen Keuns und Döblins Text (siehe weiter unten)? Worin liegen diese Parallelen?

3. Kommentieren Sie die Textstelle über das Romanische Café.

4. Beschreiben Sie den Unterschied in der Sehweise des Gedichts von Mascha Kaléko im Vergleich zu dem Textauszug von Irmgard Keun.

Hans Fallada: Kleiner Mann – was nun? (1932)

Kontext

Im Jahre 1929 war der wirtschaftliche Höhepunkt der Weimarer Republik überschritten und die Schwierigkeiten begannen den Staat auszuhöhlen. Seit 1930 gab es in vielen Industriezweigen Arbeitslosigkeit von mehr als 50%, und da in vielen Fällen die Männer die einzigen Ernährer der großen Familien waren, erfolgte eine schnelle Verelendung in großen Bevölkerungskreisen, besonders bei Arbeitern und Angestellten. Als Folge dieser Entwicklung und politischen Orientierungslosigkeit wählten viele dieser Arbeitslosen die Nationalsozialisten, die 1932 zur größten Partei im Reichstag wurden und die Kanzlerschaft von Hitler im Januar 1933 ermöglichten.

Mit seinem Roman avancierte Hans Fallada zum literarischen Hauptvertreter dieser deklassierten Bürger. *Kleiner Mann, was nun?* ist der Roman über die junge Familie Pinneberg, die aus dem Vater Johannes, der Mutter Emma, auch Lämmchen genannt, und dem kleinen Sohn „Murkel" besteht. Das Buch folgt dem Schicksal dieser Familie zunächst in die Provinz und dann nach Berlin, wo Pinneberg als Verkäufer im Kaufhaus Mandel Arbeit findet. Nachdem er seine Stelle in einer grotesken Szene verloren hat, erfolgt die schnelle Verelendung der Familie. Die abgedruckte Szene vom Ende des Romans beschreibt, wie Pinneberg sein eigenes Schicksal erkennt, als er sich als heruntergekommenen Arbeitslosen im Fenster eines der teuren Geschäfte in Berlins Einkaufszentrum der luxuriösen Friedrichstraße sieht.

Hans Fallada, am 21. Juli 1893 in Greifswald geboren und am 5. Februar 1947 in Berlin gestorben, ist einer der bekanntesten deutschen Schriftsteller des 20. Jahrhunderts und einer der wichtigsten Autoren, die während der Nazizeit in Deutschland blieben. Obwohl er aus einer wohlhabenden Familie stammte – sein Vater war Richter am obersten Reichsgericht in Leipzig – musste er selbst das Elend der Inflationszeit durchmachen und konnte sich erst langsam aus dieser sozialen Schicht lösen. Fallada gilt als Autor der Neuen Sachlichkeit, der in seinen Romanen die politischen Probleme der Weimarer Republik genau schilderte: die Inflationszeit von 1923 in *Wolf unter Wölfen*, die politischen Grabenkämpfe der Republik in *Bauern, Bonzen und Bomben*, das Weimarer Strafvollzugsystem in *Wer einmal aus dem Blechnapf fraß* und in *Kleiner Mann, was nun?* das Schicksal des kleinen Angestellten in Berlin, der seine Arbeit in der Weltwirtschaftskrise verlor. Die DDR-Germanistik reklamierte Fallada nach 1945 für sich, wodurch seine Rezeption in Westdeutschland lange Zeit zu leiden hatte.

Kleiner Mann – was nun?

Da geht er hin, der Mann Pinneberg, er ist jetzt in der Friedrichstraße (1), aber auch Wut und Zorn werden etwas Altes. So ist ihm geschehen, man kann darüber wüten, aber es hat im Grunde keinen Sinn, darüber zu wüten. Es ist so!

Pinneberg ist früher viel in der Friedrichstraße spazieren gegangen, er ist gewissermaßen zu Hause hier, darum merkt er auch, wie viel mehr Mädchen jetzt hier stehen als früher. Es sind natürlich längst nicht alles Mädchen, viel unlauterer Wettbewerb ist dazwischen, schon vor anderthalb Jahren haben sie im Geschäft erzählt, dass viele Frauen von Erwerbslosen auf den Strich gehen, um ein paar Mark zu verdienen. (2)

Das ist wahr, man sieht das, viele sind so völlig aussichtslos, reizlos, oder wenn sie hübsch sind, mit solch gierigem Gesicht, geldgierigem Gesicht.

Pinneberg denkt an Lämmchen und an den Murkel. „Wir haben es doch noch nicht schlecht," sagt Lämmchen immer. Sicher hat sie auch damit recht.

Die Polizei scheint noch immer nicht ganz zur Ruhe gekommen zu sein, alle Posten stehen doppelt, und auf dem Bürgersteig sind auch alle Naselang ein paar unterwegs. (3) Pinneberg hat an sich nichts gegen die Schupos, die müssen sein, natürlich, namentlich die vom Verkehr, aber er findet doch, sie sehen herausfordernd gut genährt und gut gekleidet aus, und sie benehmen sich auch etwas herausfordernd. Eigentlich gehen sie zwischen dem Publikum wie die Lehrer früher in der Pause zwischen den Schülern, benehmt euch anständig, oder –!

Na lass sie.

Pinneberg rennt nun schon zum vierten Mal das Stück Friedrichstraße zwischen der Leipziger und den Linden auf und ab. (1) Er kann noch nicht nach Hause, er kann einfach nicht. Wenn er zu Haus ist, ist wieder alles zu Ende, das Leben glimmt und schwelt hoffnungslos weiter, hier kann doch etwas geschehen! Zwar, die Mädchen sehen ihn nicht an, für die kommt er keinesfalls in Frage, mit dem verschossenen Mantel, den schmutzigen Hosen und ohne Kragen. Wenn er von Mädchen was will, muss er in die Gegend vom Schlesischen (4), denen ist es egal, wie er aussieht, wenn er nur Geld hat –, aber will er denn was von Mädchen?

Vielleicht ja, er weiß es nicht, er denkt auch nicht darüber nach.

Nur, er möchte einmal einem Menschen erzählen können, wie es früher war und was er für nette Anzüge gehabt hat und wie herrlich der Murkel doch ist . . .

Der Murkel! ---

Nun hat er wahrhaftig die Butter und die Bananen für den vergessen, und es ist schon neun, er kommt in keinen Laden mehr. Pinneberg ist wütend auf sich und noch trauriger, so kann er doch nicht nach Haus, was soll denn Lämmchen von ihm denken? Vielleicht kommt er hinten um in irgendein Geschäft. Da ist eine große Delikatessenhandlung, strahlend erleuchtet. Pinneberg drückt sich die Nase platt an der Scheibe, vielleicht ist hinten jemand im Verkaufsraum, dem er klopfen könnte. Er muss seine Butter und seine Bananen haben!

Eine Stimme sagt halblaut neben ihm: „Gehen Sie weiter." Pinneberg fährt zusammen, er hat richtig einen Schreck bekommen, er sieht sich um. Ein Schupo steht neben ihm.

Hat er ihn gemeint?

„Sie sollen weitergehen, Sie, hören Sie!" sagt der Schupo laut.

Es stehen noch mehr Leute am Schaufenster, gut gekleidete Herrschaften, aber denen gilt die Anrede des Polizisten nicht, es ist kein Zweifel, er meint allein von allen Pinneberg.

Der ist völlig verwirrt. „Wie? Wie? Aber warum -? Darf ich denn nicht -?"

Er stammelt, er kapiert es einfach nicht.

„Machen Sie jetzt?" fragt der Schupo. „Oder soll ich –„

Über dem Handgelenk hat er den Halteriemen vom Gummiknüppel, er hebt den Knüppel ein wenig an. (5)

Alle Leute starren auf Pinneberg. Es sind schon mehr stehen geblieben, es ist ein richtiger beginnender Auflauf. Die Leute sehen abwartend aus, sie nehmen weder für noch wider Partei, gestern sind hier in der Friedrich- und in der Leipziger Straße Schaufenster eingeworfen.

Der Schupo hat dunkle Augenbrauen, blanke gerade Augen, eine feste Nase, rote Bäckchen ein schwarzes Schnurrbärtchen unter der Nase . . .

„Wird's was?" sagt der Schupo ruhig.

Pinneberg möchte sprechen, Pinneberg sieht den Schupo an, seine Lippen zittern, Pinneberg sieht die Leute an. Bis an das Schaufenster stehen die Leute, gut gekleidete Leute, ordentliche Leute, verdienende Leute.

Aber in der spiegelnden Scheibe des Fensters steht noch einer, ein blasser Schemen, ohne Kragen, mit schäbigem Ulster, mit teerbeschmierter Hose.

Und plötzlich begreift Pinneberg alles, angesichts dieses Schupo, dieser ordentlichen Leute, dieser blanken Scheibe begreift er, dass er draußen ist, dass er hier nicht mehr hergehört, dass man ihn zu Recht wegjagt: ausgerutscht, versunken, erledigt. Ordnung und Sauberkeit es war einmal. Arbeit und sicheres Brot: es war einmal. Vorwärtskommen und Hoffen: es war einmal. Armut ist nicht nur Elend, Armut ist auch strafwürdig, Armut ist Makel, Armut heißt Verdacht.

„Soll ich dir Beine machen?" sagt der Schupo.

Pinneberg gibt sofort klein bei, er ist wie besinnungslos, er will auf dem Bürgersteig weiter rasch zum Bahnhof Friedrichstraße, er will seinen Zug erreichen, er will zu Lämmchen . . .

Pinneberg bekommt einen Stoß gegen die Schulter, es ist kein derber Stoß, aber er ist immerhin so, dass Pinneberg nun auf der Fahrbahn steht.

„Hau ab, Mensch!" sagt der Schupo. „Mach ein bisschen dalli!"

Und Pinneberg setzt sich in Bewegung, er trabt an der Kante des Bürgersteig auf dem Fahrdamm entlang, er denkt an furchtbar viel, an

Anzünden an Bomben, an Totschießen, er denkt daran, dass es nun eigentlich auch mit Lämmchen alle ist und mit dem Murkel, dass nichts mehr weitergeht. . . aber eigentlich denkt er an gar nichts. Pinneberg kommt an die Stelle, wo die Jägerstraße die Friedrichstraße kreuzt. Er will über die Kreuzung fort, zum Bahnhof, nach Haus, zu Lämmchen zum Murkel, dort ist er wer. . .

Der Schupo gibt ihm einen Stoß. „Da lang, Mensch!"

Er zeigt in die Jägerstraße.

Noch einmal will Pinneberg meutern, er muss doch zu seinem Zug. „Aber ich muss . . ." sagt er.

„Da lang, sage ich," wiederholt der Schupo und schiebt ihn in die Jägerstraße, hau ab, aber ein bisschen fix, alter Junge!" Und er gibt Pinneberg einen kräftigen Stoß.

Pinneberg fängt an zu laufen, er läuft sehr rasch, er merkt, sie sind nicht mehr hinter ihm, aber er wagt es nicht, sich umzusehen. Er läuft auf seinem Fahrdamm weiter, immer geradeaus, in das Dunkel, in die Nacht hinein, die nirgendwo wirklich tiefschwarze Nacht ist.

Nach einer langen, langen Zeit verlangsamt er seinen Schritt. Er bleibt stehen, er sieht sich um. Leer. Nichts. Keine Polizei. Vorsichtig hebt er einen Fuß und setzt ihn auf den Bürgersteig. Dann den anderen. Er steht nicht mehr auf dem Fahrdamm, er steht wieder auf dem Trottoir.

Und nun geht Pinneberg weiter, Schritt für Schritt, durch Berlin. Aber es ist nirgendwo ganz dunkel, und es ist schwer, an den Schupos vorbeizugehen.

Wörter

Substantive

Armut (*f.*)	poverty
Auflauf (*m.*)	gathering
Elend (*n.*)	misery
Erwerbsloser (*m.*)	unemployed person
Fahrdamm (*m.*)	pavement
(Hand)gelenk (*n.*)	wrist
Kante (*f.*)	edge
Makel (*m.*)	stain
Posten (*m.*)	police post
Verdacht (*m.*)	suspicion
Wettbewerb (*m.*)	competition

Verben

anzünden	to ignite
(klein) beigeben	to give in

glimmen	to glow
kapieren	(*slang*) to understand
kreuzen	to cross
zur Ruhe kommen	to quiet down
Beine machen	to get someone moving
schwelen	to smolder
sich in Bewegung setzen	to start moving
stammeln	to stutter
wegjagen	to chase away

Adjektive

ausgerutscht	slipped
besinnungslos	unconscious
dalli!	fast
derb	crude
erledigt	finished
fix	fast
(gut) genährt	well fed
herausfordernd	provocative
hinten um	through the back door
alle Naselang	frequently
strafwürdig	criminal; *here*: illegal
teerbeschmiert	dirty (soiled with tar)
unlauter	illegal
verschossen	old, without color
versunken	sunken

Anmerkungen

1. Friedrichstraße, Leipziger Straße und Unter den Linden waren das Zentrum von Berlin seit dem 19. Jahrhundert. Hier lagen die großen Warenhäuser und eleganten Restaurants, die den klassizistischen Prunkbauten am Boulevard Unter den Linden und am Gendarmenmarkt folgten. Ein Arbeitsloser wie Pinneberg passte dort nicht hin.

2. Die soziale Not der Arbeitslosen wird besonders deutlich in der Beschreibung der armseligen Prostituierten, die „auf den Strich gehen". Sie sind die Frauen der Arbeitslosen, die keine andere Einkommensmöglichkeiten haben.

3. Es hatte in den Tagen zuvor Arbeiterunruhen in der Friedrichstraße gegeben, bei denen Fensterscheiben zerbrachen. Das erklärt die verstärkte Polizeipräsens.

4. Pinneberg denkt an die ärmlichen Viertel vor dem Schlesischen Tor und um den Schlesischen Bahnhof, heute Ostbahnhof, dem Viertel südlich des Alexanderplatzes (siehe das Kapitel „Berlin Alexanderplatz").

Abbildung 10: Die Friedrichstraße in den dreißiger Jahren. Bildarchiv Preußischer Kulturbesitz.

5. Schupo (kurz für Schutzpolizei), die keine Waffen tragen durfte und deswegen mit Gummiknüppeln ausgerüstet war.

6. Der Fahrdamm ist der Teil der Straße für die Autos; das Trottoir (oder Bürgersteig) ist für die Fußgänger oder Bürger. Fahrräder fahren auf der Straße oder auf dem Fahrradweg. Der Schupo befiehlt Pinneberg auf dem Fahrdamm zu gehen, da er kein „Bürger" mehr ist.

Übungen

1. Warum geht Pinneberg in der Friedrichstraße spazieren? Führen Sie alle Möglichkeiten auf. Es gibt eine Reihe von Antworten auf diese Frage.

2. Die Konfrontation zwischen Schupo und Pinneberg ist eine klassische Konfrontationssituation, denken Sie an „High Noon" Szenen aus Western-Filmen. Was sagt diese Szene über Pinnebergs Charakter aus?

3. Pinneberg erkennt seinen Charakter in der sich spiegelnden Fensterscheibe. Es handelt sich aber nicht um eine Charaktererkenntnis, sondern um seinen Sozialstatus. Was glauben Sie, wie wird das Ende des Romans ausgehen?

4. Der Roman ist als der beste soziale Roman der Weimer Republik beschrieben worden. Was ist daran so bezeichnend für die Situation im Berlin der Weimarer Zeit? Wie ist es mit den Bürgern nach 1931 weiter gegangen ?

Alfred Döblin: Berlin Alexanderplatz (1928)

Kontext

Der Roman *Berlin Alexanderplatz* führt mitten hinein in die Großstadtwelt Berlins während der Weimarer Republik. Er zeigt nicht die elegante Welt des Westens vom Potsdamer Platz bis zum Kurfürstendamm, sondern den Osten Berlins, der bis zu der Zeit noch nicht so im Roman beschrieben worden war: die Viertel östlich vom Alexanderplatz, unter anderem das jüdische Scheunenviertel, wo die kleinen Kriminellen und Prostituierten zuhause waren. Als Verkehrs- und Marktzentrum des östlichen Berlin fungierte der Alexanderplatz als Brennglas für die sozialen Probleme dieses Viertels und reflektierte die soziale Schichtung Berlins vor Beginn der Nazizeit. Dabei schreibt Döblin anders als Fallada nicht im Stil der Neuen Sachlichkeit, sondern er verbindet in einer Collage eine Reihe von authentischen Texten, die zusammen mit seinen eigenen Texten einen Montageroman schufen. *Berlin Alexanderplatz* gilt als bedeutendster deutscher Großstadtroman und als Döblins einziger großer Erfolg.

Döblin, der am 10. August 1878 in Stettin geboren wurde und am 28. Juni 1957 in Emmendingen bei Freiburg starb, arbeitete als Arzt im Osten Berlins, wusste also, wovon er schrieb. Als Jude musste Döblin 1933 emigrieren und lebte in Paris. Von dem Roman gibt es zwei Verfilmungen, die bekanntere von Rainer Werner Fassbinder aus dem Jahre 1980, die mit fünfzehn Stunden als Fernsehproduktion geplant war und zu Fassbinder hervorragendsten Arbeiten zählt.

Berlin Alexanderplatz ist die Geschichte des Arbeiters Franz Biberkopf, der am Beginn des Romans aus dem Gefängnis entlassen wird und sich im Osten Berlins eine neue Existenz aufbauen will. Dieser Neuanfang misslingt, da er sich mit dem Kriminellen Reinhold eingelassen hat, ohne dessen dunkle Absichten zu durchschauen. Durch einen von Reinhold verschuldeten Unfall verliert Biberkopf einen Arm. Doch in seiner Blindheit vergibt er Reinhold, der sich dann mit Biberkopfs neuer Freundin Mietze einlässt und sie ermordet. Dadurch verliert Biberkopf fast den Verstand, doch er erkennt am Schluss des Romans seinen Fehler, die falschen Freunde gehabt zu haben.

Berlin Alexanderplatz

Rumm rumm wuchtet vor Aschinger auf dem Alex die Dampframme (1). Sie ist ein Stock hoch, und die Schienen haut sie wie nichts in den Boden.

Eisige Luft. Februar. Die Menschen gehen in Mänteln. Wer einen Pelz hat, trägt ihn, wer keinen hat, trägt keinen. Die Weiber haben dünne Strümpfe und müssen frieren, aber es sieht hübsch aus. Die Penner haben sich vor der Kälte verkrochen. Wenn es warm ist, stecken sie wieder ihre

Nasen raus. Inzwischen süffeln sie doppelte Ration Schnaps, aber was für welchen, man möchte nicht als Leiche drin schwimmen.

Rumm rumm haut die Dampframme auf dem Alexanderplatz. Viele Menschen haben Zeit und gucken sich an, wie die Ramme haut. Ein Mann oben zieht immer eine Kette, dann pafft es oben, und ratz hat die Stange eins auf den Kopf. Da stehen die Männer und Frauen und besonders die Jungens und freuen sich, wie das geschmiert geht: ratz kriegt die Stange eins auf den Kopf. Nachher ist sie klein wie eine Fingerspitze, dann kriegt sie aber noch immer eins, da kann sie machen, was sie will. Zuletzt ist sie weg, Donnerwetter, die haben sie fein eingepökelt, man zieht befriedigt ab.

Alles ist mit Brettern belegt. Die Berolina stand vor Tietz, eine Hand ausgestreckt, war ein kolossales Weib, die haben sie weggeschleppt. Vielleicht schmelzen sie sie ein und machen Medaillen draus.

Wie die Bienen sind sie über den Boden her. Die basteln und murksen zu Hunderten rum den ganzen Tag und die Nacht.

Ruller ruller fahren die Elektrischen (2), Gelbe mit Anhängern über den holzbelegten Alexanderplatz, Abspringen ist gefährlich. Der Bahnhof ist breit freigelegt, Einbahnstraße nach der Königstraße an Wertheim vorbei. Wer nach dem Osten will, muss hinten rum am Präsidium vorbei durch die Klosterstraße. Die Züge rummeln vom Bahnhof nach der Jannowitzbrücke, die Lokomotive bläst oben Dampf ab, grade über dem Prälaten steht sie, Schlossbräu, Eingang eine Ecke weiter.

Über den Damm, sie legen alles hin, die ganzen Häuser an der Stadtbahn legen sie hin, woher sie das Geld haben, die Stadt Berlin ist reich, und wir bezahlen die Steuern.

Loeser und Wolff (3) mit dem Mosaikschild haben sie abgerissen, 20 Meter weiter steht er schon wieder auf, und drüben vor dem Bahnhof steht er noch mal. Loeser und Wolff, Berlin-Elbing, erstklassige Qualitäten in allen Geschmacksrichtungen, Brasil, Havanna, Mexiko, Kleine Trösterin, Liliput, Zigarre Nr. 8, das Stück 25 Pfennig, Winterballade, Packung mit 25 Stück 20 Pfennig, Zigarillos Nr. 10, unsortiert, Sumatradecke, eine Spezialleistung in dieser Preislage, in Kisten zu hundert Stück 10 Pfennig. Ich schlage alles, du schlägst alles, er schlägt alles mit Kisten zu 50 Stück und Kartonpackung zu 10 Stück, Versand nach allen Ländern der Erde, Boyero 25 Pfennig, diese Neuigkeit brachte uns viele Freunde, ich schlage alles, du schlägst lang hin.

Neben dem Prälaten ist Platz, da stehen die Wagen mit Bananen. Gebt euren Kindern Bananen. Die Banane ist die sauberste Frucht, da sie durch ihre Schale vor Insekten, Würmern sowie Bazillen geschützt ist. Ausgenommen sind solche Insekten, Würmer und Bazillen, die durch die Schale kommen. Geheimrat Czerny hat mit Nachdruck darauf hingewiesen, dass selbst Kinder in den ersten Lebensjahren. Ich zerschlage alles, du zerschlägst alles, er zerschlägt alles.

Wind gibt es massenhaft am Alex, an der Ecke von Tietz zieht es lausig. Es gibt Wind, der pustet zwischen die Häuser rein und auf die

Baugruben. Man möchte sich in die Kneipen verstecken, aber wer kann das, das bläst durch die Hosentaschen, da merkst du, es geht was vor, es wird nicht gefackelt, man muss lustig sein bei dem Wetter. Frühmorgens kommen die Arbeiter angegondelt, von Reinickendorf, Neukölln, Weißensee. Kalt oder nicht kalt, Wind oder nicht Wind, Kaffeekanne her, pack die Stullen ein, wir müssen schuften, oben sitzen die Drohnen (3), die schlafen in ihren Federbetten und saugen uns aus.

Aschinger (4) hat ein großes Café und Restaurant. Wer keinen Bauch hat, kann einen kriegen, wer einen hat, kann ihn beliebig vergrößern. Die Natur lässt sich nicht betrügen. Wer glaubt, aus entwertetem Weißmehl hergestellte Brote und Backwaren durch künstliche Zusätze verbessern zu können, der täuscht sich und die Verbraucher. Die Natur hat ihre Lebensgesetze und rächt jeden Missbrauch. Der erschütterte Gesundheitszustand fast aller Kulturvölker der Gegenwart hat seine Ursache im Genuss entwerteter und künstlich verfeinerter Nahrung. Feine Wurstwaren auch außer dem Haus, Leberwurst und Blutwurst billig.

Das hochinteressante „Magazin" statt eine Mark bloß 20 Pfennig, die „Ehe" hochinteressant und pikant bloß 20 Pfennig. Der Ausrufer pafft Zigaretten, hat eine Schiffermütze auf, ich schlage alles.

Von Osten her, Weißensee, Lichtenberg, Friedrichshain, Frankfurter Allee, türmen die gelben Elektrischen auf den Platz durch die Landsberger Straße. Die 65 kommt vom Zentralviehhof, der Große Ring, Weddingplatz, Luisenplatz, die 76 Hundekehle über Hubertusallee. An der Ecke Landsberger Straße haben sie Friedrich Hahn (5), ehemals Kaufhaus, ausverkauft, leer gemacht und werden es zu den Vätern versammeln. Da halten die Elektrischen und der Autobus 19 Turmstraße. Wo Jürgens (5) war, das Papiergeschäft, haben sie das Haus abgerissen und dafür einen Bauzaun hingesetzt. Da sitzt ein alter Mann mit einer Arztwaage: Kontrollieren Sie Ihr Gewicht, 5 Pfennig. O liebe Brüder und Schwestern, die ihr über den Alex wimmelt, gönnt euch diesen Augenblick, seht durch die Lücke neben der Arztwaage auf diesen Schuttplatz, wo einmal Jürgens florierte, und da steht noch das Kaufhaus Hahn, leer gemacht, ausgeräumt und ausgeweidet, dass nur die roten Fetzen noch an den Schaufenstern kleben. Ein Müllhaufen liegt vor uns. Von Erde bist du gekommen, zu Erde sollst du wieder werden, wir haben gebauet ein herrliches Haus, nun geht hier kein Mensch weder rein noch raus. So ist kaputt Rom, Babylon, Ninive, Hannibal, Cäsar alles kaputt, oh, denkt daran. Erstens habe ich dazu zu bemerken, dass man diese Städte jetzt wieder ausgräbt wie die Abbildungen in der letzten Sonntagsausgabe zeigen, und zweitens haben diese Städte ihren Zweck erfüllt, und man kann nun wieder neue Städte bauen. Du jammerst doch nicht über deine alten Hosen, wenn sie morsch und kaputt sind, du kaufst neue, davon lebt die Welt.

Wörter

Substantive

Dampframme (*f.*)	steam shovel, rammer
Pelz (*m.*)	fur
Penner (*m.*)	bum
Leiche (*f.*)	corpse
Prälat (*m.*)	name of a dance hall
Versand (*m.*)	mail order
Stulle (*f.*)	(*slang*) sandwich
Drohne (*f.*)	drone, parasite
Zweck (*m.*)	purpose

Verben

hauen	to hit
süffeln	(*slang*) to drink alcohol
paffen	(*slang*) to smoke
einpökeln	to cure (meat), (*slang*) to be cheated
schmelzen	to smelt
basteln	to tinker
rummeln	to rattle
abreißen	to tear down
pusten	to blow
fackeln	to torch
angondeln	(*slang*) to arrive
aussaugen	to exploit
türmen	(*slang*) to escape
wimmeln	(*slang*) to crawl around
gönnen	to allow
florieren	to flourish

Adjektive

ausgenommen	except
entwertet	devalued
pikant	spicy
erfüllt	fulfilled
„Das geht wie geschmiert."	"It runs like clockwork."

Anmerkungen

1. Der Roman spielt in der Übergangszeit, als der Alexanderplatz zu einem Kreisverkehr umgebaut wird. Bemerkenswert ist der saloppe Stil, der die Geschichte aus der Perspektive der meist jugendlichen Zuschauer zeigt: Die Dampframme haut (statt „schlägt") und macht Geräusche wie in

Abbildung 11: Baustelle auf dem Alexanderplatz mit Kaufhaus Tietz und der Berolinastatue. Bildarchiv Preußischer Kulturbesitz.

einem Cartoon („rumm rumm", „ruller ruller", „ratz"), die Stange wird eingepökelt (statt „in den Boden geschlagen") die Penner süffeln ihren Alkohol (statt „trinken"). Die Zuschauer scheinen sehr befriedigt von dem Schauspiel, das ihnen die Baustelle bietet.

2. Die Berolinastatue stand bis 1925 auf dem Alexanderplatz vor dem Kaufhaus Tietz und wurde für die Bauarbeiten entfernt. Der Absatz beschreibt die Hauptfunktion des Alexanderplatzes als Verkehrsknotenpunkt und Eingangstor für die Arbeiter aus den östlichen Stadtteilen Berlins - eine Funktion, die der Platz auch heute noch ausübt. Durch die Häufung der Straßen- und Ortsteilnamen drückt er Döblins Faszination mit dem Berliner Verkehr aus, der in den zwanziger Jahren rapide zunahm. Interessant ist, dass das Gebiet um den Alexanderplatz derselbe Teil Berlins ist, wo Jettchen Gebert einhundert Jahre vorher ihren beschaulichen Spaziergang unternommen hatte (siehe Kapitel 1 „Berlin im neunzehnten Jahrhundert").

3. Loeser und Wolff war die bekannteste Zigaretten- und Zigarrenfirma Deutschlands mit Sitz in Elbing, Ostpreußen. Sie unterhielt im gesamten Berliner Stadtbereich Verkaufsstellen, die von Reklameschildern umrahmt

waren. Döblin, der Sozialist, will in der Aneinanderreihung der Zigarren- und Zigarillonamen die überflüssige Zunahme von Produkten in der kapitalistischen Wirtschaft kritisieren. Die Bezeichnung der nicht arbeitenden Bevölkerung als Drohnen (drone = male bee) unterstreicht diesen politischen Anspruch des Buches.

4. Aschinger war wie Loeser und Wolff eine Berliner Institution. Als erstes großes Selbstbedienungsrestaurant Deutschlands mit vielen Filialen in Berlin machte Aschinger Biergärten auch im Winter populär, besonders für die ärmere Bevölkerung. Ein Besuch bei Aschinger war für jeden Berliner Touristen eine Attraktion.

5. Döblins Kapitalismuskritik wird besonders deutlich in der Beschreibung des Konkurses und Abrisses der beiden Firmen Friedrich Hahn und Jürgens, die mit drastischen Wörtern begleitet wird: Schuttplatz, Müllhaufen, ausgeräumt und ausgeweidet („gutted"), Fetzen („rags").

Übungen

1. Versuchen Sie, Döblins Kapitalismuskritik in seiner Sprache zu zeigen. Was beabsichtigt der Text mit der Aufeinanderfolge von grammatischen Formen in den Sätzen „Ich schlage alles, du schlägst alles" und „Ich zerschlage alles, du zerschlägst alles."? Was bedeutet der folgende Satz, der mitten in der Beschreibung des Aschinger-Restaurants erscheint: „Der erschütterte Gesundheitszustand fast aller Kulturvölker der Gegenwart hat seine Ursache im Genuss entwerteter und künstlich verfeinerter Nahrung."?

2. Döblin spricht im Nachwort des Romans von einer „geistigen Fundamentierung" des Buches, das nicht nur Beschreibung sein will, sondern Interpretation von Wirklichkeit. Versuchen Sie die folgenden Sätze als Teil von Döblins Fundamentierung zu interpretieren: „Von Erde bist du gekommen, zu Erde sollst du wieder werden" und „So ist kaputt Rom, Babylon, Ninive, Hannibal, Cäsar alles kaputt, oh, denkt daran."

3. Stellen Sie historische Fakten zusammen, die Döblin am Ende der zwanziger Jahre zu dieser Kapitalismuskritik angeregt haben könnten. Denken Sie an Black Thursday und andere auch in den USA wichtigen wirtschaftspolitischen Daten. (http://www.dhm.de/lemo/html).

4. Von Franz Biberkopf, dem tragischen Helden des Romans *Berlin Alexanderplatz*, ist in diesem Absatz nicht die Rede. Doch der Absatz gibt den Hintergrund für die Handlung des Romans. Sehen Sie in diesem Absatz tragische Elemente, die Franz Biberkopfs Schicksal erahnen lassen?

5. Reizvoll wäre auch ein Vergleich von Film und Roman, dem Film von Phil Jutzi aus dem Jahre 1931 und Rainer Werner Fassbinders monumentaler Verfilmung von 1980.

Abbildung 12: Bei Aschinger am Alexanderplatz. Bildarchiv Preußischer Kulturbesitz.

Bibliographie

Arend, Stefanie. *Irmgard Keun 1905/2005: Deutungen und Dokumente*. Bielefeld: Aisthesis, 2005.

Beradt, Martin. *Die Straße der kleinen Ewigkeit: Roman*. Mit einem Essay und einem Nachruf von Eike Geisel. Reinbek bei Hamburg: Rowohlt-Taschenbuch-Verl., 2003.

Berlin-Alexanderplatz. Drehbuch von Alfred Döblin und Hans Wilhelm zu Phil Jutzis Film von 1931 (mit Auszug). München: edition text + kritik, 1996.

Döblin, Alfred. *Berlin Alexanderplatz*. Frankfurt am Main: Suhrkamp, 2002.

Fallada, Hans. *Kleiner Mann - was nun?: Roman*. Reinbek, 2006.

Fassbinder, Rainer Werner:. *Berlin Alexanderplatz*. Ein Film in 13 Teilen und einem Epilog. München: Bavaria, 1980. (1. Die Strafe beginnt. - 2. Wie soll man leben, wenn man nicht sterben will. - 3. Ein Hammer auf dem Kopf kann die Seele verletzen. - 4. Eine Handvoll Menschen in der Tiefe der Stille. 5. Ein Schnitter mit der Gewalt vom lieben Gott. - 6. Eine Liebe, das kostet immer viel. - 7. Merke – einen Schwur kann man amputieren. - 8. Die Sonne wärmt die Haut, die sie manchmal verbrennt. - 9. Von den Ewigkeiten zwischen den Vielen und den Wenigen. - 10. Einsamkeit reißt auch in Mauern Risse des Irrsinns. - 11. Wissen ist Macht und Morgenstund hat Gold im Mund. - 12. Die Schlange in der Seele der Schlange. - 13. Das Äußere und das Innere und das Geheimnis der Angst vor der Angst. - Epilog: Rainer Werner Fassbinder: Mein Traum vom Traum des Franz Biberkopf.)

Kästner, Erich. *Emil und die Detektive. Emil und die drei Zwillinge*. Hamburg:
    Dressler; Zürich: Atrium-Verl., 2003.

Kästner, Erich. *Fabian: die Geschichte eines Moralisten*. München : Dt.
    Taschenbuch-Verl., 1996.

Keun, Irmgard. *Das kunstseidene Mädchen: Roman*, mit zwei Beitr. von Annette
    Keck und Anna Barbara Hagin. Berlin: Ullstein, 2005.

Klein, Michael. *Literatur der Weimarer Republik: Kontinuität – Brüche*. Innsbruck:
    Inst. für Germanistik, 2002.

Kyora, Sabine. *Realistisches Schreiben in der Weimarer Republik*. Würzburg:
    Königshausen und Neumann, 2006.

Meier, Bernhard. *Von Emil bis Fabian: Erich Kästner im Deutschunterricht*.
    Baltmannsweiler: Schneider-Verl. 2006.

Prangel, Matthias. *Alfred Döblin*. Stuttgart: Metzler, 1987.

Schmidt, Karl-Wilhelm. *Erich Kästner, Emil und die Detektive*. München;
    Düsseldorf; Stuttgart: Oldenbourg, 2004.

Schröter, Klaus. *Alfred Döblin*. Reinbek bei Hamburg: Rowohlt, 1993.

Smail, Deborah. *White collar workers, mass culture and Neue Sachlichkeit in Weimar,
    Berlin*. Bern; Berlin; Frankfurt/M.; New York; Paris; Wien: Lang, 1999.

KAPITEL 3

Berlin im Dritten Reich

„Deutschland erwache!" lautete ein wichtiger Slogan der nationalsozialistischen Partei (NSDAP), die im Februar 1920 durch eine Umbenennung der Deutschen Arbeiterpartei (DAP) im Münchner Hofbräuhaus gegründet wurde. Aus welchem Schlaf sollte Deutschland denn erwachen? Vor allem galt es, die Schmach des Versailler Vertrages, dem Deutschlands politische und wirtschaftliche Handlungsunfähigkeit zugeschrieben wurde, vergessen zu machen und als geeinte „Volksgemeinschaft" wieder nationale Stärke und Größe zu erlangen. Insbesondere wetterten die Nazis gegen die demokratischen Grundsätze der Weimarer Republik, denn der von ihnen untermauerte Individualismus habe nur chaotische, die Gesellschaft zersetzende Zustände erzeugt. Zuerst nur eine unter mehreren völkisch-antisemitischen Parteien, wurde die NSDAP mit ihrem Parteiführer Adolf Hitler bei den Reichstagswahlen im Juli 1932 die stärkste Partei – ohne jedoch die absolute Mehrheit zu erreichen – und behielt trotzdem ihren Vorsprung in den Novemberwahlen. Obwohl Reichspräsident Paul von Hindenburg für Hitler keine Sympathie hegte, ernannte er ihn am 30. Januar 1933 zum Reichskanzler.

Noch am gleichen Tag, der häufig mit Hitlers „Machtergreifung" gleichgesetzt wird, entstanden in Berlin Bilder, die um die Welt gingen: jubelnde, mit Fahnen und Fackeln durch das Brandenburger Tor und die Wilhelmstraße marschierende SA (Sturmabteilung)- und SS (Schutzstaffel)-Männer. Dieser siebenstündige Aufmarsch, von Josef Goebbels (dem späteren Reichsminister für Volksaufklärung und Propaganda) inszeniert, war der Auftakt für die unzähligen Aufmärsche, Kundgebungen, Reden und Massenspektakel der NS-Zeit, die unter Betonung des Emotionellen und Ausschaltung der Vernunft Gemeinschaftserlebnisse erzeugen sollten. Auch in seiner Regierungserklärung vom 1. Februar 1933 legte Hitler besonderen Wert auf die Wiederherstellung eines nationalen Willens, der seiner Ansicht nach die Beseitigung der Kommunisten voraussetzte. Bald darauf wurde die

Kommunistische Partei beschuldigt, für den Reichstagsbrand am 27. Februar verantwortlich zu sein, was zum Anlass genommen wurde, sie vom Reichstag auszuschliessen.

Mit rasanter Geschwindigkeit wurden auch andere Gegner aus dem Parlament entfernt und mit dem am 23. März unterschriebenen Ermächtigungsgesetz bekam Hitler die Macht, ohne die Zustimmung anderer an der Regierung Beteiligter Gesetze zu erlassen. Um die Vereinheitlichung voranzutreiben, wurde schon im März und April 1933 die Gleichschaltung aller deutschen Länderregierungen verlangt – d.h. allen wurden NS-Regierungen aufgezwungen. Nahezu alle Lebensbereiche (wie z.B. Schulen, Studienfächer, Vereine, Betriebe und der Sport) wurden gleichgeschaltet – unter der NS-Rassenideologie, die sogenannte „Nicht-Arier" – vor allem Juden – als minderwertig einstufte und schließlich zu ihrer massenhaften Ermordung in „Konzentrationslagern" (KZs) führte. Alles wurde dem Führerprinzip untergeordnet, demzufolge Hitler sich nie irrte und ihm absoluter Gehorsam zu leisten war.

Fest verankert in der NS-„Blut und Boden"-Ideologie, die das Bauernleben pries, war Hitlers Feindschaft zu Großstädten – nicht nur, wie oft angenommen, Berlin, das er als „Moloch" empfand und „verjudet" nannte. Er interessierte sich weder für die vorhandenen Bauten und Straßen Berlins noch für das urbane Leben mit seinen Müßiggängern und Flaneuren. Berlin interessierte ihn nur als Kulisse für Machtdemonstrationen, sei es durch inszenierte Massenaufmärsche auf breiten Straßen oder gigantische Architektur aus Stein und Marmor, die allein seinem Traum von einem „tausendjährigen Reich" angemessen erschien.

Weil nach Hitlers Auffassung die Größe und Stärke eines Volkes sich in seiner Architektur widerspiegeln sollte, plante er mit seinem Hauptarchitekten Albert Speer Berlins Mitte nach dem „Endsieg" in ein protziges Architektur- und Straßengebilde mit dem Namen „Germania" umzugestalten. Kernstück sollte die Große Halle sein, in der sich 250.000 Menschen hätten versammeln können. In der Literatur verschmähte Hitler Schilderungen über das städtische Leben und verlangte stattdessen erbauliche Heldenromane und das Landleben verherrlichende Romane – als Pendant zu den Landschaftspostkarten, die er in seiner Jugend in Wien malte.

Auch in dem Propaganda-Film *Hitlerjunge Quex* (1933) ist Berlin nur dort schön, wo die HJ verweilt—erstens in einer ländlichen Gegend innerhalb der Stadt (am Westhafen) und dann in den Jugendheimen der HJ. Es wird betont, dass nur die Nationalsozialisten im verkommenen Berlin die nötige Ordnung herstellen und somit die Stadt bewohnbar machen können. Als man im Film Berlin zum Deutschlandsymbol erhebt, beruft man sich auf kein Stadtgebäude, sondern auf die durch Berlin fließende Spree. Ausgerechnet die Spree soll Heimatgefühle erwecken und somit nationalistische Gesinnung.

Weil das Städtische in der NS-Literatur keine große Rolle spielt, befasst sich die Textauswahl in diesem Kapitel vorwiegend, jedoch nicht ausschließlich, mit Berliner Orten, die mit NS-Ereignissen verbunden sind.

Abbildung 13: Berlin, Welthauptstadt „Germania", Modell der großen Halle.
Bildarchiv Preußischer Kulturbesitz.

Lion Feuchtwanger: Die Geschwister Oppermann. Roman (1933)

Kontext

Anfang 1933 lebten 170.000 Juden in Berlin--etwa ein Drittel aller Juden in Deutschland. Orthodoxe und zum großen Teil ärmere Juden wohnten vorwiegend im Scheunenviertel in der Mitte der Hauptstadt. Viele meist assimilierte, wohlhabende Juden (z.B. Ärzte, Anwälte und Professoren) wohnten dagegen im Bayrischen Viertel in Berlin-Schöneberg und auch im Gebiet des Grunewalds im südwestlichen Bezirk Zehlendorf.

Mit der Ernennung Adolf Hitlers zum Reichskanzler am 30. Januar 1933 änderte sich die Lage aller Juden schlagartig, doch die meisten gebildeten und assimilierten Juden wollten nicht wahrhaben, dass die antisemitischen Parolen der NSDAP auch sie betrafen. Stattdessen waren sie überzeugt, dass der „braune Spuk" (die „Uniform" der NSDAP war das Braunhemd) bald vorbei wäre. Deswegen ließen sie sich zunächst von der so genannten „neuen Zeit" und „nationalen Erhebung" – oft verwendete NSDAP-Ausdrücke – nicht besonders einschüchtern.

Bald wurden sie jedoch eines Besseren belehrt. Allein im Jahr 1933 traten mehrere Maßnahmen zur Ausgrenzung der jüdischen Bevölkerung in Kraft. Für den 1. April wurde ein Boykott aller jüdischen Geschäfte ausgerufen. Schilder mit Aufschriften wie z.B. „Deutsche! Wehrt euch! Kauft nicht bei Juden!" und „Juden sind unser Unglück" waren auf einmal überall zu sehen. Eine Woche später fingen die „Völkischen"—wie die NSDAP-Anhänger oft bezeichnet wurden—mit gesetzlichen Regelungen an: „nichtarische" Beamte wurden sofort in den Ruhestand entlassen. Im Mai wurden „Arierparagraphen" erlassen, die viele Juden aus ihren Berufen drängten. Zur gleichen Zeit nahmen auf den Berliner Straßen SA-Gewalttätigkeiten gegenüber Juden zu. Terror und Angst verbreiteten sich. Eines der ersten KZs für NS-Gegner war schon im März entstanden – im brandenburgischen Oranienburg (in der Nähe von Berlin).

Der populäre Schriftsteller Lion Feuchtwanger (1884-1958) wurde als Sohn wohlhabender jüdischer Fabrikanten in München geboren. Erst 36-jährig siedelte er 1925 nach Berlin über (im gleichen Jahr wurde sein Roman *Jud Süss* veröffentlicht). In seinem Roman *Erfolg* (1930) verarbeitete er den misslungenen Münchner Hitler-Putsch (1923) und die damit verbundenen politischen Ereignisse. Zur Zeit der Machtergreifung befand er sich auf einer Vortragsreise in den USA. Als er nach Europa (zuerst nach Österreich und dann nach Frankreich) zurückkehrte, erfuhr er von der Plünderung und Beschlagnahmung seines Hauses in Berlin. 1943 siedelte er nach Kalifornien (Pacific Palisades) über und starb dort im Jahr 1958. Auch nach Kriegsende kehrte er nicht mehr nach Deutschland zurück. Sein Haus in Kalifornien heißt heute „Villa Aurora" und ist Begegnungsstätte für Künstler und Schriftsteller.

Der Roman *Die Geschwister Oppermann* entstand 1933 innerhalb eines halben Jahres in Frankreich und wurde bereits gegen Ende des Jahres von einem Schweizer Verlag veröffentlicht. Mit diesem zeitgeschichtlichen Roman—er spielt zwischen November 1932 und Spätsommer 1933—wollte Feuchtwanger die Welt auf die Zustände in Deutschland aufmerksam machen. Teilweise schildert der Roman tatsächlich stattgefundene Ereignisse (z.B. den Reichstagsbrand, den Boykott der jüdischen Geschäfte, Bücherverbrennung und KZ-Internierungen). Viele andere Ereignisse gelten vom heutigen Standpunkt aus als besonders hellseherisch. Egon Monks Fernsehververfilmung des Romans, erstmalig 1983 gesendet, wurde mit dem Adolf-Grimme-Preis in Gold und mit einem Gold Award des TV Festivals in New York ausgezeichnet. Die folgenden Textauszüge aus dem Anfangskapitel des Romans führen zwei der vier Oppermann-Geschwister ein: Gustav, einen Gelehrten, und Martin, der die traditionsreichen Oppermann Möbelgeschäfte führt. Sie zeigen, wie sehr beheimatet sich die Oppermanns in Berlin fühlen und auch, wie sehr sie die politischen Gefahren verdrängen.

Die Geschwister Oppermann

Als Dr. Gustav Oppermann an diesem 16. November, seinem fünfzigsten Geburtstag, erwachte, war es lange vor Sonnenaufgang. Das war ihm unangenehm. Denn der Tag wird anstrengend werden, und er hatte sich vorgenommen, gut auszuschlafen.

Von seinem Bett aus unterschied er ein paar karge Baumwipfel und ein Stück Himmel. Der Himmel war hoch und klar, kein Nebel war da wie sonst oft im November.

Er streckte und dehnte sich, gähnte. Riß, nun er einmal wach war, mit Entschluß die Decke des breiten, niedrigen Bettes zurück, schwang elastisch beide Beine heraus, stieg aus der Wärme der Laken und Decken in den kalten Morgen, ging hinaus auf den Balkon.

Vor ihm senkte sich sein kleiner Garten in drei Terrassen hinunter in den Wald, rechts und links hoben sich waldige Hügel, auch jenseits des ferneren, baumverdeckten Grundes stieg es nochmals hügelig und waldig an. Von dem kleinen See, der unsichtbar links unten lag, von den Kiefern des Grunewalds (1) wehte es angenehm kühl herauf. Tief und mit Genuß, in der großen Stille vor dem Morgen, atmete er die Waldluft. Fernher kam gedämpft das Schlagen einer Axt; er hörte es gern, das gleichmäßige Geräusch unterstrich, wie still es war. Gustav Oppermann, wie jeden Morgen, freute sich seines Hauses. Wer, wenn er unvorbereitet hierher versetzt wurde, konnte ahnen, daß er nur fünf Kilometer von der Gedächtniskirche (2) entfernt war, dem Zentrum des Berliner Westens?

Wirklich, er hat sich für sein Haus den schönsten Fleck Berlins ausgesucht. Hier hat er jeden nur wünschbaren ländlichen Frieden und dennoch alle Vorteile der großen Stadt. Es sind erst wenige Jahre, daß er dies sein kleines Haus an der Max-Reger-Straße gebaut und eingerichtet hat, aber er fühlt sich verwachsen mit Haus und Wald, jede von den Kiefern ist ein Stück von ihm; er, der kleine See und die sandige Straße dort unten, die glücklicherweise für Autos gesperrt ist, das gehört zusammen.

Er stand eine Weile auf dem Balkon, den Morgen und die vertraute Landschaft ohne viel Gedanken einatmend. Dann begann er zu frösteln. Freute sich, daß er bis zu seinem täglichen Morgenritt noch eine kleine halbe Stunde Zeit hatte. Kroch zurück in die Wärme seines Bettes.

Allein er fand keinen Schlaf. [...] Ein Mann in seiner Situation hätte eigentlich die verdammte Pflicht, an seinem fünfzigsten Geburtstag besser aufgelegt zu sein. Sind diese fünfzig Jahre nicht gute Jahre gewesen? Da liegt er, Besitzer eines schönen, seinem Geschmack angepaßten Hauses, eines stattlichen Bankkontos, eines hochwertigen Geschäftsanteils, Liebhaber und geschätzter Kenner von Büchern, Inhaber des Goldenen Sportabzeichens. Seine beiden Brüder und seine Schwester mögen ihn, er hat einen Freund, dem er vertrauen kann, zahllose erfreuliche Bekannte, Frauen, soviel er will, eine liebenswerte Freundin. Was denn? Wenn einer Ursache hat, an einem solchen Tag guter Laune zu sein, dann er. Warum, verflucht noch eins, ist, er's nicht? Woran liegt es? [...]

Martin Oppermann mittlerweile fuhr ins Geschäft. Gustavs Haus lag an der Max-Reger-Straße, an der Grenze von Grunewald und Dahlem (3).

Das Stammhaus der Oppermanns liegt an der Gertraudtenstraße im Zentrum der Innenstadt. Chauffeur Franzke wird mindestens fünfundzwanzig Minuten brauchen. Wenn es gut geht, ist Martin um elf Uhr zehn im Büro; wenn er Pech mit den Ampeln hat, erst nach elf ein Viertel. Er hat Heinrich Wels auf elf Uhr bestellt. Martin Oppermann liebt es nicht, warten zu lassen. Und daß Heinrich Wels warten muß, ist ihm doppelt unangenehm. Die Unterredung wird ohnehin nicht erfreulich werden. [...]

Die Sache war die. Im Anfang hatte Immanuel Oppermann die Möbel, die er verkaufte, nicht selbst hergestellt, sondern sie von Heinrich Wels sen. herstellen lassen, einem jungen, zuverlässigen Handwerker. Als man die Berliner Filialen gründete, die in Steglitz (4) und die in der Potsdamer Straße (5), wurde die Zusammenarbeit mit Wels schwieriger. Wels war zuverlässig, aber er war gezwungen, zu teuer zu arbeiten. Bald nach dem Tode Immanuel Oppermanns begann man auf Betreiben Siegfried Briegers, des jetzigen Prokuristen, einen Teil der Möbel in billigeren Fabriken herstellen zu lassen, und als die Leitung des Geschäftes an Gustav und Martin übergegangen war, gründete man eine eigene Fabrik. Für gewisse schwierigere Arbeiten, für Einzelstücke, zog man die Welsschen Werkstätten nach wie vor heran: aber den Hauptbedarf des Möbelhauses Oppermann, das sich mittlerweile eine weitere Berliner und fünf Provinzfilialen angegliedert hatte, lieferten jetzt die eigenen Werkstätten.

Heinrich Wels jun. sah diese Entwicklung mit Erbitterung. Er war ein paar Jahre älter als Gustav, fleißig, solid, eigenwillig, langsam. Er gliederte seinen Werkstätten Verkaufsläden an. Musterbetriebe, mit größter Sorgfalt geführt, um gegen die Oppermanns aufzukommen. Aber er kam nicht gegen sie auf. Preise konnten mit denen der standardisierten Oppermann-Möbel nicht konkurrieren. Den Namen Oppermann kannten zahllose Leute, die Fabrikmarke der Oppermanns, das Porträt Immanuels, drang in die äußerste Provinz, der biedere, altmodische Text der Oppermannschen Inserate: »Wer bei Oppermann kauft, kauft gut und billig«, war geflügeltes Wort. Überall im Reich arbeiteten Deutsche an Oppermannschen Tischen, aßen von Oppermannschen Tischen, saßen auf Oppermannschen Stühlen, schliefen in Oppermannschen Betten. In Welsschen Betten schlief man wahrscheinlich behaglicher, und Welssche Tische waren dauerhafter gearbeitet. Aber man zog es vor, weniger Geld anzulegen, selbst wenn die erstandenen Dinge vielleicht ein bißchen weniger solid waren. Das begriff Heinrich Wels nicht. Das wurmte ihn in seinem Handwerkerherzen. War der Sinn für Solidität in Deutschland ausgestorben? Sahen diese irregeführten Käufer nicht, daß an seinem, Wels', Tisch ein Mann achtzehn Stunden gearbeitet hatte, während das Oppermannsche Zeug Fabrikware war? Sie sahen es nicht. Sie sahen nur,

Abbildung 14: SS-Männer kleben Boykott-Plakate an die Schaufenster des Möbelgeschäfts Grunwald und der Firma A Hefter. Bildarchiv Preußischer Kulturbesitz.

bei Wels kostete ein Tisch vierundfünfzig Mark und bei Oppermann vierzig, und sie gingen hin und kauften bei Oppermann.

Heinrich Wels verstand die Welt nicht mehr. Seine Erbitterung stieg.

In den letzten Jahren allerdings wurde es besser. Eine Bewegung brach sich Bahn, die die Erkenntnis verbreitete, daß das Handwerk dem deutschen Volkscharakter besser entsprach als der normalisierte internationale Fabrikbetrieb. Nationalsozialistisch nannte sich diese Bewegung. Sie sprach aus, was Heinrich Wels längst gespürt hatte, daß nämlich die jüdischen Warenhäuser und ihre gerissenen Verkaufsmethoden schuld daran waren an Deutschlands Niedergang.

Heinrich Wels schloß sich der Bewegung von ganzem Herzen an. Er wurde Distriktsvorstand der Partei. Erfreut sah er, wie die Bewegung Boden gewann. Zwar kauften die Leute noch immer lieber die billigeren Tische, aber wenigstens schimpften sie dabei auf die Oppermanns. [...]

Bei alledem hielt das Möbelhaus Oppermann nach wie vor äußerlich die guten Beziehungen zum Hause Wels aufrecht. Ja, unter dem Einfluß Jacques Lavendels und Prokurist Briegers legte man Wels nahe, Vorschläge zu machen, die auf eine Fusion der beiden Firmen oder wenigstens auf engere Zusammenarbeit hinzielten. Kam eine solche Transaktion zustande, dann war der Firma Oppermann das Odium des jüdischen Hauses genommen.

Wörter

Substantive

Hauptbedarf (*m.*)	main need; *here*: items in greatest demand
Sportabzeichen (*n.*)	sport badge (a gold medal in sport)
Unterredung (*f.*)	discussion
Zeug (*n.*)	things (*mildly pejorative*)

Verben

aufkommen gegen, kam...auf, ist...aufgekommen	to successfully compete with
angliedern	to add to
aufgelegt sein	to be in a mood / to be disposed to
aussuchen	to choose
bestellen (auf)	to order; *here*: to ask someone to show up, to make an appointment for
guter Laune sein	to be in a good mood
heranziehen, zog, hat gezogen	to make use of a firm
nahelegen	to advise
Pech haben	to be unlucky
schuld sein an	to be guilty of
sich Bahn brechen, brach, ist gebrochen	to make headway
sich freuen + *genitive* Er freute sich seines Hauses	to enjoy, feel good about something He felt good about his house.
sich vornehmen, nahm...vor, vorgenommen	to intend, plan
versetzen	to be transported to a place
vorziehen, zog vor, vorgezogen	to prefer
wurmen	*colloquial*: to become annoyed
zurückreißen, riss zurück, zurückgerissen	to push back the covers
zustandekommen, kam zustande, ist...gekommen	to happen, to occur

Adjektive

geschätzt	esteemed, valued
stattlich	ample, *here*: well-filled bank account
vertraut	well-acquainted
verwachsen mit	to have very close ties with

Andere

allein	*here*: but
allerdings	though
dabei	while doing so
die in…	those in
gerissen	tricky
nach wie vor	now as before; today too, just as in the past
ohnehin	anyway / and what is more
sonst	otherwise
verflucht noch eins	a curse, *here*: why (in) the heck?
von seinem Bett aus	from his bed
Woran liegt es?	What is the reason for this?
zwar	to be sure

Anmerkungen

1. Der Forst Grunewald ist mit etwa 3000 Hektar der größte Stadtwald im Westen von Berlin. Er wird von einer Kette Seen durchzogen, der Grunewaldseenkette. Die größten und bekanntesten sind der Grunewald- und der Schlachtensee. Auf dem Gelände des Naturschutzgebietes Grunewald befindet sich der aus Trümmern des zweiten Weltkrieges aufgeschüttete Teufelsberg, der mit knapp 115m Höhe die höchste Erhebung im Berliner Stadtgebiet darstellt.

2. Die Kaiser-Wilhelm-Gedächtniskirche, kurz Gedächtniskirche, ist eine evangelische Kirche im neoromanischen Baustil, welche auf dem Breitscheidplatz am Kurfürstendamm in Berlin-Charlottenburg um 1895 erbaut wurde. Sie wurde von Kaiser Wilhelm II. zu Ehren seines Großvaters Wilhelm I. in Auftrag gegeben. Die Gedächtniskirche wurde während des zweiten Weltkrieges durch alliierte Bombenangriffe weitgehend zerstört. Die Ruine ist bis heute als Mahnmal gegen den Krieg erhalten.

3. Dahlem ist ein Ortsteil im Berliner Bezirk Steglitz-Zehlendorf. Gelegen im Südwesten der Stadt zwischen den Ortsteilen Steglitz und Lichterfelde-West und dem Grunewald, ist das Stadtbild Dahlems geprägt von Villen, kleinen Parkanlagen, Museen und wissenschaftlichen Einrichtungen. Obwohl Dahlem nur knapp 14.000 Einwohner zählt, befinden sich hier die Freie Universität Berlin und einige bedeutende Institute der Max-Planck-Gesellschaft.

4. Der Berliner Ortsteil Steglitz im Nord-Osten des Bezirks Steglitz-Zehlendorf grenzt direkt an den Ortsteil Dahlem an. Mit etwa 80.000 Einwohnern deutlich dichter besiedelt ist Steglitz flächenmäßig kleiner als

Dahlem. Steglitz wurde 1375 erstmals als preußisches Dorf urkundlich erwähnt.

5. Die Potsdamer-Straße führt durch die Ortsteile Tiergarten und Schöneberg und verbindet somit die Berliner Bezirke Mitte und Tempelhof-Schöneberg.

Übungen

1. Wie begründet der Text die Aussage, dass Gustav Oppermann sich mit seinem Zuhause und seiner Umgebung verwachsen fühlt?

2. Warum müsste Gustav Oppermann mit seinem Leben zufrieden sein? Woran könnte es liegen, dass er dennoch nicht sehr gut gelaunt ist?

3. Welche Rolle spielen die Ortserwähnungen in Bezug auf das Möbelhaus Oppermann?

4. Wie unterscheidet sich das Leben Gustav Oppermanns von dem des Heinrich Wels?

5. Martin Oppermann hätte rechtzeitig zu seinem Termin mit Heinrich Wels erscheinen können. Wieso verspätet er sich mehr oder weniger absichtlich? Was für unangenehme Folgen könnte diese Verspätung haben?

6. Im Text steht die nationalsozialistische Ansicht, dass die jüdischen Warenhäuser und ihre vermeintlich gerissenen Verkaufsmethoden schuld an Deutschlands Untergang seien. Was könnte man unter „gerissenen Verkaufsmethoden" und „Deutschlands Untergang" verstehen? Aufgrund welcher persönlichen Berufserlebnisse stimmt Heinrich Wels der NS-Ansicht zu? Wie, wenn überhaupt, wäre es möglich, Heinrich Wels' Meinung von Außenstehenden zu ändern oder zu beeinflussen?

Erich Kästner: Schwierigkeiten ein Held zu sein (1958)

Dass die experimentelle, großstädtische Literatur der Moderne, kennzeichnend für die Weimarer Republik, unter der völkisch-nationalistischen NS-Regierung unerwünscht war, war den Repräsentanten der modernen Literaturrichtungen klar. Zahlreiche angesehene Schriftsteller verliessen ihr Heimatland schon nach dem Reichtagsbrand (27. 2. 1933), denn auch sie fühlten sich aufgrund der darauf folgenden Säuberungswellen gefährdet. Die Ernennung von Dr. Joseph Goebbels zum Minister des neu gegründeten Reichsministeriums für Volksaufklärung und Propaganda (13.03.1933) verstärkte ihre Auffassung, dass die NS-Regierung literarische Vielfalt und kritische, unbequeme Schriftsteller nicht dulden würde. Noch im gleichen Monat wurde von den Schriftstellern der Preußischen Akademie der Künste eine unterschriebene Loyalitätserkärung gegenüber der neuen Regierung verlangt. Danach gingen

weitere international renommierte Autoren ins Exil. Viele waren schon nicht
mehr in Deutschland, als in Massenveranstaltungen im Mai und Juni—in Berlin
am 10. Mai auf dem damaligen Opernplatz (heute Bebelplatz)—die Bücher der
sogenannten „undeutschen" Schriftsteller verbrannt wurden. Als „deutsch" galten
nur noch Werke wie z.B. Kriegs- und Helden-Darstellungen, Heroisierungen
der deutschen Geschichte und Heimat- und Bauernromane, welche die
Volksgemeinschaft lobten.

Entgegen Erich Kästners Ansicht im Auswahltext wurden die
Bücherverbrennungen nicht von Goebbels, sondern von der Deutschen
Studentenschaft, unter Zustimmung vieler Professoren, landesweit organisiert.
Einheitliche Symbolik herrschte durch die „Feuersprüche", die zu den
Werken von ca. 15 profilierten Autoren ausgerufen wurden. Wortlaut des
zweiten Rufers in Berlin: „Gegen Dekadenz und moralischen Zerfall! ...
Ich übergebe der Flamme die Schriften von Heinrich Mann ... und Erich
Kästner". Um sein Bestimmungsrecht über erlaubte und unerlaubte Literatur
zu behaupten, begleitete Goebbels, ein promovierter Germanist, die Berliner
Bücherverbrennung mit einer Rede. In Berlin landeten mehr als 25.000 Bücher
auf dem Scheiterhaufen. Am Schluss betonte Goebbels, dass „in Deutschland die
Nation sich innerlich und äußerlich gereinigt hat". Die Worte Heinrich Heines,
die vor dem Mahnmal auf dem Bebelplatz stehen —gesprochen bereits im 19.
Jahrhundert—klingen nachgerade prophetisch: „Dies war ein Vorspiel nur, dort,
wo man Bücher verbrennt, verbrennt man auch am Ende Menschen."

Mit Studienbeginn (1919) verlegte Erich Kästner (1899-1974) den
Wohnsitz von seiner Geburtstadt Dresden nach Leipzig, wo er Germanistik
und Geschichte studierte, nebenbei für die „Neue Leipziger Zeitung" schrieb
und im Jahr 1925 zum Dr. phil. promovierte. Nach der Entlassung aus seiner
Zeitung wegen der Veröffentlichung eines besonders erotischen Gedichts
zog Kästner 1927 nach Berlin. Dort war er freier Mitarbeiter bei mehreren
Zeitungen und veröffentlichte Gedichtbände, Kinderromane wie z. B. den
ausserordentlich erfolgreichen *Emil und die Detektive* (1929) und seinen
satirischen Roman *Fabian (1931)*. Mehrere seiner Werke wurden damals und
auch nach dem 2. Weltkrieg verfilmt. Nach der Bücherverbrennung wurde ihm
verboten, unter seinem Namen in Deutschland neue Werke herauszubringen,
aber er schrieb unter zahlreichen Pseudonymen weiter und durfte im Ausland
sowohl neuere als auch frühere Werke veröffentlichen. Schreibverbot bekam er
erst, nachdem Hitler herausfand, dass ausgerechnet er (unter einem Pseudonym)
für *Münchhausen* (1943), den Jubiläumsfilm der UFA-Filmstudios, das Drehbuch
geschrieben hatte. Nach Kriegsende zog er nach München, wo er u.a. ein
Kabarett gründete und bis zu seinem Lebensende wohnte.

Unter den „verbrannten" Schriftstellern war Kästner der einzige, der bei
der Bücherverbrennung anwesend war und deshalb nach Kriegsende aus erster
Hand darüber berichten konnte. Der hier vorliegende Text enthält Auszüge
aus seiner Rede zum 25. Jahrestag der Bücherverbrennung auf dem PEN-
Kongress in Hamburg. Mit dem „Teufel", den er im Text besonders anprangert,

ist der Propagandaminister Goebbels gemeint. Die Rede verdeutlicht Kästners fortdauernde Empörung über die Bücherverbrennung und über den Ort, der dafür ausgesucht wurde. Im letzten Textabschnitt geht es ihm um zwei wichtige Fragen: warum er bei der Bücherverbrennung keinen Widerstand leistete und warum er danach nicht—wie alle anderen, deren Bücher brannten—ins Exil ging.

Schwierigkeiten, ein Held zu sein

Als am 10. Mai 1933 die deutschen Studenten in allen Universitätsstädten unsere Bücher tonnenweise ins Feuer warfen, spürten wir: Hier vollzieht sich Politik, und hier ereignet sich Geschichte. Die Flammen dieser politischen Brandstiftung würden sich nicht löschen lassen. Sie würden weiterzüngeln, um sich fressen, auflodern und Deutschland, wenn nicht ganz Europa in verbrannte Erde verwandeln. Es würde so kommen und kam so. Es lag in der Unnatur der Sache.

Sie machten sich viel mit Fackeln und Feuer zu schaffen, jene Pyrotechniker der Macht. Es begann mit dem brennenden Reichstag (1) und endete mit der brennenden Reichskanzlei (2). Es begann mit Fackelzügen und endete mit Feuerbestattung. Zwischen dem Reichstagsbrand und der Bücherverbrennung, also zwischen dem 27. Februar und dem 10. Mai 1933, arbeiteten sie freilich ohne Streichhölzer und Benzin. Sie sparten Pech und Schwefel. Es ging auch so. Der Feldmarschall und Reichspräsident kapitulierte in der Potsdamer Garnisonskirche (3). Das geschah am 21. März. Zwei Tage später kapitulierten, mit Ausnahme der Sozialdemokratie, die Parteien in der Krolloper (4). Eine Woche später wurden die Länder „gleichgeschaltet". Am 1. April wurde der Judenboykott inszeniert. Es war eine mißglückte Inszenierung, und man setzte das blutige Stück vorübergehend vom Spielplan ab. Am 7. April wurden die Gauleiter als Reichsstatthalter (5) herausstaffiert. Am 2. Mai wurden die Gewerkschaften aufgelöst. Zwei Monate hatte man mit der seidnen Schnur gewinkt, und es ging wie am seidnen Schnürchen. Am 10. Mai aber brauchte man wieder Feuer. Für die Bücher.

Der kleine hinkende Teufel (6), nicht der von Le Sage (7), sondern der aus Rheydt im Rheinland, dieser mißratene Mensch und mißglückte Schriftsteller, hatte das Autodafé fehlerlos organisiert. Eine Münchner Zeitung schrieb am 5. Mai: „Die Hinrichtung des Ungeistes wird sich zur selben Stunde in allen Hochschulstädten Deutschlands vollziehen". […]

Die Feuer brannten. Auf dem Opernplatz in Berlin. Auf dem Königsplatz in München. Auf dem Schloßplatz in Breslau. Vor der Bismarcksäule in Dresden. Auf dem Römerberg in Frankfurt. Sie loderten in jeder deutschen Universitätsstadt. Die Studenten hielten in brauner Uniform die Ehrenwache. Die Sturmriemen unterm akademischen Kinn. In Berlin hatten sie sich vor der Universität und der Bibliothek aufgebaut,

Abbildung 15: Bücherverbrennung auf dem Opern-Platz (heute: Bebel-Platz), Berlin, 1933. Bildarchiv Preußischer Kulturbesitz.

sahen zum Scheiterhaufen hinüber und kehrten ihrer „Alma mater" den Rücken. Und den Standbildern der Brüder Humboldt (8) am Haupttor (9). Sie blickten zackig geradeaus, die Studenten. Hinüber zum Brandmal, wo der kleine „Teufel aus der Schachtel" schrie und gestikulierte und wo die Kommilitonen die Bücher zentnerweise ins Feuer schippten. Ich habe Gefährlicheres erlebt, Tödlicheres - aber Gemeineres nicht! [...]

Ich habe mich, damals schon und seitdem manches Mal gefragt: „Warum hast du, am 10. Mai 1933 auf dem Opernplatz in Berlin, nicht widersprochen? Hättest du, als der abgefeimte Kerl eure und auch deinen Namen in die Mikrophone brüllte, nicht zurückschreien sollen?" Daß ich dann heute nicht hier stünde, darum geht es jetzt nicht. Nicht einmal, daß es zwecklos gewesen wäre, steht zur Debatte. Helden und Märtyrer stellen solche Fragen nicht. Als wir Carl von Ossietzky (10) baten, bei Nacht und Nebel über die Grenze zu gehen - es war alles vorbereitet -, sagte er nach kurzem Nachdenken: „Es ist für sie unbequemer, wenn ich bleibe", und er blieb. Als man den Schauspieler Hans Otto, meinen Klassenkameraden, in der Prinz-Albrecht-Straße (11) schon halbtotgeschlagen hatte, sagte er, bevor ihn die Mörder aus dem Fenster in den Hof warfen, blutüberströmten Gesichts: „Das ist meine schönste Rolle". Er war, nicht nur auf der Bühne am Gendarmenmarkt (12), der jugendliche Held. Gedenken wir dieser beiden Männer in Ehrfurcht! Und fragen wir uns, ob wir es ihnen gleichgetan hätten!

Wörter

Substantive

Autodafé (*n.*)	public burning (e.g., burning of a heretic, from Spanish Inquisition practice of ritual burnings)
Scheiterhaufen (*m.*)	stake
Sturmriemen (*m.*)	chin strap

Verben

gedenken + *gen.*, dachte, gedacht	to remember, to commemorate
darum geht es jetzt nicht (es geht um) es ging um, es ist um…gegangen	that's not what it's about now
gehen wie am seidnen Schnürchen, ging, ist gegangen	*pun*: it went really well
gleichtun, tat gleich, gleich getan	to act in the same way
sich vollziehen, vollzog sich, sich vollzogen	to take place, to come about, to happen
sich viel zu schaffen machen	to engage a lot in, to do a lot with

Adjektive

abgefeimt	tricky
gemein; *here*: etwas Gemeineres	rotten; something more rotten or more vile
mißraten	went wrong, (morally and physically) handicapped

Anmerkungen

1. Das Reichstagsgebäude (kurz Reichstag genannt) ist ein Gebäude im Berliner Bezirk Mitte, in dem erst der Reichstag des deutschen Kaiserreichs und später das Parlament der Weimarer Republik untergebracht waren. Seit 1994 findet dort alle fünf Jahre die Bundesversammlung zur Wahl des deutschen Bundespräsidenten statt und seit 1999 ist es Sitz des Deutschen Bundestages.

2. Die Reichskanzlei war die Behörde des Reichskanzlers des Deutschen Reiches von 1871 bis 1945. Seit 1875 hatte sie ihren Sitz in der so genannten Alten Reichskanzlei in der Berliner Wilhelmstraße 77. Während der Herrschaft von Adolf Hitler wurde hier die so genannte *Führerwohnung* eingerichtet. 1938/39 entstand nach Plänen von Hitlers Hausarchitekt Albert Speer mit der Neuen Reichskanzlei an der Ecke Wilhelmstraße/Voßstraße ein Neubau, der mit seinen enormen Ausmaßen (441 Meter in der Länge) den Herrschaftsanspruch des Nationalsozialismus

widerspiegelte. Ab 1943 wurde im Garten der Neuen Reichskanzlei auch der so genannte Führerbunker angelegt.

3. Die Garnisonkirche war die bedeutendste Barockkirche von Potsdam und wurde unter dem zweiten preußischen König Friedrich Wilhelm I. von 1733 bis 1735 errichtet. Während des Zweiten Weltkrieges brannte die Kirche am 14. April 1945 vollständig aus. 1968 erfolgte die Sprengung der Ruine.

4. Die Krolloper, benannt nach Joseph Kroll, ist ein Opernhaus gelegen am damaligen Königsplatz, dem heutigen Platz der Republik gegenüber dem etwas später erbauten Reichstagsgebäude. Die Krolloper wurde während des zweiten Weltkrieges schwer beschädigt und die Trümmer in den 60 er Jahren abgetragen. Heute befindet sich auf dem Gelände der ehemaligen Krolloper eine Parkanlage mit dem bekannten Carillon (ein 42m hoher, mit Granit verkleideter Turm mit Glockenspiel) und Informations- und Gedenktafel.

5. Reichsstadthalter wurden während des dritten Reiches von 1933 bis 1945 mit der Verwaltung von Bezirken betraut. Sie waren Mitglieder der höchsten NS-Führungsebene. Ihr Aufgabenbereich war mit dem heutiger Landespräsidenten vergleichbar.

6. Joseph Goebbels, auch der kleine hinkende Teufel genannt, wurde in Rheydt im Rheinland geboren. Seit einer schweren Beinverletzung in seiner Jugend hinkte Goebbels, was ihm seinen Spitznamen einbrachte. Während der NS-Zeit war er einer der einflussreichsten Politiker. Er bekleidete neben zahlreichen anderen Posten das Amt des Propagandaministers im Dritten Reich. Am 10. Mai 1933 hielt er seine bekannte Rede bei der Berliner Bücherverbrennung auf dem Opernplatz, deren Ziel es war „undeutsches Schriftgut" zu vernichten. Nach dem Selbstmord Adolf Hitlers war er Reichskanzler bis zu seinem eigenen Selbstmord nur einen Tag später.

7. Der französische Schriftsteller Alain-René Lesage schrieb 1707 seinen Roman *Der hinkende Teufel* (*Le Diable boiteux*), der auf einer spanischen Vorlage beruht.

8. Friedrich Wilhelm Heinrich Alexander von Humboldt, kurz Alexander von Humboldt, war einer der bedeutendsten deutschen Naturforscher. Sein Bruder Friedrich Wilhelm Christian Carl Ferdinand von Humboldt, kurz Wilhelm von Humboldt, war ein deutscher Gelehrter, Staatsmann und Mitbegründer der Universität Berlin, heute die Humboldt-Universität zu Berlin.

9. Das Haupttor der Humboldt-Universität in Berlin-Mitte, vor der das Denkmal der Gebrüder Humboldt steht, erlangte bei der Bücherverbrennung während der NS-Zeit traurige Popularität. Gelegen direkt gegenüber dem Opernplatz, sahen von hier aus viele der damaligen Studenten dem „Schauspiel" zu.

10. Carl von Ossietzky war ein deutscher Journalist, Schriftsteller und Pazifist. In der von ihm herausgegebenen Zeitung *Die Weltbühne* machte er auf die verbotene Aufrüstung der Wehrmacht aufmerksam, weshalb er von der nationalsozialistischen Regierung wegen Spionage angeklagt wurde und in verschiedenen KZ interniert wurde. Nachwirkend erhielt er hierfür den Friedensnobelpreis. Sein Name wurde bei der Bücherverbrennung explizit erwähnt.

11. Die Prinz-Albrecht-Straße in Berlin, 1951 in Niederkirchnerstraße umbenannt, galt während der NS-Zeit als ein Synonym für den Terrorapparat der NS-Diktatur, weil die Gestapo-Zentrale und die SS dort ihren Sitz hatten.

12. Der Gendarmenmarkt in Berlin-Mitte ist einer der bekanntesten und schönsten Plätze in Berlin. Auf dem Gendarmenmarkt befindet sich das Berliner Konzerthaus, zwischen dem Französischen und dem Deutschen Dom.

Übungen

1. Welche Begebenheiten und Aussagen im Text begründen Kästners Beschreibung der Nationalsozialisten als „Pyrotechniker der Macht"? Wie wird Goebbels mit der Pyrotechnik in Zusammenhang gebracht?

2. Warum werden im Text die Universität, die Universitätsbibliothek und die Standbilder der Humboldt-Brüder erwähnt? Wäre die Rede genauso wirksam, wenn diese nicht hervorgehoben worden wären?

3. Wie rechtfertigt Kästner in dieser Rede die Tatsache, dass er nicht – wie die meisten ihm gleichgesinnten Autoren – ins Exil ging?

4. Als Zentrum der NS-Macht steht Berlins Innenstadt für die Verbrechen der Nationalsozialisten. Welche Verbrechen werden im Text mit spezifischen Orten verbunden? Nennen Sie mögliche Berliner Orte für die Verbrechen, die im Text nicht als explizit genannte Orte vorkommen.

5. Was befindet sich heute an den im Text erwähnten Orten (z.B. restaurierte Altbauten, Neubauten, Mahnmale, usw.)? Welche Orte wurden umbenannt? Was sind mögliche Gründe für die Umbenennungen? Welche Orte sind für Sie die besonders „bösen Orte"? Und warum?

6. Gestalten Sie eine Spaziergangstour durch die Innenstadt aufgrund aller geschichtlichen Ereignisse, die im Text vorkommen. Verbinden Sie jedes Ereignis mit einem Ort, auch wenn der Ort im Text nicht ausdrücklich angegeben wird. Wo würden Sie mit der Tour anfangen und aufhören? Gruppenarbeit: Vergleichen Sie Ihre Spaziergangstouren mit einander. Welche Tour würden Sie Touristen empfehlen, damit sich bei diesen die Geschichtsereignisse einprägen?

Ruth Andreas-Friedrich: Der Schattenmann (1938-1945, 1947)

Kontext

Im Vorwort ihrer Tagebuchaufzeichnungen schreibt die in Berlin-Schöneberg geborene Journalistin Ruth Andreas-Friedrich (1901-1977): „Dieses Buch will kein Kunstwerk sein. Dieses Buch ist Wahrheit." Den Entschluss, es zu schreiben, habe sie am 10. November 1938 gefasst, „als die Synagogen brannten". Im „Großdeutschen" Reich (der Anschluss Österreichs war im März des gleichen Jahres) wurden in der Nacht vom 9. zum 10. November um die 1000 Synagogen in Brand gesetzt (diese hohe Zahl ist Ergebnis der neuesten Forschungen) und ca. 7.500 jüdische Geschäfte zerstört oder schwer beschädigt. Der staatlich verordnete Terror wurde von SA und SS-Angehörigen durchgeführt, aber von der Regierung als berechtigter „spontaner Volkszorn" gedeutet. Wegen der vielen Glasscherben auf den Straßen wurde das Ereignis im Berliner Volksmund die „Reichskristallnacht" genannt. Diese Bezeichnung und auch „Reichspogromnacht" haben sich durchgesetzt, aber viele ziehen das Wort „Novemberpogrome" vor, denn es handelte sich um antisemitische Ausschreitungen, die sich über den ganzen November hinzogen (z.B. wurden 30.000 jüdische Männer in KZs interniert und etwa 1.400 Juden ermordet). Diese Pogrome bildeten den Auftakt zu dem späteren systematischen Judenmord. Die zweite der unten angeführten Tagebucheintragungen beschreibt, wie Ruth Andreas über die Pogromnacht informiert wurde und auch wie viele Einwohner von Berlin-Charlottenburg und Berlin-Schöneberg, Bezirke die als gutbürgerlich galten, auf die antisemitischen Ausschreitungen reagierten. Im Gegensatz zur Legende von fassungslosen, stumm zusehenden Berlinern haben viele sich an der Hetzjagd gegen Juden und an den Plünderungen der Geschäfte aktiv beteiligt.

Mit ihrem Tagebuch, das sie seit der Pogromnacht bis 1945 Tag für Tag führte, wollte Andreas-Friedrich einerseits den Berliner Alltag beschreiben, um der Weltöffentlichkeit zu verdeutlichen, warum es im Dritten Reich nicht zu einer größeren Auflehnung gegen das NS-Regime kam. Die Tagebucheintragung vom 27. September 1938 (vermutlich nachträglich geschrieben) schildert einen Auftritt Hitlers auf dem Balkon, den Hitlers Architekt Albert Speer 1935 an den Erweiterungsbau der alten Reichskanzlei in der Wilhelmstraße nachträglich hatte anbauen lassen (für seine Selbstinszenierungen fand Hitler einen Balkon unentbehrlich). Bei diesem Balkonauftritt Hitlers gab es ausnahmsweise keine jubelnden Massen, denn man befürchtete einen deutschen Krieg gegen die Tschechoslowakei und anschließend einen in Europa (im Tagebuch wird jedoch der Grund nicht angegeben). Das Münchner Abkommen, das einen Krieg (vorläufig) verhinderte, wurde erst drei Tage später von Großbritannien, Frankreich, Italien und Deutschland unterzeichnet.

Andererseits lag Andreas-Friedrich daran, die Welt darüber zu informieren, dass viele Deutsche – trotz des erahnten Terrors – in Deutschland geblieben sind, gerade weil sie sich verpflichtet fühlten, den Verfolgten Beistand zu leisten und ihnen so gut wie möglich zu helfen. Sie wolle zudem zeigen, wie schwer das war und dass dennoch viel geholfen wurde. Die Gruppe von ca. 11 humanistisch orientierten Helfern, die sich um Andreas-Friedrich und ihren Lebensgefährten, den Dirigenten Leo Borchard, scharte, traf sich in deren Wohnhaus in Berlin-Steglitz. Sie nannte sich „Onkel Emil" (ihr Warnruf) und wird heute als Berliner Widerstandsgruppe anerkannt. Die Angehörigen der Gruppe halfen auf vielfältige Weise: u.a. boten sie zahlreichen Verfolgten Zuflucht in ihren Wohnungen, fälschten Papiere, besorgten Pässe und halfen bei Ausreisen. Erstaunlicherweise wurden sie in der NS-Hofburg Berlin-Steglitz nie entdeckt. Tragisch ist, dass Leo Borchard bald nach Kriegsende von Amerikanern versehentlich erschossen wurde. Andreas-Friedrich zog 1947 nach München, wo sie 1977 starb. Im heutigen Steglitz-Zehlendorf ehrt sie in ihrem damaligen Wohnhaus eine Gedenktafel und ein nach ihr benannter kleiner Park im Botanischen Garten.

Im steinernen Meer der Großstadt Berlin sind insgesamt mehr Juden (ca. 5000) untergetaucht und auch mehr am Leben geblieben (etwa 1500) als anderswo im Großdeutschen Reich. Zum Vergleich sei München, die damals viertgrößte Stadt, erwähnt: dort überlebten die NS-Zeit 75 Untergetauchte. Die Geretteten, so Andreas-Friedrich im dritten Textauszug, wurden durch die aktive Hilfe Deutscher gerettet. Dass Hilfeleistungen überhaupt möglich waren, wollen heute viele immer noch nicht wahrhaben, und im Jahr 1947, als Ruth-Andreas ihr Tagebuch veröffentlichte, wollte man das schon gar nicht. Erst in den achtziger Jahren, infolge der bundesweit verbreiteten Aufarbeitung der NS-Zeit, gewann das Tagebuch einen großen Leserkreis. Es gilt auch heute noch als wichtige Quelle für Kenntnise über den NS-Alltag in Berlin. In dem 2004 auf DVD veröffentlichten Dokumentarfilm *Das geheime Filmarchiv der Eva Braun* wird mehrfach das Tagebuch der Ruth-Andreas zitiert—ihre Beschreibungen der Greueltaten und der Bemühungen vieler, noch mehr Unrecht zu verhindern, bilden den Gegenpol zu Eva Brauns zur gleichen Zeit verfassten, politisch ahnungslosen Tagebucheintragungen.

Der Schattenmann

Berlin. Dienstag, 27. September 1938

Auf dem Platz vor der Reichskanzlei stehen etwa zweihundert Menschen. Nicht mit den strahlenden Gesichtern der Provinzler, die dort tagaus, tagein , das Pflaster treten, um aus Berlin als schönste Erinnerung einen »Blick auf den Führer« heimzutragen. Was sich hier zusammengefunden hat, scheint wenig geneigt, seiner Begeisterung in Siegheilrufen Luft zu machen. Stumm, die Hände in den Taschen, die Schultern wie fröstelnd ein wenig hochgezogen, steht die Menge und wartet. Auf was? Auf wen? […]

Dicht aneinandergedrängt, starren sie mit angespannten Gesichtern auf den ununterbrochenen Zug, der, von den Linden (1) kommend, am historischen Balkon (2) vorüberfährt. Kanonen, Gepäckwagen, Pferde,

Panzer, Soldaten. Soldaten ohne Ende. Den Stahlhelm in die Stirn gedrückt, die Blicke regungslos geradeaus gerichtet, sitzen sie in ihren Sätteln, hocken auf Kutschböcken und Protzen, stampfen klirrend über den Asphalt. Oben öffnet sich die Balkontür. Hitler tritt heraus. Barhäuptig, die Hände in den Taschen seiner Litewka, geht er rasch bis zur Brüstung. In ehrerbietigem Abstand folgen ein paar Offiziere. Ich erkenne Raeder (3), sehe im Dämmerlicht die Goldstickereien mehrerer Generaluniformen. Verstohlen beobachte ich die Gesichter der Umstehenden. Verkniffene Lippen, gerunzelte Stirnen. Sie stehen wie geprügelte Hunde. Mit jenem genierten Blick der Schuldbewußten, die genau wissen, daß sie nicht wollen, was sie eigentlich sollen müßten. Nirgends hebt sich eine Hand. Ja, warum brüllen sie nicht, wie sie immer brüllten? […] Die Panzer rollen, die Menschen schweigen, und unbejubelt verschwindet der »Führer« vom Balkon. […]

Mir ist nicht wohl zumute. […] Kein Zweifel, Hitler will den Krieg. Was wir eben gesehen haben, war ein »Test«. Eine Prüfung der Volksstimmung. Trägt das Eis? Oder trägt es noch nicht? Wir haben »Nein« gesagt — Gott, was rühme ich mich! - »Nein« gedacht! Wir meinen Nein. Und wir wollen nicht. Aber was bedeutet unser Wollen? Was bedeutet es schon im Naziregime, wenn zweihundert Menschen so tun, als ob sie eine Meinung äußern! Und dabei doch nichts anderes zuwege bringen als den kläglichen Mut, Herrn Hitler auf seinem Balkon zu übersehen! […]

Berlin. Donnerstag, 10. November 1938

Um sieben Uhr früh läutet es. Achtmal — neunmal — zehnmal hintereinander. Als schlüge jemand auf dem Klingelknopf einen Trommelsturm. Vor der Tür steht Dr. Weißmann, der Rechtsanwalt. »Verstecken Sie mich, sie sind hinter mir her!« keucht er. Ich starre ihn an. »Wer? Was? Ich verstehe nicht.« — […] »Der Teufel geht um in Berlin! Die Synagogen brennen. Das Judenblut spritzt vom Messer. SA marschiert und schlägt Scheiben ein. Und Sie fragen noch: Was ist passiert?« Das Übermaß der Erregung verschlägt ihm die Stimme. »Wie Hasen werden wir gejagt«, knirscht er. »Den halben Kurfürstendamm (4) entlang haben sie mich laufen lassen. Judenschwein! Massenmörder! Verrecke, du Aas! mir nachgebrüllt. Mit Steinen auf mich geworfen und mit Dreckklumpen. Die Lümmel, die Lausejungen, die verfluchten SA-Bengels!« — »Und die Polizei?« - »Die Polizei schaut zu. Läßt brennen, was brennt, und umkommen, was umgebracht werden soll.« — […]

Um halb zehn fahre ich in die Redaktion. Der Omnibusschaffner sieht mich an, als wolle er mir etwas Wichtiges mitteilen. Aber dann schüttelt er nur den Kopf und schaut schuldbewußt zur Seite. Die Mitfahrenden blicken überhaupt nicht auf. Jeder macht ein Gesicht, als bäte er irgendwie um Verzeihung. Der Kurfürstendamm ist ein einziges Scherbenmeer. An der Ecke Fasanenstraße (5) stauen sich die Menschen. Eine stumme Masse, die betreten in Richtung der Synagoge starrt, deren Kuppel von Rauchwolken verhüllt ist.

»Verfluchte Schande!« flüstert neben mir ein Mann. Ich sehe ihn liebevoll an. Jetzt wäre es eigentlich Zeit, zu seinem Nächsten »Bruder« zu sagen, fällt mir ein. Aber ich tue es nicht. Man tut so etwas niemals. Man denkt es sich bloß. Und wenn man wirklich mal den Mut faßt und einen Anlauf nimmt, dann fragt man zu guter Letzt doch nur: »Ach, entschuldigen Sie, können Sie mir nicht sagen, wie spät es ist?« Und schämt sich grenzenlos, weil man so feige war. Dennoch fühlen wir uns alle als Brüder. Wir, die wir hier sitzen (6), im Omnibus fahren und vor Scham fast vergehen. Brüder der Scham. Genossen der gleichen Zerknirschtheit. Wenn sich aber alle schämen, wer hat denn dann die Scheiben eingeschlagen? Du warst es nicht, ich war es nicht. Wie heißt denn der X, der große Unbekannte?

Berlin. Freitag, 4. Februar 1944.

Sei versichert, lieber Freund, auch du hättest ihn [den Wahnsinn, MS] mitgemacht, wenn du an unserer Stelle gewesen wärst. Alle hätten ihn mitgemacht, die (7) es zuließen, daß man mit dem Nazideutschland Verträge schloß. Die tatenlos beiseitestanden, während Hitler ein Judengesetz nach dem anderen erließ. Die nicht dafür sorgten, daß auch unbemittelte Juden in großer Zahl emigrieren durften, daß die Einwanderungsquoten erhöht wurden, daß man den Gehetzten und Verfolgten Gastrecht gewährte, ehe es zu spät war und der Henker sie geholt hatte. Wir, die wir im elften Jahr unter Adolf Hitlers Herrschaft stehen, haben wenig Grund, uns zu rühmen. Aber wenn Menschen ihr Leben eingesetzt haben für ihre jüdischen Brüder, dann sind es deutsche Nichtjuden gewesen. Hunderte, Tausende, Zehntausende, die täglich und stündlich ihren Kopf riskierten für ein paar armselige Brotmarken, ein vorübergehendes Notquartier. Ein bißchen, wieder ein bißchen und nochmals ein bißchen. Abgerungen der eigenen Notdurft, erkämpft zwischen Bomben, Zwangsarbeit, Verkehrsbehinderung und persönlicher Einschränkung. Ertrotzt gegen alle Verbote, Gesetze und Propagandabefehle. Niemand, der es nicht selbst erlebte, vermag sich vorzustellen, wie schwierig unter solchen Umständen auch die einfachste Hilfeleistung werden kann. Was tut man, wenn ein Mensch, den man in seiner Wohnung verbirgt, eines Tages unvermutet am Herzschlag stirbt? Soll man ihn im Ofen verbrennen? In Rauch auflösen? Durch den Schornstein hinausblasen? Was macht man mit einer Leiche, die nicht gemeldet ist? »Wir haben sie in unseren Waschkorb gelegt, mit Leintüchern bedeckt und nachts aus dem Hause getragen«, vertrauen uns Bekannte an, die in solche Verlegenheit gerieten.

»Im Tiergarten (8) haben wir sie rausgeholt und auf eine Bank gesetzt.« Sie lächeln verstört. Sie sind nicht froh über diese Lösung. Sie haben keine Übung darin, zwischen drei und vier Uhr morgens Leichen aus dem Hause zu schmuggeln und Tote auf einsame Parkbänke zu setzen. Vierzig Jahre lang sind sie solide Bürger gewesen.

© Ruth Andreas-Friedrich, *Der Schattenmann*, Tagebuchaufzeichnungen 1938–1945, Suhrkamp Verlag Frankfurt am Main 1947.

Abbildung 16: Reichspogromnacht: Brennende Synagoge,
Fasanenstraße. Bildarchiv Preußischer Kulturbesitz.

Wörter

Anlauf (*m.*); *here*: Anlauf nehmen	run-up (sports); *here*: to pluck up courage
Bengels (*pl.*)	rascals, devils
Dreckklumpe (*m.*)	clump of dirt
Goldstickerei (*f.*)	gold embroidery
Klingelknopf (*m.*)	the door bell
Lausejunge (*m.*)	rascal
Litewka	plain tunic worn off duty or for light work (Lithuanian)
Mut (m); here: *Mut fassen*	courage; here: to pluck up courage

Provinzler (*m.*)	provincial, rural person
Scherbenmeer (*n.*)	a see of broken glass
Teufel (*m.*); der Teufel geht um	devil; the devil is loose.
Verlegenheit (*f.*); in Verlegenheit geraten (geraten, geriet, ist geraten)	embarrassing situation; to get into a difficult situation
Volksstimmung (*f.*)	the mood of the people
Zerknirschtheit (*f.*)	remorse
Zwangsarbeit (*f.*)	forced labour

Verben

abringen, rang ab, abgerungen	to squeeze from
bitten um, bat um, gebeten um; als bäte er um	ask for; as if he were asking for
einfallen (+ *dat.*), fiel ein, ist eingefallen	to remember (to occur to someone)
einsetzen, das Leben einsetzen	to risk one's life
ertrotzen	to obtain by sheer defiance
mitmachen	to go along with; to participate in
sich rühmen	to praise oneself
treten, trat, getreten (das Pflaster treten)	to walk around on the sidewalks
vorüberfahren, fuhr vorüber, ist vorübergefahren	to pass by (said of a vehicle)
tragen, trug, hat getragen (Trägt das Eis?)	Will the ice hold? Does it pass the test?
umkommen, kam um, ist umgekommen	to die
verbergen, verbarg, verborgen	to hide
vermögen, vermochte, vermocht	to be able to
zumute sein + dat. (Mir ist nicht wohl zumute.)	to feel (I don't feel well.)
zuwege bringen	to accomplish

Adjektive

aneinandergedrängt	shoved against each other
betreten	embarrassed
strahlend	glowing, joyful
gemeldet	reported
verkniffen	lips forcefully closed
verstohlen	furtive, surreptitious

Andere

an unserer Stelle	in our place
hinterher sein	to search for, to be after
verfluchte Schande	damned disgrace
vor Scham vergehen	to die (because) of
zu guter Letzt	when all is said and done; at the end

Anmerkungen

1. „Von den Linden kommend" meint hier von der Strasse *Unter den Linden* kommend. Die Strasse *Unter den Linden* ist Berlins zentrale Prachtstrasse. Sie führt vom Pariser Platz am Brandenburger Tor und der Akademie der Künste vorbei, über die Schlossbrücke und in Richtung des heutigen Berliner Fernsehturms.

2. Hitler ging nicht gern in eine Menge von Menschen hinein. Er begrüßte Menschen lieber von oben. In Berlin begrüßte er die Öffentlichkeit am liebsten vom Balkon der Alten Reichskanzlei aus. (Siehe Anmerkung 2 zu Erich Kästner.)

3. Erich Johann Albert Raeder war ein deutscher Marineoffizier und Großadmiral. Unter Adolf Hilter war er als Oberbefehlshaber mit der Leitung der Reichs- bzw. Kriegsmarine betraut. Reader war einer der acht Hauptangeklagten im Nürnberger Hauptkriegsverbrecherprozess.

4. Der Kurfürstendamm (umgangssprachlich auch Ku'damm genannt) ist die Hauptverkehrsstraße im Berliner Bezirk Charlottenburg-Wilmersdorf. Am Ostende des Ku'damms befindet sich die Kaiser-Wilhelm-Gedächtniskirche.

5. Die Fasanenstraße liegt im westlichen Zentrum von Berlin im Bezirk Charlottenburg-Wilmersdorf. Ihren heutigen Namen trägt die Fasanenstraße zur Erinnerung an die von König Friedrich II. angelegte Fasanerie, die 1841 der Anlage des Zoologischen Gartens weichen musste und nach Potsdam verlegt wurde.

6. Übersetzung: *Those of us sitting here… .*

7. Übersetzung von "die" an dieser Stelle und in den folgenden Sätzen, in denen es den Satzanfang bildet: *Those who… .*

8. Der Berliner Bezirk Tiergarten war bis 2001 der zentrale Bezirk in Berlin. Nach 2001 wurde der Bezirk in Berlin-Mitte umbenannt. Der ehemalige Ortsteil Tiergarten-Süd wurde in diesem Zuge in Tiergarten umbenannt. Die größte Fläche im Ortsteil Tiergarten nimmt der gleichnamige Park ein. Der Ortsteil beherbergt auch heute noch (oder besser gesagt: wieder) das Regierungsviertel der Bundesrepublik Deutschland.

Übungen

1. Beschreiben Sie den inszenierten Aufmarsch am 27. September 1938. Was hätten die vor der Reichskanzlei versammelten Menschen bewundern sollen? Wo fing der Aufmarsch an und wo endete er wahrscheinlich? Inwiefern reagierten die Menschen diesmal anders als sie normalerweise reagierten?

2. Wie verdeutlichen die ersten zwei Tagebucheintragungen, dass Ruth Andreas-Friedrich auch unter Fremden nach Gleichgesinnten suchte? Würden Sie aufgrund der Menschenbeschreibungen in den Eintragungen die gleichen Schlüsse ziehen wie Andreas-Friedrich?

3. Welche von den Orten, die in den drei Tagebucheintragungen vorkommen, könnten Sie heute in Berlin aufsuchen? Inwiefern haben sie sich verändert? Auf welche Gedanken über die Vergangenheit und die Zukunft könnten Sie an diesen Orten kommen?

4. Sammeln Sie Informationen im Internet über die Neue Reichskanzlei und andere Orte in Berlins ehemaliger Innenstadt, die mit dem NS-Terror verbunden werden. (http://www.dhm.de/lemo/home.html) Begründen Sie aufgrund dieser Informationen die Tatsache, dass Berlin die Machtzentrale des NS-Terrors war.

5. In der Tagebucheintragung vom 4. Februar 1944 versucht Andreas-Friedrich Bilanz zu ziehen. Sie deutet an, dass die meisten im Ausland Mitläufer gewesen wären, wenn sie im Dritten Reich gelebt hätten, denn auch sie hätten Hitler gegenüber keinen Widerstand geleistet und den Verfolgten gegenüber keine Solidarität gezeigt. Was hätte das Ausland machen können, um für NS-Verbrechen nicht mitschuldig erklärt zu werden?

6. Warum wird der Tiergarten (sowohl ein Park als auch ein Bezirk) erwähnt?

Inge Deutschkron: Ich trug den gelben Stern (1978)

Kontext

Von den ca. 170.000 Juden, die 1933 in Berlin lebten (fast ein Drittel aller deutschen Juden), waren im Mai 1939 nur noch etwa 75.000 in Berlin. Die meisten ausgewanderten Juden verließen Berlin noch vor den Novemberpogromen (1938). Für diejenigen, die mit der Auswanderung gezögert hatten, bedeutete jedoch die Reichspogromnacht eine Wende. Ihre Befürchtung, dass sich ihre Lage verschlimmern würde, bewahrheitete sich. Schon am 12. November 1938 wurde die „Verordnung zur Ausschaltung der Juden aus dem Wirtschaftsleben" erlassen. Danach folgte die Anordnung, Listen von ihrem

Eigentum aufzustellen (das ermöglichte die späteren reibungslos durchgeführten Enteignungen). Bald darauf musste jeder einen zweiten Vornamen führen: den männlichen Juden wurde „Israel," den weiblichen „Sara" zugeteilt. Und Kinder namens Israel und Sara durften ab 15. November 1938 weder „deutsche" Schulen besuchen noch mit „arischen" Kindern spielen. Weitere Maßnahmen gegen Juden häuften sich schnell. Kino-, Schwimmbad- und Theaterbesuche wurden ihnen untersagt; ihre Reisepässe mussten mit einem großen „J" gestempelt werden.

Von der NS-Regierung wurden Auswanderungen noch ermutigt, allerdings mussten Schmuck und andere Wertsachen zurückgelassen werden. Die meisten konnten jedoch nicht mehr emigrieren, denn sie hatten weder Verwandte noch wohlhabende Freunde im Ausland und fanden keine Länder, die bereit waren, sie aufzunehmen. Dem Vater von Inge Deutschkron gelang die Ausreise nach England. Tochter und Mutter sollten nachkommen. Dazu kam es nach dem Kriegsausbruch (September 1939) nicht mehr. Um die Juden kenntlich zu machen (entgegen NS-Behauptungen waren sie an der Form des linken Ohres doch nicht zu erkennen) wurde im September 1941 für alle ab dem sechsten Lebensjahr der „gelbe Stern" eingeführt: nicht nur in der Öffentlichkeit, sondern auch zu Hause mussten sie immer einen „handtellergroßen" gelben Davidstern links auf der Brustseite ihrer Kleidung tragen. Im nächsten Monat, drei Tage nach der ersten Massendeportation aus Berlin, trat das Auswanderungsverbot für Juden in Kraft.

Inge Deutschkron, 1922 in Brandenburg geboren aber in Berlin (Prenzlauer Berg) aufgewachsen, stammt aus einer sozialdemokratischen (SPD) Famile, in der der jüdische Glaube keine Rolle spielte. Ihr Vater, ein Lehrer, wurde 1933 als politischer Gegner der NS aus dem Schuldienst entlassen. Nach seiner Auswanderung wohnten Inge und ihre Mutter in Berlin-Schöneberg, zuerst in einem möblierten Zimmer in der Innsbrucker Straße, aber bereits einige Monate später im „Judenhaus" in der Bamberger Straße, wo sie mit elf anderen die Wohnung teilen mussten. Von 1941 bis 1943 arbeitete Deutschkron als Sekretärin in Otto Weidts Blindenwerkstatt (Rosenthalerstraße 39, am Hackeschen Markt). Dort beschäftigte Otto Weidt blinde und taube Juden, angeblich um Bürsten für die Wehrmacht herzustellen, aber eigentlich, um sie vor dem Tod zu retten. Nachdem die Deutschkrons sich entschlossen, in Berlin unterzutauchen statt sich deportieren zu lassen, leistete ihnen Weidt immer wieder Hilfe. Andere nichtjüdische Deutsche halfen auch; nur so konnten die Deutschkrons in den letzten Kriegsjahren an 22 verschiedenen Orten in Berlin und Brandenburg untertauchen. Nach dem Krieg holte Inge Deutschkron ihr Abitur in London nach. Später arbeitete sie als Journalistin in Bonn und danach in Israel, wo sie 1966 die israelische Staatsbürgerschaft erhielt. *Ich trug den gelben Stern* (1978) fand besonders große Resonanz in Berlin, nachdem das renommierte Berliner GRIPS Theater (ein Jugendtheater) es 1989 in der Schauspielfassung *Ab heute heißt du Sara* auf die Bühne brachte. Seit dieser Zeit berichtete und diskutierte Deutschkron in Berliner Schulen und kulturellen Einrichtungen häufig über die NS-Diktatur in Berlin und über die Retter (es sind mehr als 30), die ihr Überleben ermöglichten. 2001 verlegte Deutschkron ihren Wohnort wieder nach Berlin, wo sie sich weiter um regen Gedankenaustausch mit Jugendlichen bemüht. Sie ist auch Vorsitzende des Fördervereins *Blindes Vertrauen*, unter dessen Einsatz die Werkstatt, die Deutschkron 1988 in ihrem ehemaligen Zustand vorgefunden hatte, renoviert wurde und seit 2006 der Öffentlichkeit als *Museum Blindenwerkstatt Otto Weidt* zugänglich ist.

Die folgenden Textauszüge vergegenwärtigen die sinnlose, willkürliche NS-Brutalität gegenüber wehrlosen Menschen und die mutige Weise, auf die sich Otto Weidt für Juden einsetzte. Besonders diesem „stillen Helden" wollte Deutschkron ein Denkmal setzen.

Ich trug den gelben Stern

Dann beobachteten wir, wie zwei jüdische Ordner mit dem gelben Stern (1) am Mantel im Haus verschwanden. Wenige Minuten später kamen sie wieder—meine Tante ihnen voran, mit dem viel zu großen Rucksack auf dem Rücken, hastig, schnell, als wolle sie es hinter sich bringen. Mein Onkel torkelte hinterher. Sie blickten nicht zurück, nicht ein einziges Mal, als die Männer die Rampe des Wagens hochschlugen. Sie hatten keinen Blick mehr für die Stadt, in der sie fast dreißig Jahre zu Hause gewesen waren. Ich weinte. Meine Mutter, die nicht weniger mitgenommen war, fuhr mich an: »So beherrsch dich doch, wenn uns einer sieht . ..« Wir waren ohne Stern. Außer uns schien niemand auf der Straße zu sein. Es war seltsam, wie die Berliner solchen Aktionen zu entgehen verstanden, die sich in ihrer Stadt zutrugen. Wie viele von ihnen hinter den Vorhängen standen, ließ sich nur raten. Manchmal sahen wir, wie ein Kopf dahinter plötzlich verschwand. Die Deportationszüge fuhren nun vom Bahnhof Grunewald (2) ab, weil einige Berliner am Lehrter Bahnhof (3) Zeugen der ersten Deportationen geworden waren und nicht unbedingt zustimmende Bemerkungen gemacht hatten. Vielleicht hatte es die Gestapo dort am Waldesrand auch leichter, die Leute noch einmal ungestört zu filzen und jenen, die da geglaubt hatten, ein bißchen Geld oder ein Goldstück, in einen Rocksaum eingenäht, könne ihnen eine Hilfe werden, unter Hohngelächter auch noch das letzte abzunehmen. [...]

Über BBC hörten wir im November 1942 das erste Mal von Vergasungen und Erschießungen. Wir konnten und wollten es nicht glauben. Die Reihen um uns lichteten sich.

Eines Tages hieß es, daß die Wiener Gestapo (4) in Berlin eingesetzt würde. Wien sei bereits judenrein (5), Berlin dagegen säumig, die Berliner Gestapo nicht schnell genug. Die Wiener Gestapo würde nun mit den Juden Berlins aufräumen. Die »Listen« (6) wurden abgeschafft. Die Wiener Gestapo hatte eine andere Methode entwickelt. Sie setzte große Möbelwagen

Abbildung 17: Bahnhof Grunewald Mahnmal Gleis 17. © Axel
Mauruszat.

bekannter Umzugsfirmen ein, mit denen die Wiener Gestapoleute bei den
jüdischen Häusern Berlins vorfuhren. Dann ging alles sehr schnell. Wie sie
gingen und standen, wurden die Menschen in die Wagen getrieben. Und
wenn sie nach ihren Kindern oder Frauen schrien, dann hieß es lediglich:
»Die treffen Sie schon noch.« Dann waren sie still. [...]

Die Möbelwagen wurden der Schrecken der Berliner Juden. Einer
Tages fuhren sie auch bei der Blindenwerkstatt Weidt (7) vor. Sie holten
die Blinden und die Taubstummen. Ich kann die Szene nicht vergessen.
Ohne einen Laut legten sie ihre Arbeit nieder, nahmen ihre Sachen,
faßten einander an den Händen und gingen tastend und still die Treppe
hinunter. Viele von ihnen hatten sehende Frauen, auf die sie angewiesen
waren. Aber das interessierte die Gestapo nicht. Sie wurden in die Wagen
getrieben wie alle anderen. Weidt schwieg. Er schien wie ohnmächtig vor
Zorn. Jedes Gespräch hatte der Gestapomann abgelehnt. Er hätte nur seine
Pflicht zu tun, und die wäre, die jüdischen Blinden und Taubstummen
ins Sammellager zu bringen. Das Sammellager (8) Große Hamburger
Straße 26 war nicht weit entfernt von der Blindenwerkstatt. Kurz nach der
Abfahrt der Möbelwagen verließ Weidt die Werkstatt. Er hatte kein Wort
gesagt, und keiner hatte gewagt, ihn anzusprechen. Und wieder stapfte er,
die Blindenbinde am Arm, seinen Stock in derHand, die Straße entlang
zur Gestapo.

Am späten Nachmittag hatte er sein Ziel erreicht. Er hatte sie freibekommen, seine Blinden. Niemand war zugegen, als er der Gestapo die Bedeutung seiner Werkstatt für den Krieg erklärte. Niemand weiß, wie er es erreichte. Möglicherweise unterstrich er seine Argumente mit »Gaben«. Die Blinden nahm er gleich mit. Er ließ sich nicht damit abfinden, daß sie schon nachkommen würden. Otto Weidt stand vor dem Sammellager und wartete auf sie. An der Spitze seiner Blinden, die untergehakt hinter ihm liefen und den Judenstern an ihren Lederschürzen trugen, ging er zu Fuß zur Werkstatt zurück. Aber Weidt wußte und sagte es auch: »Das war das letzte Mal.«

Inge Deutschkron, *Ich trug den gelben Stern*, © 1985 Deutscher Taschenbuch Verlag, München. Der Band erschien erstamals 1978 im Verlag Wissenschaft und Politik.

Wörter

Substantive

Hohngelächter (*n.*)	laughter, mockery of the misfortune of others
Reihen (*pl.*); *here*: die Reihen um uns lichteten sich	rows; *here*: there were fewer and fewer Jews around us

Verben

sich abfinden mit	to resign oneself to a situation
aufräumen mit	to get rid of
sich beherrschen	to control oneself
filzen	to frisk a person for money, etc.
freibekommen, bekam frei, freibekommen	to have them liberated
torkeln	to stagger, to reel
sich zutragen, trug sich zu, sich zugetragen	to happen, to occur
unterstreichen, unterstrich, unterstrichen	to underline

Adjektive

angewiesen sein auf	dependent on
mitgenommen sein	to be affected/moved
zugegen sein	to be present

Anmerkungen

1. Der gelbe Stern, oder auch Judenstern, wurde während des Dritten
   Reiches von den Nationalsozialisten eingeführt. Zuerst nur im besetzten
   Polen, später war der Judenstern dann auch in Deutschland eine
   Zwangskennzeichnung für Juden.

2. Der Bahnhof Berlin-Grunewald im Berliner Bezirk Charlottenburg-
   Wilmersdorf spielte bei dem Holocaust im 2. Weltkrieg eine traurige Rolle.
   In der Zeit des Nationalsozialismus wurden von hier zahlreiche Juden
   deportiert. Der erste Deportationszug verließ am 18. Oktober 1941 mit
   1.251 Juden den Bahnhof. Insgesamt wurden von Grunewald aus mehr als
   50.000 Juden deportiert.

3. Von 1868 bis 1951 verband der Lehrter Bahnhof die Städte Hannover und
   Berlin miteinander. Von hier aus verließen die ersten Deportationszüge
   die Stadt Berlin. Durch die zentrale Lage an der Spree direkt neben dem
   Humboldthafen war der Bahnhof für dieses makabere Schauspiel aber
   eher ungeeignet, aus diesem Grund fuhren spätere Deportationszüge den
   Bahnhof Grunewald an.

4. Gestapo ist die Abkürzung für die „Geheime Staatspolizei" in der Zeit
   des Nationalismus. Sie war eine Art „politische Polizei" und war Heinrich
   Himmler unterstellt. Ihre Aufgabe war die Bekämpfung politischer und
   ideologischer Gegner. So wurde von der Gestapo die Deportation von
   Juden und anderen Bevölkerungsgruppen (z.B. Homosexuelle) geplant und
   durchgeführt.

5. Im Zuge der „Endlösung der Judenfrage" (Holocaust) war häufig das Wort
   judenrein zu vernehmen. War die Deportation von Juden und anderen
   Gegnern der NS-Regierung in einer Stadt abgeschlossen, so war die Stadt
   judenrein.

6. Die *Listen* beziehen sich auf die Deportationslisten, die aus den Namen
   der Juden bestanden, die mit den nächsten Deportationszügen deportiert
   werden sollten.

7. Otto Weidt war Besitzer einer Berliner Blindenwerkstatt. Der überzeugte
   Nazi-Gegner rettete während des Holocaust vielen Juden das Leben. Seine
   Werkstadt war als wehrwichtiger Betrieb gekennzeichnet, da die meisten
   seiner Erzeugnisse an die Wehrmacht verkauft wurden. Heute ist an der
   Rosenthaler Straße 39, der ehemaligen Produktionsstätte, eine Gedenkrafel
   zu Ehren Otto Weidts angebracht.

8. Ein Sammel- oder Internierungslager ist in der Regel ein von einem Staat
   organisiertes Lager, in dem tatsächliche oder mutmaßliche politische
   Gegner oder Kriegsgefangene gefangen gehalten werden. Während der
   NS-Zeit dienten diese Lager als Zwischenstation, bevor die Gefangenen

in die Arbeits- und Vernichtungslager (KZ) überwiesen wurden.
Einige Länder betreiben auch heute noch Sammellager, u. a. die USA
(Gefangenenlager Guantanamo, Kuba).

Übungen

1. Der erste Abschnitt beschreibt wie Inge Deutschkrons Onkel und Tante,
   die in Berlin-Spandau wohnten, im Sommer 1942 aus ihrer Wohnung
   verschleppt wurden. Zu dieser Zeit wohnten Inge und ihre Mutter schon
   im Judenhaus in der Bamberger Straße (Berlin-Schöneberg). Öffentliche
   Verkehrsmittel durften Juden nur von und zur Arbeitsstelle benutzen. Wie
   werden sie wohl von Berlin-Schöneberg nach Spandau gekommen sein?
   Welchen Gefahren haben sie sich ausgesetzt?

2. Was fand Deutschkron an der Verschleppung ihrer Verwandten besonders
   traurig?

3. Wie erklärt sich Deutschkron die Tatsache, dass nur sie und ihre Mutter
   auf der Straße waren?

4. Inwiefern sind die Abtransportmethoden der in Berlin eingesetzten Wiener
   Gestapo besser oder schlimmer als die der Berliner?

5. Die Blindenwerkstatt war in der Rosenthaler Straße (Nr. 39), das
   Sammellager in der Großen Hamburger Straße (Nr. 26)—beide in Berlin-
   Mitte.

   a. Entwerfen Sie eine Gedenktafel für beide Orte. Was bewirken
      Gedenktafeln?

   b. Welchen von den beiden Orten würden Sie als Spaziergänger(in)
      zuerst aufsuchen wollen? Begründen Sie Ihre Antwort. Inwiefern
      könnte der erste Ort, den Sie aufsuchen, Ihre Wahrnehmung des
      zweiten Ortes ändern?

6. Beschreiben Sie Otto Weidts Einsatz für seine blinden und taubstummen
   jüdischen Arbeiter. Heute gilt Weidt, zum großen Teil wegen
   Deutschkrons Schriften und Reden, als „stiller Held" der NS-Zeit.
   Passt die Bezeichnung „stiller Held" wirklich zu Weidt? Falls Sie Steven
   Spielbergs Film *Schindlers Liste* kennen: Welche Gemeinsamkeiten haben
   Weidt und Oskar Schindler?

Traudl Junge: Bis zur letzten Stunde. Hitlers Sekretärin erzählt ihr Leben (2002)

Kontext

Schon im Winter 1941, als die deutsche Wehrmacht in ihrem Angriffskrieg gegen Russland schwere Verluste erlitt und sich vor Moskau zurückziehen musste, beauftragte Hitler seinen Hauptarchitekten Albert Speer, ihm in Berlin einen Bunker zu bauen. Im Januar 1945, als er fertig gestellt wurde, gab es im NS-Regierungszentrums (Wilhelmstraße Ecke Voßstraße) etwa 20 andere Luftschutzbunker (unter dem heutigen nationalen Holocaust-Mahnmal war z.B. der Bunker des Propagandaministeriums). Die Einrichtung unter der Alten Reichskanzlei (Voßstraße) wurde zum „Vorbunker" des direkt darunter errichteten Führerbunkers, der 20 Räume hatte—u.a. die Arbeits- und Schlafräume von Goebbels und Hitler sowie Eva Brauns Schlaf- und Wohnraum. Hitler zog im Februar 1945 von der prunkvollen, aus Marmor und Granitblöcken errichteten Neuen Reichskanzlei in den kargen Hauptbunker, der tief in der Erde lag und 4-Meter starke Seiten- und Deckwände hatte. Alle Versuche, ihn zum Verlassen des Bunkers zu bewegen, scheiterten. Er sei doch nicht auf die Welt gekommen, um den Berghof (auf dem Obersalzberg in Bayern) zu verteidigen, betonte Hitler. Es sei aber „kein schlechter Abschluß eines Lebens, wenn man im Kampf für die Hauptstadt seines Reiches fällt."

Hitler ist jedoch nicht im Kampf gefallen, sondern beging am 30. April gemeinsam mit der kurz zuvor geheirateten Eva Braun Selbstmord. Eine Giftkapsel und ein Schuss beendeten sein Leben. Gemäß Hitlers Anweisungen wurden beide Leichen im Garten der Reichskanzlei verbrannt. Bis zu seinem Lebensende hat Hitler auf die Erfüllung des im März 1945 formulierten Nero-Befehls bestanden. Dieser verlangte die Zerstörung aller Verkehrs-, Nachrichten-, und Industrieanlagen (was allerdings sabotiert wurde). Auch als längst klar wurde, dass keine neuen Wunderwaffen entstehen würden und dass die Deutschen den zwei Millionen sowjetischen Soldaten, die in Berlin eintrafen, hoffnungslos unterlegen waren, beharrte Hitler auf die Fortsetzung des Krieges. Dieser wurde selbst nach seinem Tod weitergeführt, und die blutige „Schlacht um Berlin" endete erst am 10. Mai 1945, zwei Tage nach der bedingungslosen Kapitulation Deutschlands. Wie ging es aber in den letzten Bunkertagen zu? Wie hat sich Hitler verhalten? Wer stand zu ihm, wer distanzierte sich von ihm? Was waren seine letzten Gedanken?

Traudl Junge, die ab 1942 eine von Hitlers vier Sekretärinnen war und im Februar 1945 auch in den Führerbunker zog, vermittelt in ihren autobiographischen Aufzeichnungen viel über die Stimmungslagen im Bunker. Auch unser Textauszug, der sich mit der Zeit vom 22. bis zum 26. April befasst, schildert widersprüchliche Gedanken und Stimmungen, enthält aber noch nichts von Hitlers Testament, das er zwei Tage später Traudl Junge diktierte. Am Schluss des politischen Teils verpflichtete er alle Deutschen nochmals zur

„Einhaltung der Rassegesetze und zum unbarmherzigen Widerstand gegen den Weltvergifter aller Völker, das internationale Judentum."

Die Münchnerin Traudl Junge (1920-2003), die 1941 nach Berlin gezogen war, um dort Tänzerin zu werden, wurde durch Zufall Hitlers Sekretärin. Sobald wie möglich kehrte sie nach dem Krieg nach Bayern zurück, wo sie als Journalistin arbeitete. Ihre Aufzeichnungen brachte sie schon 1947 zu Papier, schob sie aber in eine Schublade und las sie erst in den achtziger Jahren wieder. Da sie sich mittlerweile viel Wissen über die NS-Zeit angeeignet hatte, war sie verwundert über ihre jugendliche Naivität. Es war ihr, als hätte sie die Nazi-Jahre in einem dunklen Winkel verbracht. Im dunklen Winkel lautete dann auch die filmische Dokumentation, in der sie ihre Erinnerungen aufarbeitete. Junge starb an Krebs am Abend der Premiere. Die Dokumentation sowohl als auch ihre Aufzeichnungen bildeten die Vorlagen zu Oliver Hirschbiegels Film *Der Untergang* (2004).

Der Film aktivierte das nie ganz erloschene Interesse am Führerbunker. Kriegsbomben hatten den Bunker nicht zerstört, und die Rote Armee konnte ihn 1947 nicht sprengen. Mit Erde zugeschüttet lag er später im „Sperrgebiet" der Berliner Mauer (das Gebiet durfte nicht betreten werden). Erst 1989, nach dreijährigen Versuchen, gelang den erklärten Antifaschisten der DDR die Sprengung (einige Wände waren jedoch auch dann nicht zu entfernen). Jetzt liegt der Bunker zubetoniert. Eine Wohnanlage, ein Parkplatz, ein kleiner Spielplatz sind an seiner Stelle. Endlich gibt es aber – erst seit dem Herbst 2006 – eine Info-Tafel zur Orientierung der vielen Touristen, die früher beharrlich aber vergeblich nach der Stelle des Führerbunkers suchten.

Bis zur letzten Stunde

Der Reichsführer hatte noch einmal telefonisch versucht, Hitler aus der Stadt zu locken. Wieder hatte der Führer eindeutig abgelehnt. Ganz selbstverständlich und unpersönlich sprach er von seinem beabsichtigten Selbstmord. Und immer sahen wir mit seinem Tod auch unseren Tod vor Augen. Und wir gewöhnten uns daran. Aber in dieser Nacht habe ich kaum geschlafen. [...]

Am nächsten Tag rücken die Einschläge der Artillerie schon wieder näher. In den Vororten der Stadt sind die Russen eingedrungen. Es wird verzweifelt gegen ein Riesenaufgebot an starken Panzern gekämpft. Die Lage im Bunker ist unverändert. Wir sitzen und warten. Hitler ist stumpf und teilnahmslos geworden, nach seinem gestrigen Wutausbruch, wo er von Verrat schrie. Es scheint, als habe er sein Amt niedergelegt. Keine offiziellen Besprechungen finden statt, der Tag hat keine feste Einteilung. In dem grellen Licht, das von den weißen Betonwänden widerspiegelt, merken wir nicht, dass die Nacht den Tag ablöst. Wir Sekretärinnen treiben uns in Hitlers Nähe herum, immer in der unheimlichen

Abbildung 18: Der Wilhelmsplatz. Bildarchiv Preußischer Kulturbesitz.

Erwartung, dass er seinem Leben ein Ende macht. Aber vorläufig lebt er sein Scheinleben weiter. Goebbels hat seinen Staatssekretär Dr. Naumann mitgebracht und den Adjutanten Schwägermann. Sie besprechen mit Hitler einen letzten Propagandafeldzug. Die Bevölkerung soll jetzt wissen, dass der Führer in der belagerten Stadt ist und die Verteidigung in die Hand genommen hat. Das soll den Menschen Kraft und Widerstand verleihen und Unmögliches möglich machen. Aber während die verzweifelten Obdachlosen aus ihren zertrümmerten Häusern fliehen und in den U-Bahn-Schächten Zuflucht suchen, während jeder Mann und jeder Knabe mit irgendeiner notdürftigen Waffe zum Kampf antritt und sein Leben einsetzen soll, hat Hitler bereits jede Hoffnung begraben.

Die sechs Kinder spielen glücklich und zufrieden in den Korridoren. Sie lesen ihre Märchen an dem runden Tisch, der auf einem Treppenabsatz auf halber Höhe zum tiefsten Teil des Bunkers steht. Sie hören nicht die immer stärker werdenden Einschläge, sondern fühlen sich sicher in »Onkel Führers« Nähe. Am Nachmittag trinken sie Schokolade mit dem Onkel und erzählen Schulerlebnisse. Helmut, der einzige Junge, liest seinen Aufsatz vor, den er zu Hitlers Geburtstag geschrieben hat. »Das hast du von Vati geklaut«, meint seine Schwester Helga. Und die Erwachsenen lachen, als der Junge antwortet: »Oder Vati von mir.« Die Mutter aber trägt in ihrer Handtasche das Gift, das für sechs kleine Leben das Ende bedeutet. [...]

Niemand von uns findet Schlaf. Wie Schatten irren wir durch die Räume und warten. Manchmal schleichen wir hinaus in das Treppenhaus, warten auf eine Feuerpause der Artillerie und sehen mit Entsetzen, wie sich die Verwüstung immer mehr ausbreitet. Wir sind nur noch von Ruinen und Häuserresten umgeben. Auf dem Wilhelmsplatz (1) liegt mitten auf dem einsamen weißen Pflaster ein totes Pferd. Aber ich bin stumpf geworden, ganz ausgehöhlt komme ich mir vor. Nichts ist mehr echt und natürlich an uns. Wir sind gleichgültig und gelassen, lachen, weil wir nicht weinen können, und reden, damit die bange Stimme unserer verzweifelten Herzen nicht zu Wort kommt, die uns an zu Hause erinnert, an die Mutter, die Familie. Manchmal kommt mir der flüchtige Gedanke, dass an einem bayerischen See Menschen leben, die auf mich warten, mich lieben und sich sorgen. Für die es keine Entscheidung gibt. Wo die Frauen sich nicht vor der Besatzungsmacht (2) fürchten müssen. Wo das Leben weitergeht. Aber diese verkrampfte drückende Atmosphäre des Bunkers hat Gewalt über mich. Der Führer, jetzt ein gebrochener greiser Mann, hat immer noch die Fäden unsichtbar in der Hand. Seine Gegenwart genügt, um jede echte Regung, jedes natürliche Gefühl zu ersticken. [...]

Ich höre meine Stimme wie die einer Fremden. »Glauben Sie, mein Führer, dass der Nationalsozialismus wiederkommen wird?«, fragte ich. »Nein. Der Nationalsozialismus ist tot. Vielleicht wird in hundert Jahren einmal eine ähnliche Idee entstehen, mit der Kraft einer Religion, die über die ganze Welt geht. Aber Deutschland ist verloren. Es war wohl nicht reif genug und nicht stark genug für die Aufgabe, die ich ihm zugedacht hatte«, sagte der Führer über uns hinweg wie zu sich selbst. Ich verstand ihn nicht mehr.

Traudl Jung / Melissa Müller: *Bis zur letzten Stunde* © Claassen Verlag in der Ullstein Buchverlage GmbH, Berlin.

Wörter

Substantive

Amt (*n.*); *here*: Amt niederlegen	office, position; *here*: to resign
Gift (*n.*)	poison
Regung (*f.*)	stirring of the mind
Riesenaufgebot (*n.*); *here*: Riesenaufgebot an Panzern	a huge army of tanks
Scheinleben (*n.*)	fake/inauthentic life (lived in disregard of the truth)
Wutausbruch (*m.*)	outbreak of anger
Zuflucht (*f.*)	shelter

Verben

einsetzen; *here: Leben einsetzen*	to risk one's life
sich gewöhnen an	to get used to
verleihen, verlieh, verliehen	to give

Adjektive

beabsichtigt	intended, planned
gleichgültig und gelassen sein	to be indifferent and calm
notdürftig	makeshift

Anmerkungen zum Text

1. Der Wilhelmsplatz befand sich auf der Wilhelmstraße. Siehe Anmerkung 2 zu Erich Kästner.

2. Man ahnte schon, dass die Siegermächte des Zweiten Weltkrieges Deutschland als „Besatzungsmächte" besetzen würden. Besonders vor der sowjetischen „Besatzungsmacht" hatten Frauen große Angst, denn man hörte schon damals von den vielen an deutschen Frauen begangenen Vergewaltigungen der sowjetischen Soldaten.

Übungen

1. Das zentrale Holocaust-Mahnmal (offiziell das „Denkmal für die ermordeten Juden Europas"), seit 2005 der Öffentlichkeit zugänglich, steht in Berlin-Mitte, in der unmittelbaren Nähe der ehemaligen Neuen Reichskanzlei und des ehemaligen Führerbunkers. Obwohl praktisch nichts von der NS-Machtzentrale übriggeblieben ist, waren viele Berliner gegen die Errichtung des Mahnmales ausgerechnet an diesem Ort.

   Partnerarbeit: Erheben Sie Einwände gegen die Errichtung des Mahnmals an dieser Stelle. Widerlegen Sie die Einwände. Stellen Sie Hypothesen auf: Warum wurde das Mahnmal letztendlich doch an dieser Stelle errichtet? Inwiefern spielt der nicht mehr vorhandene Bunker immer noch eine Rolle in der Stadtlandschaft (welche anderen repräsentativen Bauten sind in der Nähe?)?

2. Welche geschichtlichen Tatsachen und welche (subjektiven) Eindrücke vermittelt Traudl Junges Text?

3. Was weiß Junge über das Leben außerhalb des Bunkers? Woher stammt ihr Wissen?

4. In der Endphase seines Lebens blieb Hitler in dem tief unter der Erde liegenden Bunker; er hat ihn kein einziges Mal verlassen. Dennoch reagiert er auf seine eigene Weise auf die Schlacht um Berlin, die außerhalb des Bunkers geführt wird. Welche Gedanken- und Stimmungsänderungen fallen Ihnen an Hitlers Aussagen auf?

5. Es ist mehrfach bewiesen worden, dass Zeitzeugenaussagen nicht immer mit den geschichtlichen Fakten übereinstimmen. Finden Sie alles, was Junge geschrieben hat, glaubhaft? Wenn nicht, was würden Sie verifizieren wollen und wie?

Bibliographie

Albrecht, Gerd. *Im Toten Winkel—Hitlers Sekretärin. Filmheft*. Bundeszentrale für politische Bildung. www.bpd.de

Andreas-Friedrich, Ruth. *Der Schattenmann. Tagebuchaufzeichnungen 1938-1945*. 4. Auflage. Frankfurt am Main, Suhrkamp: 1985.

Baum, Andreas. „Sven Felix Kellerhoff: *Hitlers Berlin. Geschichte einer Hassliebe*," Deutschland-Radio, 31 März 2005. http://www.dradio.de/dkultur/sendungen/kritik/361197

Bergmann, Klaus und Gerhard Schneider. *Alltag im Nationalsozialismus (1933-39)*. Stuttgart, Ernst Klett: 1984.

Deutschkron, Inge. *Ich trug den gelben Stern*. dtv: München, 1985.

Döblin, Alfred. „Gang vom Bahnhof Friedrichstraße nach den Linden," in *Schicksalsreise. Bericht und Bekenntnis*. München, dtv: 1996.

Ebber, Birgit. „Erich Kästner im Dritten Reich". www.kaestner-im-netz.de

Fest, Joachim und Bernd Eichinger. *Der Untergang. Das Filmbuch*. Hrsg. v. Michael Töteberg. Rowohlt Taschenbuch Verlag, Hamburg: 2003.

Friedrich, Thomas. *Die missbrauchte Hauptstadt. Hitler und Berlin*. Propyläen Verlag: Berlin, 2007.

Feuchtwanger, Lion. *Die Geschwister Oppermann*. 5. Auflage. Berlin, Aufbau Taschenbuch: 2006.

Grube, Frank und Gerhard Richter. *Alltag im Dritten Reich. So lebten die Deutschen 1933-45*. Hamburg, Hoffmann und Campe: 1982.

Junge, Traudl. *Bis zur letzten Stunde. Hitlers Sekretärin erzählt ihr Leben*. Mitarbeit von Melissa Müller. München, List Taschenbuch: 2002.

Kästner, Erich. „Schwierigkeiten ein Held zu sein," 1958, *Gesammelte Schriften* 7. Band, (1959), in Christian Strich, *Das Erich Kästner Lesebuch*. Zürich, Diogenes: 1978.

Leiser, Erwin. *„Deustchland, erwache!" Propaganda im Film des Dritten Reiches*. Reinbek bei Hamburg, Rowohlt Taschenbuch Verlag: 1968.

Mentzer, Alf und Hans Sarkowicz, Hrsg. *Literatur in Nazi-Deutschland. Ein biographisches Lexikon*. Hamburg, Europa Verlag: 2002.

Pätzold, Karl. „Nicht Liebe oder Hass, sondern Kalkül. Hitler und die Reichshauptstadt." *Berlinische Monatsschrift*. Heft 9/2000: 21-26.

Pontzen, Alexandra. „Hitler und die Sekretärin. Traudl Junges Vorlagen zu dem Film von Fest/Eichinger *DerUntergang*." literaturkritik.de. Nr. 2, Februar 2005. www.literaturkritik.de/public/rezension.php?rez_id=7839

Sarkowicz, Hans, Hrsg. *Hitlers Künstler. Die Kultur im Dienst des Nationalsozialismus*. Frankfurt am Main, Insel Verlag: 2004.

Schröder, Nina. *Die Frauen der Rosenstraße. Hitlers unbeugsame Gegnerinnen.* München, Heyne Verlag: 2003.

Schröter, Ulrich. „Hitlerjunge Quex": Nationalsozialistische Gesinnung—der Verlauf einer politischen Karriere „bis in den Tod", *in Märtyrerlegenden im NS-Film.* ed. Martin Loiperdinger, Opladen, Leske + Budrich: 1991.

Schützler, Heiko „Monsalvat an der Spree. Nationalsozialistische Planungen in Berlin, Welthauptstadt Germania," *Berlinische Monatsschrift.* Heft 9/2000: 27-35.

Thalheim, Peter. *Die Geschwister Oppermann.* Oldenberg Interpretationen. Band 68. München, Oldenbourg Verlag: 1994.

Trommler, Frank. "A command performance? The many faces of literature under Nazism," in *The Arts in Nazi Germany. Continuity, Conformity, Change.* Hrsg. v. Jonathan Huener and Francis R. Nicosia. New York, Berghahn: 2006. 111-133.

Websites

www.berlin-geschichte.de

www.wer-weiss-was.de

www.wikipedia.de

www.dhm.de/lemo (Deutsches Historisches Museum)

www.bpb.de/publikationen (Bundeszentrale für politische Bildung)

www.celan-projekt.de/lexikon-nationalsozialismus.html

www.documentarchiv.de/ns.html

www.luise-berlin.de/lexikon

www.nationalsozialismus.de

www.shoa.de

www.stadtpanoramen.de/berlin

www.goethe.de/erinnerung

www.holocaust-education.de

www.lernen-aus-der-geschichte.de

www.netzeitung.de/spezial/deranderewiderstand

www.berlinstreet.de/geschichte/berlinerjuden.shtml

Zwischenkapitel: Nachkriegsberlin

Da die Westalliierten im Frühjahr 1943 mit den Bombenangriffen auf Berlin anfingen und sie im Frühjahr 1945 erheblich eskalierten, lag Berlin schon in Trümmern, als die zweieinhalb Millionen Rotarmisten am 16. April 1945 nach Berlin vorrückten. Weil Hitler befohlen hatte, Berlin um jeden Preis zu verteidigen, wurde unerbittlich gekämpft. Besonders in Berlin-Tiergarten und Berlin-Mitte mussten die Sowjets Straße um Straße, Haus um Haus erobern. Am 30. April, kurz vor Hitlers Selbstmord, hisste ein Soldat der Roten Armee die rote Flagge über dem Reichstag, doch Berlin kapitulierte erst am 2. Mai. Eine Woche darauf wurde in Berlin-Karlshorst die bedingungslose Kapitulation des Dritten Reichs unterschrieben.

Mehr als je zuvor galten am Kriegsende die oft zitierten Worte des Publizisten Karl Scheffler aus dem Jahr 1910: „Berlin ist dazu verdammt, immerfort zu werden und niemals zu sein." Nicht mal die Hälfte des 20. Jahrhunderts war vorbei, aber die Hauptstadt war schon Zentrum von drei verschiedenen Staatsformen gewesen. Zwei von diesen hatten Weltkriege ausgelöst. Diesmal durfte Berlin nicht sofort wieder Hauptstadt werden und den Deutschen wurde untersagt, ihr Land selbst zu regieren. Beschlüsse, die von den Siegermächten schon 1944 in London gefasst und 1945 zuerst in Jalta und dann in Potsdam verfeinert wurden, regelten die Nachkriegsordnung. Etwa ein Drittel des deutschen Gebietes in den Grenzen von 1937 fiel an Polen und an die UdSSR. Das übrige Deutschland blieb als Einheit bestehen, wurde aber von den Siegermächten verwaltet. Es entstanden die amerikanische, britische, französische und sowjetische Zone, jede mit eigenem politischem System, auch wenn wirtschaftliche Angelegenheiten von den vier Mächten einheitlich geregelt werden sollten (was nicht gelang). Obwohl es mitten in der sowjetischen Zone lag, wurde Berlin keiner Zone zugeteilt. Es bekam einen Sonderstatus: jede Siegermacht verwaltete einen Teil. Trotz Kontrollen an den Zonengrenzen konnten sich Berliner von einer Berliner Zone in die andere frei bewegen.

Gemäß der Potsdamer Konferenz verlangten die Siegermächte die Demontage von Industrieanlagen, Reparationen für Kriegsschäden, Entnazifizierung und Demokratisierung. Aber die großen Unterschiede zwischen dem kapitalistischen System der Westalliierten und dem Kommunismus der Sowjetunion führten zum Kalten Krieg, bei dem keine Einigung über Deutschlands politische Lage (die „Deutschlandfrage") und den wirtschaftlichen Wiederaufbau möglich waren. Die Einführung der Währungsreform in den West-Zonen im Juli 1948 war der erste Akt in der Gründung eines Weststaates. Als aufgrund Westberliner Proteste die Währungsreform mit Verspätung auch in Berlins West-Zonen eingeführt wurde, reagierten die Sowjets mit der Blockade, die alle Verkehrswege zu Lande und zu Wasser nach Berlin versperrte. Berlin war nur noch auf dem Luftweg zu erreichen. Daraufhin versorgten die West-Alliierten, vor allem die USA, Westberlin elf Monate lang aus der Luft mit „Rosinenbombern", die vor allem Lebensmittel und Kohle lieferten—insgesamt etwa 1,7 Millionen Tonnen. Als die Blockade am 12. Mai 1949 endete, wurde die Bundesrepublik Deutschland gegründet und im Oktober desselben Jahres die DDR (Deutsche Demokratische Republik). Obwohl Blockade und Luftbrücke erwähnt werden, befassen sich die Textauszüge vorwiegend mit dem zerstörten Berlin, lassen aber dabei ahnen, warum diese Stadt so unvergleichbar blieb. Der unkommentierte Auszug aus dem Arbeitsjournal des Dramatikers Bertolt Brecht ist als Einstimmung in die anderen Texte gedacht.

Bertolt Brecht, *Arbeitsjournal*, 1948.

berlin, eine radierung churchills (1) nach einer idee hitlers.
berlin, der schutthaufen bei potsdam (2).
über den völlig verstummten ruinenstraßen dröhnen in den nächten die lastaeroplane der luftbrücke (3).
das licht ist so schwach, daß der gestirnhimmel wieder von der straße aus sichtbar geworden ist.

© Suhrkamp-Verlag.

Anmerkungen

1. Sir Winston Leonard Spencer Churchill gilt als bedeutendster britischer Staatsmann des 20. Jahrhunderts. Er war zwei Mal Premierminister und führte Großbritannien durch den Zweiten Weltkrieg.

2. Potsdam ist die Hauptstadt und die einwohnerreichste Stadt des Landes Brandenburg. Sie grenzt im Nordosten unmittelbar an die deutsche Hauptstadt Berlin. Während Berlin als Wirtschafts- und Kulturmetropole Bedeutung erlangte, blieb Potsdam mit dem preußischen Militär und Beamtentum und somit auch mit dem „preußischen Wesen" verbunden.

3. Eine Luftbrücke bezeichnet eine vorübergehende Verbindung zweier geografischer Punkte (Städte, Regionen, Länder) mit Transportflugzeugen. Während der Berlin-Blockade durch die sowjetische Besatzung (von Juni 1948 bis Mai 1949) versorgten die Westalliierten West-Berlin aus der Luft.

Abbildung 19: Entholzte Bänke im Tiergarten. Im Hintergrund das
Brandenburger Tor. Bildarchiv Preußischer Kulturbesitz.

Anonyma, Eine Frau in Berlin. Tagebuchaufzeichnungen vom 20. April bis 22. Juni 1945 (2003)

Kontext

Die Verfasserin von *Eine Frau in Berlin* blieb mehr als 60 Jahre unbekannt, aber im September 2003 ergaben Recherchen, dass es sich bei „Anonyma" wahrscheinlich um die Journalistin Marta Hillers handelte. Vor dem Anfang ihrer Tagebuchaufzeichnungen erklärt die Verfasserin—nach mehr als 60 Jahren immer noch unbekannt—dass sie an dem Tag begonnen wurden, als „Berlin zum ersten Mal der Schlacht ins Auge sah." An diesem 20. April—Hitlers Geburtstag wird im Tagebuch nicht erwähnt—erreichte die übermächtige Rote Armee Berlins nördlichen Stadtrand. Die Ankunft der Sowjets war den Berlinern—das wird in der ersten Tagebucheintragung deutlich—eine größere Katastrophe, als der schon seit 1943 geführte Bombenkrieg der West-Alliierten, vor dem sie sich in die Luftschutzkeller flüchten konnten.

Überall in Berlin zogen Russen in verlassene, leerstehende Wohnungen ein und betrachteten die in den Wohnhäusern lebenden Frauen als Beute, die ihnen aufgrund der deutschen Kriegsverwüstungen in ihrem eigenen Land zustand. Es folgten verbreitet Vergewaltigungen in ganz Berlin, nicht nur in den Wohnhäusern, sondern auch auf den Straßen. „Komm Frau!"—dieser weitverbreitete Ruf wurde Frauen zum Alptraum. Obwohl die Schändungen (bis zum Herbst 1945 etwa 110,000 von 1,4 Millionen Frauen in Berlin) häufig erwähnt werden, werden sie nur in Anonymas Tagebuch zum Hauptthema. Dadurch, dass bei ihr mehrere Russen mit Vornamen genannt werden, werden sie zu Individuen, alle mit eigenen Geschichten. Weil sie Russisch kann, betrachtet Anonyma sie auf differenzierte Weise, ohne dadurch die Ungeheuerlichkeiten zu mildern, die den Berliner Frauen—ungeachtet des Alters—angetan wurden.

Dem Tagebuch nach wohnt sie in der Berliner Straße wahrscheinlich in der Berliner Straße in Tempelhof, die 1949 in Tempelhofer Damm umbenannt wurde. Als sie sich wieder auf Berlins Straßen traut, nachdem russische Truppen von den Wohngebieten abgezogen wurden, begibt sie sich auf lange Fusswege, um Freunde in Berlin-Schöneberg und Charlottenburg zu besuchen. Sie bezeichnet sich als „Gehmaschine", die Berliner Orte aufsucht, nur um festzustellen, wer noch am Leben ist. Sie ist ca. 30 Jahre alt und belesen; sie hat als Journalistin gearbeitet, kann mehrere Fremdsprachen und hat zwölf Länder bereist, u.a. auch Russland. Die Frage, wer Anonyma war, ist zugleich eine Frage nach der Authenzität der Tagebuchaufzeichnungen (sie drängte sich 2003 mit der zweiten deutschen Veröffentlichung auf; die erste vom Jahr 1959 hatte kaum Auswirkungen). Auch wenn Marta Hillers wahrscheinlich die Verfasserin war, ist die Frage nach Authentizität noch nicht gelöst (es spricht z.B. einiges dafür, dass der Herausgeber der Aufzeichnungen sie mehrmals bearbeitet hatte). Dennoch besteht kein Zweifel darüber, dass das Tagebuch auf einzigartige Weise Kollektiverlebnisse beschreibt, die zugleich in Ost- und West-Deutschland lange unterdrückt wurden. Im Mai 2007 war der Drehstart für Max Färberböcks Verfilmung des Buches in der Nina Hoss die Hauptrolle spielt.

Die Textauszüge, die die Aufbauarbeit der Trümmerfrauen schildern, zeigen ihre andauernde Angst vor russischen Vergewaltigungen. Der letzte Auszug deutet dagegen auf die Reaktionen vieler deutscher Männer, die das Zusammenleben nach den Vergewaltigungen oft erschwerten.

Eine Frau in Berlin

Mittwoch, 23. Mai 1945

Mit Eimer und Müllschippe ausgerüstet, marschierte ich in grauer Regenfrüh zum Rathaus. Schon unterwegs goß es wie aus Kübeln. Ich spürte ordentlich, wie mein Strickkleid Wasser zog. Es regnete immerzu, mal feiner, mal stärker. Trotzdem schippten wir und füllten Eimer auf Eimer mit Dreck, damit die Händekette nicht abriß. Wir waren an die hundert Frauen aller Sorten.

Die einen zeigten sich träge und lustlos und rührten sich nur, wenn einer unserer beiden deutschen Aufseher hinsah. (Immer kriegen die Männer die Aufseherposten.) Andere Frauen schufteten mit Hausfraueneifer, ja verbissen. „Getan muss die Arbeit doch werden", sagte eine tief überzeugt. Zu viert schoben wir die vollen Loren an den

Graben heran. Ich lernte eine Drehscheibe bedienen. Bis wilde Regengüsse uns zu einer Pause zwangen. ... Wir nutzten die Gelegenheit und aßen unser nasses Brot ohne was drauf. Eine Frau murmelte: „Be Adolf ha' ick sowat nich jejessen (1)."

Von allen Seiten kam Widerspruch: „Sie, det schreiben Sie man ooch noch Ihrem Adolf uff Rechnung." (2)

Darauf die Frau, ganz betreten: „So ha' ick det ja nich jemeint." (3)

Donnerstag, 24. Mai 1945

Der Wecker rasselte—auf zum Schippen. ... Wieder Wolkenhimmel. Es nieselte, als wir antraten. Wir schippten emsig. Sogar zwei Männer schaufelten diesmal mit, das heißt, wenn des Aufsehers Blick sie traf, sonst nicht.

Abbildung 20: Das rote Rathaus.
Bildarchiv Preußischer Kulturbesitz.

Plötzlich gegen zehn Uhr Geschrei, eine Russenstimme: „Frau, komm! Frau, komm!" Ein Ruf, der nur allzu populär ist. Im Nu waren die Frauen wie weggefegt. Sie verkrochen sich hinter Türen, Loren, Schuttbergen, machten sich kauernd ganz klein. Doch nach einer Weile kamen die meisten, darunter ich, wieder zum Vorschein. „Sie werden doch nicht –? Hier, auf offener Straße? ...

Übrigens hat sich inzwischen ein amtlicher Ausdruck für den ganzen Schändungsbetrieb gefunden: „Zwangsverkehr" (4) nennen es die Behörden. Eine Vokabel, die man vielleicht bei der Neuauflage von Soldatenwörterbüchern berücksichtigen könnte.

Von Samstag, 16. Juni, bis Freitag, 22. Juni 1945

Nichts mehr notiert. Und ich werde nichts mehr aufschreiben, die Zeit ist vorbei. Es war Samstag gegen fünf Uhr nachmittags, als es draußen klingelte. „Die Witwe", so dachte ich. Doch es war Gerd, in Zivil, braun gebrannt, das Haar heller denn je. Wir sagten beide eine ganze Zeitlang gar nichts, starrten uns in dem dämmrigen Flur an wie zwei Gespenster. [...]

Meine jetzige Adresse wußte Gerd, da er als letzte Feldpostnachricht die rotgeränderte Postkarte mit dem Bescheid über meine Ausbombung erhalten hatte. […] Er ist ganz erstaunt ob meines unbeschädigten Vorhandenseins. Schüttelte den Kopf über meine Hungersnöte… . […]

Ich sah, daß Gerd befremdet war. Von Satz zu Satz gefror er mehr, markierte Müdigkeit. Wir umschlichen einander und sparten mit persönlichen Worten. […]

Ich hab Gerd inzwischen meine Tagebuchhefte gegeben. […] Gerd setzte sich eine Weile darüber hin, gab mir dann die Hefte zurück, meinte, er könne sich nicht durchfinden durch mein Gekritzel und die vielen eingelegten Zettel mit den Steno-Zeichen und den Abkürzungen.

„Was soll das zum Beispiel heißen?" fragte er und deutete auf „Schdg."

Ich mußte lachen: „Na, doch natürlich Schändung." Er sah mich an, als ob ich verrückt sei, sagte nichts mehr.

Seit gestern ist er wieder fort. … Ich weiß nicht, ob er wiederkommt. Es ist schlimm, aber ich fühle mich erleichtert… .

Wörter

Substantive

Aufseher (*m.*)	supervisor
Bescheid (*m.*)	notification
Drehscheibe (*f.*); *here*: Drehscheibe bedienen	turning platform; *here*: to operate a turning platform
Feldpostnachricht (*f*)	message delivered by a military post office
Hausfraueneifer (*m.*)	the fervor / enthusiasm of housewives
Lore (*f.*)	open train car for carrying goods
Müllschippe (*f.*)	shovel for picking up refuse
Regenfrüh (*f.*)	early morning in rainy weather
Schuttberg (*m.*)	large pile of rubble
Zivil (*n.*)	civilian clothing

Verben

schippen	to shovel
schuften	to labor
umschleichen, schlich um, hat umgeschlichen	to tread carefully / to creep around / to avoid
verkriechen, verkroch, verkrochen	to hide or "hole up"

Abbildung 21: Trümmerfrauen. Bildarchiv Preußischer
Kulturbesitz.

Adjektive

ausgerüstet mit	equipped with
dämmrig	dim
verbissen	grimly/with dogged determination
weggefegt	swept away

Anderes

ob + *gen.*	because of

Anmerkungen

1. „Bei Adolf habe ich so was nicht gegessen."

2. „Schreiben/Stellen Sie das mal auch noch Ihrem Adolf auf Rechnung."

3. „So habe ich das ja nicht gemeint."

4. Der offizielle Ausdruck für die vielen, von den Sowjets ausgeübten Vergewaltigungen (Schändungen) am Kriegsende wurde das Wort „Zwangsverkehr." Einigermaßen verschleierte das Bürokratendeutsch das, was wirklich geschah. Daher—so die Verfasserin—gehöre das Wort „Zwangsverkehr" in ein Wörterbuch.

Übungen

1. Warum war der Treffpunkt der Frauen das Rote Rathaus („rot" nicht wegen einer politischen Anspielung, sondern wegen seiner Farbe)? Schauen Sie sich das Photo vom unzerstörten Roten Rathaus an. Im Krieg wurde es stark beschädigt. Was für Beschädigungen stellen Sie sich vor? Woraus besteht die Arbeit der Frauen?

2. Welche verschiedenen Haltungen zeigen die ca. hundert Frauen der Arbeit gegenüber? Alle reagieren aber auf gleiche Weise auf das russische Geschrei „Frau, komm! Frau, komm!"? Wie reagieren sie und warum?

3. Listen Sie mindestens vier Gedanken auf, die Gerd, Anonymas Lebenspartner vor dem Zweiten Weltkrieg, bei der Lektüre ihrer Tagebuchhefte hätten einfallen können.

Alfred Döblin. „Gang vom Bahnhof Friedrichstraße nach den Linden" (1947)

Kontext

Der Nervenarzt und Schriftsteller Alfred Döblin (1878-1957) kannte sich gut aus in Berlin, wo er im Kaiserreich und in der Weimarer Republik am Kulturleben aktiv teilnahm. Als 69-Jähriger erinnert er sich an die damaligen Zeiten: „Wie viele große Bücher hatte ich übereinandergetürmt und hatte mich auch im Tageskampf bewegt in dieser Stadt, gegen die Rückständigkeit, den unausrottbaren militärischen Geist, gegen die anrollende nazistische Welle, gegen das verräterische Bonzentum." Nach seinem innovativen populären Roman *Berlin Alexanderplatz* wurde er als „Schriftsteller der Unterwelt" eingestuft—ein Ruf, der an ihm haften blieb.

Einen Tag nach dem Reichstagsbrand verliess Döblin Berlin und emigrierte über Zürich nach Frankreich, wo er im französischen Propagandaministerium arbeitete. Im Juni 1940, unmittelbar vor dem Einmarsch der Nationalsozialisten in Paris, floh er über Spanien und Portugal in die USA. In Kalifornien liess er sich unter anderen deutschen Exilanten nieder. Im Jahr 1941 konvertierte er vom Judentum zum Katholizismus. Dafür brachten weder die anderen Exilanten viel Verständnis auf noch die sozialistisch orientierten Berliner, die ihn im Jahr 1947 zu einem Vortrag nach Berlin einluden (als Oberst in der französischen Militärregierung war Döblin seit 1946 wieder in Deutschland). Da Döblin sich im Nachkriegsdeutschland nicht wieder einleben konnte, kehrte er 1953 nach Frankreich zurück. Vier Jahre danach starb er.

Über sein Wiedersehen mit Berlin im Jahr 1947 schrieb Döblin drei Aufsätze. In einem betonte er, dass er sich auf seiner Suche nach bekannten Orten häufig so fühlte wie Diogenes mit der Laterne—auch er suchte und fand nichts. Dennoch kam Döblin später zu der Einsicht, dass man zwischen den Trümmern sitzen und sie auf sich wirken lassen müsste, denn sie seien „gezeichnet" und bringen einem die Vergangenheit doch nahe. Auch der folgende Textauszug deutet auf die Gegenwärtigkeit der Vergangenheit inmitten der Verwüstung.

Gang vom Bahnhof Friedrichstraße nach den Linden

Man spaziert los. Man registriert, was es gibt und nicht mehr gibt, was man aus seiner Erinnerung streichen und in eine andere Sphäre einreihen muß, zu den Verstorbenen.

Und das sind also die Linden, früher eine Prachtstraße der Stadt. Der Grundriß ist noch da, die Straßen verschwunden. Wie weit die Linden sind, leer, ein Riesenplatz, der sich lang hinzieht.

Keine Bäume. Man sieht über Häuser hinweg, durch Häuser hindurch. Hinten, am Pariser Platz (1), erkenne ich das Brandenburger Tor (2). Es steht im leeren Raum, rechts und links nichts. Auf seinem Dach, wo das Viergespann fuhr, liegt oder steht noch etwas, aber das Bild hat sich verändert.

Still und leer die Friedrichstraße (3), und so diese Linden, durch die sich früher Menschenmassen und Wagen wälzten. An der Kranzler-Ecke (4) mußten - früher - Schutzleute den Verkehr regeln. Wie wir hier stehen, nähert sich von der Friedrichstraße her ein junger, russischer Soldat, am Arm eine junge Frau in einem einfachen blauen Kleid. Ernst gehen sie an uns vorbei. Ein Bild, eine Halluzination: über die verwüsteten menschenleeren Linden, zwischen den Ruinen dieser verwüsteten Stadt, spaziert einsam, ernst und ruhig ein junger russischer Soldat mit seiner Frau. Hätte sich dieses Bild irgend einer vor fünf Jahren ausdenken können, oder gar vor fünfzehn Jahren, als ich noch hier war?

Wörter

Substantiv	
Grundriß (*m.*)	layout

Verb	
wälzen	to roll

Anmerkungen

1. Der Pariser Platz in Berlin Mitte ist der bekannteste Platz in Berlin. Östlich vom Brandenburger Tor gelegen, bildet er den Abschluss des Boulevards Unter den Linden. Von 1945 bis zur deutschen Wiedervereinigung lag der Pariser Platz in unmittelbarer Nähe der Sektorengrenze zwischen Ost- und West-Berlin.

2. Das Brandenburger Tor am Pariser Platz in Berlin-Mitte wurde in den Jahren von 1788 bis 1791 auf Anweisung des preußischen Königs Friedrich Wilhelm II. errichtet und ist das wichtigste Wahrzeichen der Stadt. Auf dem Brandenburger Tor befindet sich die Quadriga, eine etwa fünf Meter hohe Kupferskulptur, welche die geflügelte Siegesgöttin auf einem Wagen gezogen von vier Pferden darstellt.

3. Die Friedrichstraße, in Berlin-Mitte und Kreuzberg gelegen, ist eine der berühmtesten Straßen im Zentrum Berlins. Vor dem Zweiten Weltkrieg galt sie als die wichtigste Vergnügungsstraße Berlins. Von 1961 bis 1989 wurde sie durch die Berliner Mauer getrennt. „Checkpoint Charlie" bildete auf der Friedrichstraße den einzigen Grenzübergang—allerdings nur für die alliierten Streitkräfte, Ausländer und Diplomaten. Obwohl sie im vereinigten Berlin ihren alten Glanz noch nicht zurückgewonnen hat, ist die Friedrichstraße heute wieder eine angesagte Adresse.

4. Im Eckhaus Friedrichstraße/Unter den Linden befand sich eine vom Österreicher Johann Georg Kranzler im Jahr 1834 eröffnete Konditorei. Erst nach der Schließung dieses „Linden-Kranzlers" im Jahr 1945 wurde die Kranzler-Filiale im Westen der Stadt, auf dem Kurfürstendamm, auch zur populären Adresse.

Übungen

1. Weshalb spazierte man im verwüsteten Nachkriegsberlin? Vergleichen Sie Bertolt Brechts Arbeitsjournaleintrag (1948) mit Döblins Text. Welche Ähnlichkeiten und Unterschiede fallen Ihnen auf?

2. Welche Bedeutung hat es, dass nur ein russischer Soldat mit seiner Frau auf der einst belebten Friedrichstraße zu sehen ist?

3. Markieren Sie die Stellen, an denen das Wort „leer" vorkommt. Gerade die Leere ruft in Döblin Erinnerungen wach. Erklären Sie, warum das der Fall ist.

Curt Riess, Berlin Berlin: 1945-1953. (2002)

Kontext

Curt Riess, 1903 in Würzburg geboren, stammte aus einer wohlhabenden, gebildeten jüdischen Familie. Obwohl er als Sport-Journalist in das Berlin der Weimarer Republik übersiedelte, interessierte er sich bald mehr für das Theater und das Kino und wurde Theater- und Filmkritiker. So wie Alfred Döblin, verliess auch er Deutschland im Jahr 1933 und übersiedelte zuerst nach Frankreich und danach in die USA—1934 als Hauptkorrespondent für „Paris Soir". Im Zweiten Weltkrieg war er Deutschland-Spezialist in der amerikanischen Marine und später Kriegsberichterstatter in Europa. Mit den amerikanischen Truppen kam er nach Berlin. Im Gegensatz zu den meisten ausländischen Reportern, die in den unzerstörten Aussenbezirken Berlins in großem Komfort wohnten und sich am liebsten immer dort aufhielten, suchte Riess das verwüstete und das widersprüchliche Berlin auf—daher auch der Titel „Berlin Berlin". Im Nachkriegsberlin, sowohl als auch an allen Orten, wo er je wohnte, galt Riess als einer der best-informierten Reporter. Überall lernte er schnell die wichtigsten Kulturschaffenden kennen, ging aber durchaus eigene Wege in seinen Erkundigungen nach dem Innenleben der verschiedensten Orte.

In seinem außerordentlich produktiven, langen Leben (er starb im Alter von 90 Jahren in Zürich) schrieb Riess Dutzende Sachbücher und Romane, u.a. ein Buch über Goebbels als „Dämon der Macht" und eine Geschichte über den deutschen Nachkriegsfilm. Dennoch war *Berlin Berlin*, so wie viele seiner Bücher, in Vergessenheit geraten. Die Neuausgabe im Jahr 2003 erstaunte wegen der spannenden, einfühlsamen und einzigartigen Schilderungen der Berliner Nachkriegszeit. Er beschrieb z.B., wie die Berliner, die den Krieg kaum hinter sich hatten, durch die vielen, auf den Berliner Straßen spielenden Kriegsfilme verwirrt wurden und meinten, sie wären wieder in der Vergangenheit angekommen. Spazierende Berliner kamen unvermittelt an der Reichskanzlei vorbei und sahen plötzlich Leichen von deutschen und sowjetischen Soldaten oder „sie erblickten Menschen, die es schon seit Monaten nicht mehr gab: Schwarzhändler, vor Hunger zusammenbrechende Gestalten, Nazis, die ihre Identität verbergen mussten" (S. 225). Auch ein unscheinbarer Gegenstand konnte spazierenden Berlinern leicht Auslöser sein für das Aufleben zahlreicher Schichten der Vergangenheit. In den folgenden Textauszügen beleuchtet Riess jedoch den für das Nachkriegsleben unentbehrlichen Schwarzen Markt, die Zeit unmittelbar vor der Berliner Blockade und zuletzt, warum die Grenzziehungen in der viergeteilten Stadt es Berlin nicht ermöglichten, eine „normale" Stadt zu werden.

Berlin Berlin: 1945–1953

Der Nachkriegs-Schwarzmarkt begann in Stadtzentrum in der Nähe der Arbeitsämter, wo die Arbeitslosen ihre wenigen Besitztümer anboten. Dann, als die westlichen Alliierten nach Berlin kamen, verlagerte er sich in die Nähe des Brandenburger Tores und des alten, im Februar 1933 zum Teil abgebrannten Reichstags. Wochenlang, monatelang wimmelte es hier von westlichen alliierten Soldaten, die den noch zahlreicheren Russen Uhren zu phantastischen Preisen andrehten. Eine Uhr, die in New York drei oder vier Dollar kostete, konnte man damals leicht für 5000 bis 10 000 Mark loswerden, die eine Zeitlang von der Armee der Vereinigten Staaten für 500 bis 1000 Dollar eingetauscht wurden. In diesen Zeiten wurden viele in Berlin stationierte Soldaten reich.

Aber schließlich wurden die Russen klug, sie begriffen, daß man sie übers Ohr gehauen hatte, der Uhrenumsatz ging zurück, und nun erschienen die Berliner und boten den Russen alle möglichen Waren an. Die Gegend um den alten Reichstag war bald so verrufen, daß die Schaffner der Autobusse und Straßenbahnen, die hier vorbeifuhren, die betreffende Haltestelle ganz offiziell als „Schwarzen Markt" ausriefen. Immer wieder versuchte die Militärpolizei, durch plötzliche Razzien einzugreifen. Aber gewöhnlich wurden die Kunden des Schwarzen Marktes rechtzeitig gewarnt und flüchteten in die nahegelegenen Ruinen. [...]

In jenen Tagen war alles möglich. Die letzten Pfeiler einer gut geordneten bürgerlichen Welt waren geborsten. Der Schwarze Markt war nur ein Symptom, zeigte nur, wie krank dieses Berlin war. Der Schwarze Markt zeigte auch, wie arm Berlin war. Jeder hatte alles verloren. Die Illusion, dass man etwas aus den besseren Zeiten herübergerettet hatte, erwies sich nun als Illusion. Gewiß, der eine oder der andere war nicht ausgebombt worden, er besaß noch etwas, als der Krieg zu Ende war, es war ihm vielleicht sogar gelungen, den Besitz vor dem Zugriff der Russen zu retten. Jetzt trug er ihn auf den Schwarzen Markt.

Der Schwarze Markt war mehr als ein Umschlageplatz für Waren. Er war das Ende einer Welt, der Ausverkauf der bisher geltenden Werte. Zu diesen Werten gehörten nicht nur die Silberkästen, das bißchen Schmuck, das alte Porzellanservice. Zu diesen Werten gehörte auch, daß man sich so benahm, wie es sich gehörte, daß man mit oder ohne Geld einen Lebensstil hatte und entsprechend lebte. Jetzt kam es nicht mehr auf das Wie an, es kam nur noch darauf an, daß man lebte. [...]

Einen Tag vor Ausbruch der Blockade, am 23. Juni, war es im Stadthaus (1), wo die Berliner Stadtverordneten zusammentraten, zu unbeschreiblichen Szenen gekommen. Dies Stadthaus lag tief im sowjetischen Sektor, und diesen Umstand benutzten die Russen, um die Vertreter Berlins zu terrorisieren. Sie luden Tausende von jungen Menschen auf Lastwagen, fuhren sie bis vors Stadthaus und ließen sie dort

Abbildung 22: Kriegszerstörungen am Potsdamer Platz, Mitte. Bildarchiv Preußischer Kulturbesitz.

Krach schlagen. Viele drangen in den Sitzungssaal ein und machten eine Zeitlang jede geordnete Arbeit unmöglich.

Als der Tumult gefährliche Aspekte annahm, ging eine Frau auf die Tribüne. Sie war klein, schmal, zerbrechlich. Unter stark ergrautem Haar sah man ein kluges, gütiges Gesicht, intelligente Augen hinter einer etwas zu großen Hornbrille. Die Frau war einfach, vielleicht ein wenig zu spießbürgerlich angezogen. Sie wirkte ernst und gefaßt, aber keineswegs nervös. Und es wurde ganz still im Saal. Diese Frau war Louise Schroeder (2), die amtierende Oberbürgermeisterin von Berlin in dieser Zeit, der nicht einmal ein Mann gewachsen war. […]

Ironie des Schicksals: daß jetzt, drei Jahre nach Beendigung des Krieges, als das Leben in Berlin langsam wieder normal hätte werden können, diese Stadt zur anormalsten Stadt Europas, ja, vermutlich der Welt wurde: zu einer Stadt, durch deren Mitte eine Grenze verlief, die nicht so sehr die Grenze zwischen Ost- und Westberlin war, als vielmehr die zwischen den Vereinigten Staaten von Nordamerika und der Sowjetunion.

Diese Grenze ging bald mitten durch das Leben der meisten Berliner, mitten durch die meisten Berliner Behörden; zum Beispiel der Polizei. Unter den größten Schwierigkeiten war sie aufgebaut worden. Man hatte Beamte entfernen müssen, deren einzige Qualifikation gewesen war, daß sie alles taten, was die Russen von ihnen verlangten, man hatte andere Beamte in die Zuchthäuser zurückbringen müssen, die sie bei Kriegsende verlassen hatten.

Der Berliner Polizei mangelte es an allem. Es gab nicht genug Schreibmaschinen und Telefone und nicht genug Autos und nicht genug Polizisten - rund 3000 zu wenig. Der Grund dafür war, daß Nazis nicht eingestellt werden konnten, daß die Polizisten nur rund zweihundert Mark im Monat verdienten, den Gegenwert von zwei Paketen amerikanischer Zigaretten, und daß in den letzten zweieinhalb Jahren über fünfzig Polizisten ermordet worden waren; und nur wenige durften Pistolen tragen und mußten über jeden Schuß Rechenschaft geben.

Dabei wäre es schon für eine normal ausgerüstete Polizei schwer gewesen, unter den in Berlin bestehenden Verhältnissen ihren Dienst zu versehen. Denn Berlin war eine viergeteilte Stadt, und das bedeutete, daß die Polizisten nur in dem Sektor, in dem sie zuständig waren, ihr Amt ausüben konnten. Ein Verbrecher konnte sich der drohenden Verhaftung meist durch Flucht in einen anderen Sektor entziehen. In diesem anderen Sektor konnte die Verhaftung erst vorgenommen werden, wenn die betreffende Besatzungsmacht ihre Einwilligung dazugegeben hatte. Das dauerte mindestens ein paar Stunden, wenn nicht Tage, Zeit genug für den Verbrecher, ein neues Versteck ausfindig zu machen.

Am schlimmsten war es am Potsdamer Platz, der früher einmal eine der verkehrsreichsten Kreuzungen Europas gewesen war, nur zu vergleichen mit der Place de l'Opera in Paris und dem Piccadilly Circus in London. Jetzt war er ein Trümmerfeld, auf dem Schwarzhändler ihr Unwesen trieben. Aber da mitten auf dem Potsdamer Platz der sowjetische Sektor mit dem amerikanischen und dem britischen zusammenstieß, war es schwer, etwas gegen die Schwarzhändler zu unternehmen. Durch Flucht auf die andere Straßenseite konnten sie den Polizisten entgehen, die ihnen dorthin nicht folgen durften.

reprint courtesy of Jürg Kaestlin.

Wörter

Substantive

Amt (*n.*); *here*: Amt ausüben	to do one's job / to carry out tasks
Arbeitsamt (*n.*)	employment center
Besatzungsmacht (*f.*)	occupying power
Besitztum (*n.*)	possession
Krach (*m.*); *here*: Krach schlagen schlagen, schlug, geschlagen	*here*: to make a loud racket
Pfeil (*m.*)	arrow; *here*: structure / safeguard
Razzia (*f.*)	raid
Rechenschaft (*f.*); *here*: Rechenschaft geben	to account to someone for something
Silberkasten (*m.*)	silver jewelry box

Abbildung 23: Schwarzmarkt vor dem Reichstag. Bildarchiv Preußischer Kulturbesitz.

Stadtverordneter (*m.*)	city council member
Uhrenumsatz (*m.*)	sale of wrist watches
Umschlageplatz (*m.*)	trading post
Umstand (*m.*)	circumstance
Unwesen (*n.*); *here*: Unwesen treiben treiben, trieb, getrieben	*here*: to be up to mischief / doing what is not officially allowed
Verhältnis (*n.*)	here: circumstance

Verben

andrehen	*here*: to sell for a profit
entgehen, entging, ist entgangen	*here*: to escape from someone
laden auf, lud auf, geladen auf	to load onto
mangeln an + *dat.*	to lack/to be lacking in

Adjektive

amtierend	acting (in governmental position)
bestehend	existing
betreffend	*here*: appropriate / the one responsible
spießbürgerlich	bourgeois (negative) / dull / limited
zuständig	responsible
verrufen	infamous

Anmerkungen

1. Das alte Stadthaus am Molkenmarkt in Berlin ist ein Verwaltungsgebäude, in dem sich die damalige Stadtregierung befand. Nach dem Zweiten Weltkrieg hatte der DDR-Ministerrat hier seinen Sitz.

2. Louise Dorothea Sophie Schroeder war eine deutsche SPD-Politikerin. Bis zur Machtübernahme durch die Nationalsozialisten im Jahre 1933 blieb sie Reichstagsabgeordnete. Nach 1945 wirkte sie aktiv am Wiederaufbau der deutschen Demokratie mit.

Übungen

1. Beschreiben Sie die Wandlungen des Schwarzen Marktes. Beachten Sie dabei Klientel- und Ortsänderungen.

2. Inwiefern handelte es sich beim Schwarzen Markt um den „Ausverkauf der bisher geltenden Werte"?

3. Welche Rolle spielte das Stadthaus am Tag vor dem Anfang der Blockade? Worum ging es beim Tumult?

4. Wie zeigt Riess am Beispiel der Polizei, dass Berlin zur „anormalsten Stadt Europas" wurde?

Bibliographie

Anonyma. *Eine Frau in Berlin. Tagebuchaufzeichnungen vom 20. April bis 22. Juni 1943*. Frankfurt am Main, Eichborn: 2003. 226-231; 273-276.

Benz, Wolfgang. *Deutschland seit 1945. Entwicklungen in der Bundesrepublik und in der DDR. Chronik, Dokumente, Bilder*. Verlag Moos & Partner, München: 1990.

Bisky, Jens. „Im Frühjahr der Befreiung: das Berliner Tagebuch einer Unbekannten erzählt von Hunger und Vergewaltigungen". *Die Süddeutsche Zeitung*: 10.06.2003.

Brecht, Bertolt. *Arbeitsjournal*. Band II: 1942 bis 1955. Werner Hecht, Frankfurt am Main: 1974. 528.

Conradt, Sylvia und Kirsten Heckmann-Janz. *Reichstrümmerstadt. Nachkriegsleben in Berlin*. Luchterhand, Berlin: 1987.

Döblin, Alfred. „Gang vom Bahnhof Friedrichstraße nach den Linden", *Autobiographische Schriften und letzte Aufzeichnungen*. dtv, München: 1996. 340-342.

Haus der Geschichte der Bundesrepublik Deutschland, Hg. *Erlebnis Geschichte. Das Buch zur Ausstellung*. 3. überarbeitete Auflage. Gustav Lübbe Verlag, Bonn: 2000.

Keiderling, Gerhard. „Die Periode 1945-1949 im Berlin-Schrifttum". *Berlinische Monatsschrift*. Heft 12 (2000): 193-199.

Lovenberg, Felicitas von. „Mehr als nur eine Fußnote zum Untergang des Abendlandes: Das Tagebuch einer Unbekannten erzählt von den letzten Tagen des Krieges in Berlin". *F.A.Z.*: 21.06.2003.

Pawel, Ernest. „The Renaissance of Alfred Doeblin". *The New York Times*. April 17, 1983.

Curt Riess. *Berlin Berlin: 1945-1953*. Bostelmann & Siebenhaar, Berlin: 2002. 76-80; 126-128.

Schivelbusch, Wolfgang. *Vor dem Vorhang. Das geisige Berlin 1945-1948*. Fischer, Frankfurt am Main: 1997.

Im Web

www.berlin-geschichte.de
www.dhm.de/lemo
www.kriegsende.ARD.de
www.stadtpanoramen.de/berlin
www.wikipedia.de

KAPITEL 4

West-Berlin

Weder die Gründung der Bundesrepublik Deutschland im Mai 1949 noch die Gründung der Deutschen Demokratischen Republik (DDR) im Oktober 1949 bedeutete eine Änderung an Berlins Sonderstatus. Berlin blieb die Vier-Sektoren-Stadt, in der jeder Sektor von einer anderen Siegermacht verwaltet wurde. Das Selbstbewusstsein der West-Berliner hatte sich jedoch geändert, denn West-Berlin galt nach der Beendung der Luftbrücke nicht mehr als Ort des Nazi-Terrors, sondern als Ort der Freiheit. Zweifellos waren zudem aus den ehemaligen deutschen Feinden Freunde geworden.

Die Worte der Rede des West-Berliner Bürgermeisters Ernst Reuter vom September 1948 waren nicht vergessen: „Ihr Völker der Welt … Schaut auf diese Stadt und erkennt, dass ihr diese Stadt und dieses Volk nicht preisgeben dürft und nicht preisgeben könnt!" Die D-Mark, die in West-Berlin als offizielle Währung parallel zur Bundesrepublik eingeführt wurde und somit West-Berlin eng mit der Bundesrepublik verband, war der beste Beweis dafür, dass die (Halb-)Stadt nicht preisgegeben wurde. Somit konnte auch West-Berlin an das damals entstehende deutsche Wirtschaftswunder anknüpfen.

Bald aber eskalierte der sogenannte Kalte Krieg. Ab 1952 wurde den Bewohnern der Berliner West-Sektoren, die von Frankreich, Großbritannien und den USA verwaltet wurden, das Betreten des Umlandes in der sowjetischen Besatzungszone (SBZ, später einfach „die Ostzone") untersagt. Stacheldrahtzäune verfestigten die West-Berliner Stadtgrenze so wie bald darauf auch die Grenze zwischen der Bundesrepublik und der DDR. In Berlin konnte man sich dennoch—bis zum Bau der Berliner Mauer am 13. August 1961—frei von dem Ost-Sektor in die West-Sektoren bewegen und von jedem der drei West-Sektoren in alle anderen. Vom Flughafen Tempelhof konnte jeder, der es von Ost-Berlin nach West-Berlin schaffte, in die Bundesrepublik und andere westliche Staaten ausreisen.

(Zehn-)Tausende arbeiteten nicht in dem Sektor, in dem sie auch wohnten. Vor dem Mauerbau waren es 53.000 Ostdeutsche, die in einem West-Sektor ihren Lebensunterhalt verdienten und 12.000 West-Berliner, die im Ostteil der Stadt ihren Arbeitsplatz hatten. Diejenigen, die zwischen dem Ost-Sektor und den West-Sektoren pendelten, nannte man Grenzgänger. Natürlich gab es aufgrund der unterschiedlichen Ost- und West-Währungen neben vielen Ungerechtigkeiten auch viele Vorteile—West-Berliner, zum Beispiel, kauften häufig zu billigeren Preisen Lebensmittel im östlichen Teil Berlins, während Berliner aus dem Osten, die ihre Löhne in Ost-Geld bekamen, sich vieles in West-Berlin nicht leisten konnten. Aber dennoch gingen Ost-Berliner gerne und oft in West-Berliner Kinos, während West-Berliner regelmäßig die renommierten Ost-Berliner Theater besuchten.

Zu den vielen Berliner Ungereimtheiten gehörte die Bezeichnung der Stadtteile. Berlinern, die im Osten wohnten, wurde nicht erlaubt sich Ost-Berliner zu nennen. Sie seien einfach Berliner, die in Berlin—und keineswegs in Ost-Berlin—wohnten. West-Berliner waren für sie „Westberliner," die kein östliches Pendant hatten. Auf DDR-Landkarten war West-Berlin ein weißer Fleck. Während der Westteil in der amtlichen Schreibweise „Berlin (West)" genannt wurde, setzte sich ansonsten die Bezeichnung „West-Berlin" durch. Der im Ost-Sektor liegende Teil Berlins wurde zur Hauptstadt der DDR, was die Teilung zwischen den zwei Stadtteilen hervorhob. Im Westen dagegen—wo man den Sonderstatus Berlins als Vier-Sektoren Stadt bewahrte—wurde das weit entfernte Bonn zur Hauptstadt, wenn auch offiziell zu einer „provisorischen". West-Berlin bezeichnete man am liebsten als „Frontstadt" im „Kampf der freien Welt gegen den Kommunismus," „Schaufenster des Westens," „Schaufenster der freien Welt" oder „Insel im Roten Meer" und ihre Bewohner als „Insulaner."

„Der Insulaner verliert die Ruhe nicht" gehörte zum Refrain des beliebten, im Dezember 1948 geschriebenen Insulanerliedes, das im RIAS (Rundfunk im amerikanischen Sektor) in zahlreichen Variationen gesungen wurde. Auf spritzige Weise drückte das Lied die antikommunistische Haltung der West-Berliner aus und wurde daher fester Bestandteil jeder RIAS-Sendung, zumindest bis zum Mauerbau am 13. August 1961. Weil man danach nicht mehr so unbeirrt glaubte, dass die West-Berliner Insel „wieder schönes Festland wird", wie es am Ende des Refrains heißt, verlor das Insulanerlied seine Popularität.

„Niemand hat die Absicht, eine Mauer zu errichten", beteuerte Walter Ulbricht, Staatssekretär der DDR, vor der internationalen Presse Mitte Juni 1961, obwohl keiner ihn danach fragte. War also die Berliner Mauer so unvermittelt und so unerwartet entstanden, wie man allgemein meint? Hätte man sie verhindern können? Diese Fragen sind bis heute nicht geklärt. Dass die Berliner Mauer—trotz öffentlicher Proteste und Kundgebungen, die um das Thema Freiheit kreisten—nicht ganz so bestürzend war wie man allgemein annimmt, ist inzwischen bewiesen, denn ihr Bau bedeutete, dass die Sowjets nicht mehr versuchen würden, West-Berlin der DDR anzuschliessen und dass sie nicht weiter in den Westen vordringen würden. Auch wenn die West-Allierten ihre Panzerfahrzeuge und Truppen wesentlich verstärkten, wussten sie, dass der gefürchtete Krieg ausbleiben würde.

Der Bundeskanzler der Bundesrepublik Deutschland, Konrad Adenauer, hielt sich unmittelbar nach dem Mauerbau fern von Berlin, und auch hohe amerikanische Repräsentanten ließen relativ lange auf sich warten. Obwohl die Amerikaner sich weiterhin „Wächter des Friedens" in Berlin nannten, hielt der amerikanische Präsident John F. Kennedy seine berühmte „Ich bin ein Berliner"- Rede erst zwei Jahre später vor dem Rathaus im Bezirk Schöneberg, dem Sitz des Regierenden Bürgermeisters. Im Turm des Schöneberger Rathauses hing seit 1950 die große Freiheitsglocke—Geschenk der Amerikaner an die Berliner. Kennedys Rede, als ähnliche Solidaritätsbekundung verstanden, löste so viel Euphorie aus, dass die DDR um die Mauer fürchtete. Die DDR-Grenztruppen wurden sofort verstärkt und das Brandenburger Tor—Symbol der Einheit— wurde mit einem roten Tuch umhüllt.

Wie man im Nachhinein weiß, zementierte die Mauer die Teilung. Obwohl die West-Alliierten West-Berlins Freiheit weiterhin garantierten, war die Lage nachteiliger als vor 1961. In der Mitte der DDR, vollständig abgeschnitten vom Umland und getrennt von Ost-Berlin, waren die zwölf West-Berliner Bezirke isolierter als je zuvor. Noch mehr Industrieunternehmen verließen die Stadt und noch mehr große Konzerne verlegten ihren Hauptsitz in die Bundesrepublik. Im Jahr 1961 hatte West-Berlin noch 3.500 Industriefirmen; im Jahr 1970 waren es nur noch 2.370. Auch die Arbeitskräfte wanderten ab. So überwog nach 1961 die Zahl derer, die West-Berlin verließen die Zahl der neu Hinzuziehenden um mehrere Tausend. In der Bevölkerungszahl repräsentierten die Alten einen hohen Anteil (ca. 22%), und es gab bei weitem nicht so viele Geburten wie Todesfälle.

Um West-Berlin wirtschaftlich am Leben zu halten und dadurch die „Frontstadt" weiterhin als Schaufenster des Westens zu rühmen, bedurfte es vieler Subventionen aus Bonn. Die Industrie profitierte von großzügigen Steuervorteilen und Krediten. Alle Berufstätigen bekamen eine Zulage von acht Prozent ihrer Löhne und einen finanziellen Zuschlag für jedes Kind. Neuen Arbeitnehmern aus der Bundesrepublik wurden nicht nur die Reise- und Umzugskosten nach Berlin bezahlt, sondern auch Wochenendbesuche an ihrem früheren Wohnort. Trotz der erheblichen finanziellen Spritzen—zur Zeit des Mauerfalls betrugen sie mehrere Milliarden im Jahr—verringerten sich die Abwanderungszahlen nur leicht, und die sinkende Bevölkerungszahl wurde durch die vielen ausländischen Zuwanderer, wie z.B. die Türken, nicht ausgeglichen. Aber, nach dem Viermächteabkommen, das im Rahmen der Ostverträge im September 1971 unterzeichnet wurde, stabilisierte sich die Lage West-Berlins doch. Die Zugehörigkeit West-Berlins zur Wirtschafts-, Gesellschafts- und Rechtsordnung der Bundesrepublik stand jetzt fest, auch wenn betont wurde, dass West-Berlin kein „Bestandteil" der Bundesrepublik sei. Der Transitverkehr auf der Straße und mit dem Zug zwischen der Bundesrepublik und West-Berlin wurde geregelt. Weitere Verbesserungen folgten in den nächsten zwei Jahren, u.a. Reisemöglichkeiten der West-Berliner nach Ost-Berlin. (Aber einen richtigen Austausch zwischen Ost und West gab es nicht einmal im Jubiläumsjahr 1987, als „750 Jahre Berlin" in beiden Stadtteilen getrennt gefeiert wurden.

West-Berlin, von der Bonner Republik auch in künstlerischen Bereichen hoch subventioniert, wurde zum Mekka der „Alternativen", u.a. weil West-Berliner keinen Wehrdienst und keinen Zivildienst zu leisten hatten, da sie ja offiziell nicht zur Bundesrepublik gehörten. West-Berliner hatten keine bundesrepublikanischen Personalausweise und ihre Briefmarken erschienen mit dem Aufdruck „Deutsche Bundespost Berlin". Berliner Abgeordnete durften im Bonner Parlament mitreden, doch bis zur Vereinigung 1990 durften sie bei der Verabschiedung von Gesetzen nicht abstimmen.

Trotz der beschränkten Haftung für Politik oder vielleicht gerade deswegen wurde West-Berlin, insbesondere die von den Amerikanern im Jahr 1948 gegründete Freie Universität (im Bezirk Dahlem), zum Kristallisationspunkt der so genannten APO (außerparlamentarischen Opposition) und der westdeutschen Studentenbewegung. Obwohl bei Demonstrationen keine Flanierer auftauchen, ist es dennoch nötig auf die Proteste hinzuweisen, denn zumindest schlägt sich einiges von der Gedankenwelt der Protestierenden in den von uns ausgesuchten literarischen Texten nieder.

Ein West-Berliner Ereignis und ein West-Berliner Bild radikalisierten die Studentenbewegung: Benno Ohnesorgs Tod am 2. Juni 1967. Der eher unpolitische Germanistik- und Romanistik-Student Ohnesorg war als Beobachter am Rand dabei, als vor der Deutschen Oper auf der Bismarckstraße beim Besuch des Schah von Persien (dem heutigen Iran) heftig gegen dessen Politik demonstriert wurde. Ausgerechnet den Studenten traf eine Polizeikugel und verwundete ihn tödlich. Das Bild zeigt ihn auf dem Boden eines Parkhofs in der nahe gelegenen Krumme Straße, sein Kopf in den Händen einer ihm unbekannten Demonstrantin. Das Foto war eine Pieta-artige Ikone, die viele Herzen nicht nur bewegte, sondern sie auch links fühlen ließ. Die Reformfähigkeit und die Glaubwürdigkeit des „angeblich" demokratischen Staates wurden heftig in Zweifel gezogen, was eine Lawine von Kritik auslöste, u.a. an der Rolle der USA im Vietnam-Krieg, an der in den deutschen Familien totgeschwiegenen nationalsozialistischen Vergangenheit, an den politischen und wirtschaftlichen Führungspositionen alter Nazis und im Allgemeinen an den von der Vergangenheit übernommenen, autoritären Strukturen des Bildungswesens, von den Kindergärten bis zur Universität.

Nicht einmal ein ganzes Jahr später, in der Osterwoche 1968, erfolgte auf dem Kurfürstendamm das Attentat auf Rudi Dutschke, den allgemein anerkannten Kopf und Hauptredner der Berliner Studentenbewegung. Das Attentat wurde von einem Ultrarechten ausgeübt, dessen unbändiger Hass auf Dutschke von der antikommunistischen *Bild*-Zeitung des Axel-Springer-Verlags geschürt wurde. Dutschke überlebte schwer verletzt (erst über zehn Jahre später starb er an den Spät-Folgen des Attentats), aber die Studentenproteste konnten nicht mehr gebändigt werden. *Bild* habe, so die Protestierenden, ebenfalls „mitgeschossen." Mit Gewaltaktionen versuchte man vor dem Springer-Gebäude im Bezirk Kreuzberg—auf der Kochstraße, des Grenzüberganges Checkpoint Charlie—weitere Auslieferungen von *Bild* zu verhindern. Das war vergeblich, denn die „Staatsgewalt" war natürlich stärker. Bald danach verebbten zum großen Teil die Studentenproteste, und ihre profiliertesten Anführer traten ihren „Marsch durch die Institutionen" an, wobei sie tatsächlich „mehr Demokratie wagten", ganz im Sinne von Willy Brandts erster Kanzlerrede im Jahr 1969.

Im Allgemeinen wird die umstrittene RAF-Terroristen-Bewegung, die bis in die späten 1980er dauerte, nicht als Folge der Studentenbewegung gedeutet, auch wenn einige Theorieansätze der Studenten bei den RAF-Terroristen zu erkennen sind. Im Gegensatz zur Studentenbewegung, deren Anfang und Eskalation sehr mit West-Berlin verbunden sind, besteht kein enger Zusammenhang zwischen der RAF und Berlin, denn der RAF-Terror breitete sich über die ganze Bundesrepublik Deutschland aus. Berlin-spezifisch ist jedoch die Terroristen-Gruppe „Bewegung 2. Juni" (der Name erinnert an den Tod Benno Ohnesorgs), die für die Entführung von Peter Lorenz bekannt war.

Als Vorsitzender der Berliner CDU wurde Lorenz nicht weit von seinem Haus im Bezirk Zehlendorf gefangen genommen und von dort aus in ein Kreuzberger Versteck gebracht. Nachdem es der „Bewegung 2. Juni" gelungen war, aufgrund der Lorenz-Geiselnahme, fünf inhaftierte Terroristen frei zu bekommen, setzte sie Lorenz wieder auf freien Fuß. Proteste mit weit größerer Beteiligung der West-Berliner Jugendlichen gab es erst Ende der 1970er wieder, diesmal gegen die Wohlstandsgesellschaft und ihrem Profit- und Leistungsdenken. Indem man in leerstehende Wohnungen und Häuser einzog, vor allem in Kreuzberg, wehrten die „Hausbesetzer" sich gegen die Spekulanten, die manchmal unnötige Modernisierungen durchführen und danach viel höhere Preise verlangen wollten. Ebenfalls mit Blick auf Lebensqualität wurde am Anfang der achtziger Jahre massiv gegen die geplante Stationierung von Vernichtungswaffen demonstriert.

Die Demonstrationen waren die eine Seite der Medaille. Auf der anderen arrangierte man sich in West-Berlin mit der Mauer, so wie es Peter Schneider in *Mauerspringer* beschreibt und wie es auch in Sten Nadolnys *Ein Taxifahrer dankt der Zentrale* und Sven Regeners Roman *Herr Lehmann* klar erkenntlich wird. Weder den Buchhändler in Botho Strauß' *Die Widmung* (nicht in unserer Text-Auswahl) noch Sven Regeners Herrn Lehmann hindert die Mauer an ihrem bequemen Lebensstil im hoch subventionierten West-Berlin. Auch Nadolnys Taxifahrer beeinträchtigen die Forderungen der bundesrepublikanischen Leistungsgesellschaft nicht. Es ist, als hätten all die Subventionen sie mit einer Mentalität ausgestattet, die sie zum Stillstand gebracht haben—von neuen Initiativen, geschweige denn neuen Lebensentwürfen, keine Spur. Konzentriert auf das eigene Ich und die eigenen Wehwehchen verzichtete man auf das Flanieren und lebte vor sich hin, ohne das geringste Interesse an verschiedenen Stadtorten oder am Leben außerhalb des eigenen Kiezes, geschweige denn

Interesse an den beiden deutschen Staaten, am Ausland und am großen
Weltgeschehen (Kiez ist die Bezeichnung für den überschaubaren Raum, wo
man lebt; er hat sein spezifisches Milieu—z.B. der feine Kiez in Lichterfelde-
West oder der alternative Kiez um die Kreuzberger Bergmannstraße).
Das Gleiche lässt sich auch über die berühmte „Szene" sagen—d.h. in der
bunten West-Berliner „Szenenwelt" begnügte man sich mit dem Leben in
der eigenen auf sich beschränkten Szene. Genau diese Bewegungslosigkeit
wollte der Regisseur Wim Wenders mit seinem Film *Himmel über Berlin*
(1987) überwinden—ein Film, in dem es bei allen Änderungen, seien sie im
persönlichen Leben oder im Weltgeschehen, auf die persönliche Entscheidung
ankommt. Daher endet der Film mit dem Bild des alten Mannes, der als
Homer-Figur nicht mehr einen Kriegsepos sondern einen Friedensepos
schreiben möchte und zielstrebig auf die Berliner Mauer zugeht.

Viele West-Berliner—ob im eigenen Kiez oder in der Szene—waren
nicht nur vom Umland abgetrennt, sondern auch von der West-Berliner
Konsumwelt, wie sie sich auf dem Kurfürstendamm, im KaDeWe Kaufhaus
und im Europa-Center—ein modernes Hochhaus-Einkaufszentrum, auf
dem Dach ein großer Mercedes-Stern—zeigte. Gleichfalls wandten sie sich
freiwillig von der schwierigen jüngsten Vergangenheit Berlins ab. „Jeder einmal
in Berlin"—dieser Werbeslogan galt für die bundesrepublikanischen Deutschen
und für die Auslandstouristen. Sie—unter ihnen die vielen Schülergruppen
auf dem obligatorischen West-Berlin Besuch—waren diejenigen, die sich
die Wahrzeichen West-Berlins ansahen: die unrestaurierte, zerbombte
Kaiser-Wilhelm Gedächtniskirche mit dem modernen Neubau nebenan
(auf dem Breitscheidplatz im Bezirk Charlottenburg, heute Charlottenburg-
Wilmersdorf)—den musealen Reichstag und die Siegessäule, beide im Bezirk
Tiergarten, das Schöneberger Rathaus und seit 1987 die „Topographie des
Terrors." Letzteres ist das Gelände der ehemaligen Gestapo-Zentrale (an der
Niederkirchnerstraße 8, vormals Prinz-Albrecht Straße 8); es wurde erst 1986
von der Berliner Gruppe Aktives Museum entdeckt und ausgegraben. Jetzt gibt
es dort eine sehr textlastige Fotografie-Open-Air Ausstellung, die man—in
gewissem Sinne an der Geschichte vorbeiflanierend—für sich erlebt. Und
selbstverständlich besichtigten die West-Berlin Besucher auch Teile der ca. 114
Kilometer langen Berliner Mauer. Der heutige Spaziergänger kann noch all diese
Orte aufsuchen, aber nicht das Bauwerk, das 28 Jahre lang in der Welt das West-
Berliner Bild am meisten prägte. Teile der ehemaligen Mauer sind nur noch im
Mauer-Museum, in Friedrichshain an der sogenannten Eastside Gallery (auch
open air) und an der Bernauer Str. zwischen Wedding und Mitte vorzufinden,
aber mindestens ist jetzt—wegen der vielen „Mauertouristen"—auf den meisten
Straßen der ehemalige Verlauf der Berliner Mauer durch Doppelreihen von
Kopfsteinpflastern markiert.

Besser ist es, finden wir, durch unsere Auswahltexte zu flanieren und so
der Berliner Mauer auch in ihren ortsbedingten Bedeutungen im Berliner Raum
nachzuspüren. Und den Wahnsinn, der für das Weltbild der West-Berliner

bezeichnend war, kann man immer noch am besten anhand unseres ersten Auswahltextes, Ingeborg Bachmanns *Ort für Zufälle*, nachvollziehen—ein textueller Ort, der mehrere Orte für Berliner Zufälle aufdeckt.

Ingeborg Bachmann: Ein Ort für Zufälle (1985)

Kontext

Die österreichische Schriftstellerin Ingeborg Bachmann wurde 1926 in Klagenfurt geboren und starb 1973 in Rom. Nachdem das westdeutsche Magazin *Der Spiegel* 1954 eine Titelgeschichte über Ingeborg Bachmanns Entdeckung auf einer Tagung der einflussreichen literarischen Vereinigung Gruppe 47 veröffentlicht hatte, galt die photogene Dichterin als Medienstar. Bachmann wurde eine der ersten so genannten öffentlichen Schriftstellerinnen im deutschsprachigen Raum, deren Leben genauso viel Aufmerksamkeit erregte wie ihre literarischen Texte und ihre Stellungsnahmen zu den wichtigen politischen Fragen ihrer Zeit. Das ist es bis heute geblieben, zum Teil wegen ihrer problematischen Liebesbeziehung mit Max Frisch (1958 bis 1963) und ihres rätselhaften Todes bei einem Brand in ihrer Wohnung in Rom.

Bachmanns philosophische Ausbildung, die sie mit einer Dissertation über Heideggers Existentialphilosophie abschloss, findet sich in ihren Texten wieder. Sie schrieb Lyrik, Funkfeatures, Hörspiele, Erzählungen und den Roman *Malina*, der mittels einer fragwürdigen Liebesbeziehung Identitätszersplitterungen und Sprachgrenzen thematisiert. *Malina*, von Bachmann als ihre „imaginäre Autobiographie" bezeichnet, war Teil des sich auf den Holocaust beziehenden *Todesarten*-Projekts, das Bachmann nicht beendete. Die Nobelpreisträgerin Elfriede Jelinek schrieb das Drehbuch zu Werner Schroeters Verfilmung des Romans (1990).

Bachmann fing als Lyrikerin an, wandte sich aber seit ihrer Berliner Zeit (1963-1965) fast ausschließlich der Prosa zu. *Ein Ort für Zufälle* bildete den Auftakt für Bachmanns veränderte Schreibweise. Als sie 1964 den Büchner Preis bekommen hatte, trug sie diesen Text unter dem Titel *Deutsche Zustände* als ihre Büchnerpreisrede vor. Im Jahr 1965 wurde das Essay in Berlin vom neu gegründeten Wagenbach Verlag mit Zeichnungen vom Schriftsteller Günter Grass unter seinem heutigen Titel *Ein Ort für Zufälle* veröffentlicht. Den Inhalt und Stil des Textes—vor allem die Krankheits- und Wahnsinnsaspekte—prägte Georg Büchners *Lenz*. Dabei spielten auch Bachmanns Krankheiten und mehrere Krankenhausaufenthalte, zum Teil verursacht durch ihr Leiden an der Auflösung der Liebespartnerschaft mit Max Frisch, eine nicht unbedeutende Rolle. Heute wird *Ein Ort für Zufälle* als Einleitung zum *Todesarten*-Zyklus betrachtet.

In seinen 28 „Krankheitsbildern" befasst sich *Ein Ort für Zufälle* bewusst nicht mit Berlin als Mauerstadt und Frontstadt. Der Brand am Anfang des Textes, der sich auf den zu der Zeit schon zwanzig Jahre zurück liegenden

Zweiten Weltkrieg bezieht, wird von ihr als Anlass für das sonderbare Verhalten der Berliner entziffert. Ihre verbissene Ausrichtung auf die Gegenwart, so Bachmann, sei eine Flucht vor der Nazi-Vergangenheit. Mit dem anschließenden Wort „Programm", dessen Zielgruppe Kranke aus einer Irrenanstalt sind, beschreibt Bachmann den wirtschaftlichen Wiederaufbau der Stadt, der sich hier auf das wieder erstandene „Kaufhaus des Westens" bezieht und die frenetische Atmosphäre des Kapitalismus zeigt. (Heute ist das kaum anders, denn besonders „Shopping Flaneure" werden im KaDeWe gern gesehen.)

Auf spöttische Weise wird die Scheinboheme der Szenelokale in Westberlins Künstlerviertel Kreuzberg beschrieben, wo Westberlin Weltstadt spielen möchte. Alles wird von Bachmann untermalt mit einer sinistren Atmosphäre der Geheimdienste, wobei bewusst unklar bleibt, ob es sich um westdeutsche oder amerikanische Operationen handelt. Doch der letzte Absatz zeigt wiederum sehr deutlich, wie sehr Berlin Provinz geworden ist, wo in der Nacht nichts mehr geschieht. Auch dies ist ein Sinnbild der innerlichen Leere, die Bachmann in Berlins Gegenwartsbezogenheit aufdeckt.

Ein Ort für Zufälle

Die Brandmauern am Lützowplatz (1) werden beleuchtet von großen Scheinwerfern, es ist schon alles verraucht, der Brand muß vorbei sein. … Das Programm ist schon im Gang, bei immer stärkerer Beleuchtung auf großen Halden, es gibt immer mehr Bauplätze, auf denen aber noch niemand zu bauen anfängt. Die Stimmung ist gut. Ein riesiges Schild wird herumgetragen. *Scharnhorst Reisen*. Alle sind dafür, das Programm geht weiter im *Kadewe* (2), das *Kadewe*-Banner fliegt weiß und blau hoch oben, alle wollen auf einmal hinein in das *Kadewe*, man sieht schon, es wird nicht gehen, aber die Stimmung wird immer besser, die Leute sind nicht zu halten, sie bedrängen die Verkäuferinnen, wollen sich alle aus der Hand lesen lassen, dann wollen sie alle auf einmal die Horoskope haben, man reißt sich die Lottozettel aus den Händen und rennt an die Automaten… Aber es gibt diese Nacht nicht mehr. Die Leute hören wenigstens auf zu johlen und sind nur noch lustig, die Dekoration wird abgerissen und von den obersten Stockwerken geworfen, die Rolltreppen sind verklemmt, die Lifts sind schon ganz vollgestopft mit Schals und Kleidern und Mänteln, die alle mitsollen, aber die dicken Kassiererinnen stecken mitten drin, sind am Ersticken und rufen: das muß alles bezahlt werden, das werdet ihr noch bezahlen! […]

Im Kommen ist jetzt der Kreuzberg (3), die feuchten Keller und die alten Sofas sind wieder gefragt, die Ofenröhre, die Ratten, der Blick auf den Hinterhof. Dazu muß man sich die Haare lang wachsen lassen, muß herumziehen, muß herumschreien, muß predigen, muß betrunken sein und die alten Leute verschrecken zwischen dem Halleschen Tor (4) und dem Böhmischen Dorf (5). Man muß immer allein und zu vielen sein, mehrere mitziehen, von einem Glauben zum andern. Die neue Religion kommt aus Kreuzberg, die Evangelienbärte (6) und die Befehle, die Revolte gegen die subventionierte Agonie. Es müssen alle aus dem gleichen Blechgeschirr essen, eine ganz dünne Berliner Brühe, dazu dunkles Brot, danach wird der schärfste Schnaps befohlen, und immer mehr Schnaps, für die langen Nächte. Die Trödler verkaufen nicht mehr so ganz billig, weil der Bezirk im Kommen ist, die *Kleine Weltlaterne* (7) zahlt sich schon aus, die Prediger und die Jünger lassen sich bestaunen am Abend und spucken den Neugierigen auf die Currywurst. [...]

Nach Mitternacht sind alle Bars überfüllt, die *Eierschale*, die *Badewanne*, der *Pferdestall. Kleist-Kasino, Volle Pulle, Tabu, Chez nous. Riverboat* und *Big Apple* und *Eden Saloon*. Es sind lauter Orte, von Musikstößen erschüttert, von Beben, die in der Nacht ausbrechen, immer nur für Stunden. Der Umsatz wird gesteigert, es gibt sofort eine Inflation von nassen Händen und verglasten Augen. Ganz Berlin ist nachts ein Platz für Umsatz und Umschlag. Alles gerät durcheinander, dann sondern sich einige ab. Die Spionage hat leichte Arbeit, jede Zerrüttung ist durchsichtig. Jedem ist daran gelegen, sein Geheimnis loszuwerden, seine Nachricht zu geben, zusammenzubrechen im Verhör. Jeder hat jetzt jeden am Hals, und keiner kann die unterschobene Rechnung kontrollieren, in dem wenigen Licht. Draußen ist schon wieder Morgen, da ist es zu hell. Da geht keine Rechnung mehr auf. [...]

Wer ungeladen in die Stadt abspringt, hier aussteigt, da überläuft, herübergeht, hinübergeht, der wird eingeliefert, geröntgt, vermessen und behandelt. Er wird mit verbundenen Augen in die getarnten Häuser geführt, dort löst man ihm die Binde, er weiß natürlich nicht, wo er ist und hat nicht zu fragen. Die Herren mit den getarnten Gesichtern fragen. Es ist alles geheim. Sie fragen aber nichts Sonderliches, nur nach dem Namen und wie gelebt und warum und wen gesehen und wann, immer wie wo und warum. Es ist so geheim, daß man vor anderen Herren es noch einmal wiederholen muß, laut und bestimmt. Man kann immer wieder dasselbe sagen, niemand nimmt es übel, es gibt nur selten abweichende Fragen von anderen Herren. Es dauert stundenlang, tagelang, bis man ein wenig zittert, wenn man zum letzten Mal seinen Namen sagt, bestimmt und beherrscht. Dann hat man alles zu vergessen, wird mit der vorgebundenen Binde weggebracht und kann bleiben. Hat nichts verraten. Hat verraten. Hat nicht gelogen. Hat gelogen. In den Häusern waren aber nur Sessel und Tische, keine schwarze Wand, nicht einmal Daumenschrauben. Nur ein Hüsteln hie und da, ein Knöchelschlagen auf die Tischplatte, ein gleichgültiger Blick. Die Häuser sind aber auch nicht wiederaufzufinden. Die Sicherheitsdienste bleiben geheim.

So still ists geworden und Nacht. ... In der Telefonzelle rollen die Pfennigstücke — alle umsonst eingeworfen — unten wieder heraus. Es kommt keine Verbindung zustande. Von Halensee (8) bis zum Zentrum ist kein Mensch zu finden. Im Café Kranzler (9), bei gelöschtem Licht, obwohl Nacht ist, kauen an allen Tischen die alten Frauen, mit Filzhüten auf dem Kopf, an ihren Küchenstücken, sie nehmen oft zwei gleichzeitig in den Mund, weil niemand es sehen kann.

Wörter

Substantive

Aufseher (*m.*)	supervisor
Automat (*m.*)	vending machine
Blechgeschirr (*n.*)	tin dish
Beben (*n.*)	trembling / shaking
Brandmauer (*f.*)	fire (proof) wall
Daumenschraube (*f.*)	thumbscrew
Ersticken (*n.*); *here*: am Ersticken	at the point of suffocating
Gang (*m.*); *here*: im Gang	here: in process
Halde (*f.*)	heap; slagheap
Hüsteln (*n.*)	slight coughing
Knöchelschlagen (*n.*)	knuckle beating
Lottozettel (*m.*)	lottery ticket
Musikstoß (*m.*)	blast of music
Trödler (*m.*)	junk dealer
Umschlag (*m.*)	here: trading
Zerrüttung (*f.*)	here: breakdown

Verben

johlen	to howl
mitsollen	*here*: supposed to be taken along

Adjektive

abweichend	different
gelegen sein an	to be concerned with
getarnt	camouflaged / disguised
ungeladen	uninvited
unterschoben	something pushed underneath something
verklemmt	*here*: stuck

Abbildung 24: Kurfürstendamm, Ecke Joachimsthaler Straße, mit Blick auf das Café Kranzler. Bildarchiv Preußischer Kulturbesitz.

Anmerkungen

1. Der Lützowplatz hat seinen Namen am 23.11.1869 von Adolph Freiherr von Lützow erhalten, der in der Nähe wohnte. Vom Beginn des 20. Jahrhunderts bis in die frühen 30er Jahre war der Lützowplatz ein kulturelles Zentrum und eine vornehme Wohngegend. Hier wohnte u. a. der Bauhausarchitekt Walter Gropius. Am 25.2.1932 erhielt Adolf Hitler, im Haus Nr. 11, der damaligen Braunschweigischen Gesandtschaft, die deutsche Staatsbürgerschaft.

2. Das Kaufhaus des Westens (KaDeWe), das größte Warenhaus Kontinentaleuropas, wurde am 27.3.1907 eröffnet. Am 24.11.1943 brannte das KaDeWe völlig aus, als ein amerikanischer Bomber in den Lichthof des Hauses stürzte. Im Jahr 1950 wurde die Neueröffnung des Parterres und des ersten Stockwerkes gefeiert. 1956 wurde der Wiederaufbau abgeschlossen. Die Feinschmeckeretage im siebten Stock wurde zum Magneten für Gourmets und Touristen.

3. Seit 2001 mit dem Bezirk Friedrichshain zusammengelegt, war Kreuzberg zu Mauerzeiten der kleinste Westberliner Bezirk. Kreuzberg hatte jedoch den höchsten Anteil an Gastarbeitern, vor allem Türken, die sich überwiegend auf den südöstlichen Bereich Kreuzbergs konzentrierten,

der von drei Seiten von der deutsch-deutschen Grenze umschlossen war. In seinen *Stadtplänen* (1967) nannte der Schriftsteller Horst Kröger Kreuzberg das „Armenhaus von Berlin." In den 1970er und 1980er Jahren wurde Kreuzberg als Zentrum der alternativen Hausbesetzerbewegung überregional bekannt. Zur gleichen Zeit entwickelte es sich zur „Szene" der Westberliner Künstler und Schriftsteller. Dementsprechend waren dort reichlich Szene-Quartiere, Kneipen und Galerien vorzufinden. Ihren Nischenstatus verlor Kreuzberg nach dem Mauerfall, als es zu einem Ort im Zentrum Berlins wurde.

4. Das Hallesche Tor lag zwischen dem Wassertor und dem Anhalter Tor und bildete das Ausfalltor nach Halle an der Saale in der damaligen preußischen Provinz Sachsen. Es war im Berliner Ortsteil Kreuzberg südlich des heutigen Mehringplatzes, des ehemaligen anlässlich der gewonnenen Schlacht bei Waterloo so benannten *Belle-Alliance-Platzes*. Das Tor war einer der wenigen Durchlässe, die Juden passieren durften. Heute trägt an gleicher Stelle ein U-Bahnhof den Namen Hallesches Tor. Der Bahnhof mit dem südlich anschließenden Blücherplatz ist Anlaufpunkt für viele Berliner, da die Amerika-Gedenkbibliothek dort ihren Sitz hat.

5. Das Böhmische Dorf ist ein Stadtteil im Berliner Bezirk Neukölln, das vorwiegend—auch wenn moderne Bauten hinzukamen—so wie ein kleines Dorf aussieht. In der ersten Hälfte des 18. Jahrhunderts gewährte der preußische König Wilhelm I tschechisch sprechenden Böhmen, die aus Glaubensgründen verfolgt wurden, an diesem Ort Zuflucht.

6. Evangelienbärte sind besonders lange Bärte, so wie man sich die Bärte der Männer im Evangelienbuch vorstellt.

7. 1958 übernahm Hertha Fiedler die in dem viergeschossigen Wohnhaus befindliche Gaststätte, der sie am 28.02.1961 seinen Namen gab. Unter ihrer Bewirtschaftung wurde das Restaurant, das zugleich Galerie, Bühne und „Kneipe um die Ecke" war, Treffpunkt für Maler, Bildhauer und Schriftsteller, zunächst aus dem Kiez, später von überallher. Es war die erste Kneipe, in der junge Künstler ihre Bilder ausstellen konnten. In der Kneipe verkehrten auch die Schriftsteller Günter Grass und Friedrich Dürrenmatt als auch der Maler Friedensreich Hundertwasser.

8. Halensee liegt tief im Berliner Westen. Man erreicht den S-Bahnhof Halensee wenn man mit der S-Bahn Richtung Westend fährt.

9. 1825 eröffnete der Wiener Zuckerbäckergeselle Johann Georg Kranzler an der Ecke Friedrichstraße / Unter den Linden 25 eine bescheidene Konditorei in einem Laden des Erdgeschosses. 1934 zog das Café nach Charlottenburg, an den Kurfürstendamm. 1945 wurde das Haus durch russische Bomben zerstört. 1957 enstand nach den Plänen von Hanns Dustmann der noch heute bestehende markante zweigeschossiger Bau mit

aufsitzender Rotunde und rot-weiß gestreifter Markise. Im Jahre 2000 schloss das historische Kaffeehaus. Die Wiedereröffnung unter dem alten Namen war am 27. Dezember 2000. Tagsüber ist es jetzt ein Café, abends eine Bar in dem von Helmut Jahn neu erbauten Quartier „Neues Kranzler-Eck".

Übungen

1. In einem Teil dieses Prosastücks, das nicht unter unseren Textauszügen ist, steht der Satz „Wegen der Politik heben sich die Straßen um fünfundvierzig Grad". Mit der Zahl 1945 ist das Ende des Zweiten Weltkrieges gemeint. Aber, nach Bachmann sind Kriege und die mit Kriegen verbundenen Gewaltausübungen nie zu Ende, sondern werden auch im Frieden fortgesetzt. Welche Arten von Gewalt werden im Text geschildert und an welchen Orten finden sie statt?

2. Bachmann wendet sich gegen die zur Zeit der Entstehung des Textes übliche Bezeichnung von Berlin als „Schaufenster des Westens", indem sie das Durcheinander in Berlin betont, das für sie das Wahnsinnige an Berlin bezeichnet. Mit welchen Sinnbildern verdeutlicht sie das Durcheinander?

3. Wie heißen einige neue Bars und Tanzlokale in Kreuzberg? Was könnte man mit einigen dieser Namen verbinden? Was hatten wohl die Inhaber im Sinn, als sie ihren Lokalen diese Namen gaben?

4. Drei Berliner Bezirke werden in den Textauszügen beleuchtet: Schöneberg, wo sich das KaDeWe befindet, Kreuzberg und Charlottenburg, wo das Café Kranzler ist. Inwiefern unterscheiden sich im Text diese Bezirke von einander und welche West-Berliner Eigenschaften beleuchten sie? Nur ein Textabschnitt befasst sich mit keinem spezifischen Berliner Bezirk. Warum nicht?

5. Besonders nach dem Mauerbau, als viele Industriezweige sich von West-Berlin entfernten, haben Subventionen West-Berlin am Leben gehalten, besonders die von der Ford Foundation, die u.a. die Freie Universität gründete und auch das kulturelle Leben förderte—z.B. durch ein Stipendium-Programm, das internationale Künstler und Schriftsteller auf ein Jahr nach Berlin einlud. Auch Bachmann verdankte der Ford Foundation das erste Jahr ihres zweijährigen Berliner Aufenthaltes. Weshalb bezeichnet Bachmann dann das Leben in Berlin als „subventionierte Agonie"? Wie wurde in Kreuzberg gegen die „subventionierte Agonie" rebelliert?

Sten Nadolny, „Ein Taxifahrer dankt der Zentrale. Winterfahrt in memoriam der Funktaxe 4350" (1981)

Kontext

Sten Nadolny wurde 1942 in Zehdenick bei Berlin geboren, wuchs in Oberbayern auf und studierte u. a. in Berlin. Er wurde 1980 bekannt als Preisträgers des Klagenfurter Ingeborg-Bachmann-Preises für seines Lesung des fünften Kapitels des Romans *Die Entdeckung der Langsamkeit*, der 1983 erschien.

Wie auch in seinem Debütroman *Netzkarte* zeigt Nadolny hier seine besondere Begabung, Figuren durch inneren Monolog zu zeichnen. In *Die Entdeckung der Langsamkeit* ist es der Charakter des Protagonisten John Franklin, dem Entdecker der Nordostpassage und der allmählichen Bewusstwerdung seines besonderen Talents, zäh und hartnäckig einen Kurs zu verfolgen, auch dann wenn andere schon längst aufgegeben haben. So macht er seine Entdeckungen. In *Netzkarte* folgen wir dem Studienreferendar Ole Reutter für einen Monat auf der Deutschen Bahn, wie er die damals noch halbe Republik mit einer Netzkarte besucht, und durch Beobachtungen und Gespräche ein Bild der Bonner Republik gibt. Andere Bücher Nadolnys sind *Selim oder Die Gabe der Rede* und *Ein Gott der Frechheit*.

Der vorliegende Text stammt aus einer Anthologie von Hans Werner Richter, des Begründers der Gruppe 47, der unter dem Titel *Berlin ach Berlin* ein wehmütiges Porträt dieser geschundenen Halbstadt entstehen lässt. Sein Prinzip des inneren Monologs versucht Nadolny auch in „Ein Taxifahrer dankt der Zentrale" anzuwenden, indem er einen Berliner Taxifahrer schwadronieren lässt. Wie der Taxifahrer selbst erklärt, wird damit „Volkes Stimme" deutlich. Ähnlich wie der bekanntere Martin Walser in seinen Büchern über das deutsche Bürgertum zeigt Nadolny in seinen Gestalten eine westdeutsche Mentalität auf, die sich in der Mittelmäßigkeit eingerichtet hat.

Doch in der Idylle scheinen immer wieder Szenen auf, in denen diese selbst auferlegte Begrenzung als einengend gezeigt wird, so wenn der Taxifahrer zugibt, sein Extrageld bei einem Psychoanalytiker auszugeben. Der Charakter verdeckt unter anderem, dass er früher einmal zur außerparlamentarischen Opposition (APO) gehört hat, den rebellischen Studenten in Westberlin, die ausgezogen waren, die Welt zu verändern, jetzt aber mit einer Existenz als Taxifahrer leben müssen.

Ein Taxifahrer dankt der Zentrale

Zentrale bitte für 4350! Der Fahrgast vom Bitterfelder Weg ist jetzt da, Sie brauchen nicht mehr anzurufen. Es geht nach Frohnau (1), Berlin einmal von unten nach oben! Ja, ich freue mich! Bis später, Ihnen auch!

Entschuldigen Sie, mein Herr, ich stelle das Funkgerät jetzt leiser. Wir werden ja mindestens eine halbe Stunde unterwegs sein, es ist glatt

Abbildung 25: Mauer und Todesstreifen am Teltowkanal in Neukölln. Bildarchiv Preußischer Kulturbesitz.

heute. Also, der Tank ist voll. Wo bin ich bloß? „Schriftsetzerweg.“ — Doch, doch, wo Frohnau ist, weiß ich! Ich muß nur hier aus den kleinen Wegen herausfinden. Rudow (2) hat davon reichlich. Und die Namen! Auf der anderen Seite der Neuköllner Straße findet man überhaupt nur Blumen: Kornblumenweg, Rittersspornweg, Lupinen, Margeriten — man kurvt herum wie eine Biene, bis man wieder heraus ist. Eigentlich will ich ja um drei Uhr in Westend (3) sein. [...]

Das war eben der Teltowkanal (4). Manchmal versuche ich mir vorzustellen, wie Berlin für mich war, als ich es noch nicht so gut kannte. Ich habe in der Bleibtreustraße (5) gewohnt, bei einer Stewardeß von der PANAM. Die brachte aus der Maschine immer die kleinen Butterportionen mit, und Salz in Tütchen. Damals begann für mich nördlich der Kantstraße (6) der Norden und südlich des Kudamms(7) der Süden. [...]

Berlins Zukunft? Bei politischen Themen bin ich leicht überfragt. Es gibt Kollegen, die wissen alles und erzählen noch mehr. Dazu alles, was der Westdeutsche hören will: Berlin bleibt Berlin, die Mauer ist eine Schande – oder umgekehrt. Man lernt ja heraushören, was erwartet wird. „Volkes Stimme.“ [...]

Ja, Zukunft! Ich fahre eine Menge Leute, aber was wirklich los ist, höre ich auch nicht. Wenn ich mal einen Politiker habe, dann sagt der nichts. Damals, als es in Bonn um die Ostverträge (8) ging, da habe ich den Wohlrabe (9) von der CDU — kennen Sie den? — ganz eilig zum Flughafen gefahren, von der Schloßstraße (10) nach Tempelhof (11). Ziemlich nervös war er, ob er die Maschine noch kriegt. Ich dachte mir, jetzt könnte ich stur Tempo 50 fahren und dem Klassenfeind eins auswischen. Habe ich aber nicht. Und heute bin ich nicht mehr so links. […]

Tagsüber fahren die ehemaligen Studenten, und nachts die jetzigen. Im Funk hört man dann Fremdwörter, es erinnert an die Seminare. […]

Es gibt viele Leute, bei denen es zum Beruf gehört, über Berlin zu reden. Wenn man lange genug zuhört, werden sie immer größer und Berlin immer kleiner. …

Berlin bedeutet etwas in der Geschichte, das weiß man eben. Oder man weiß es nicht. Im Ausland weiß man es. Neulich habe ich eine Französin von Flughafen Tegel (12) nach Schlachtensee (13) gefahren, Matterhornstraße (14). Die hat nach Westberlin geheiratet. Wenn der Bewerber aus Düsseldorf oder Hannover gekommen wäre, sagt sie, dann hätte ihre Familie nein gesagt. Berlin sei gerade noch gegangen.

Jetzt sind wir am Südstern (15), und auf dem Friedhof links liegen viele, nach denen hier die Straßen heißen — Stresemann, Mommsen (16). Oder der Verleger Großgörschen. Oder Frauen wie Rahel Varnhagen und Henriette Herz (17). Ich selber wohne draußen in Hakenfelde. Zuhause bin ich aber mehr in Moabit (18). Da kennen einen die Leute. Da wissen sie von jedem noch, ob er 1954 das erstemal blau war oder ein Jahr später. […]

In Berlin muß ich mich nicht so oft fragen, warum aus mir nichts geworden ist. In Westdeutschland komme ich mir oft leicht verlottert vor. Hier herrscht so eine Art Großmutterfrieden. Großmütter sehen ja nicht mehr so gut und drücken außerdem ein Auge zu. […]

Jetzt sind wir auf der „Entlastungsstraße". Immer noch ohne Namen, ich glaube, wegen der kommenden Wiedervereinigung. Rechts liegt der Reichstag. Wenn Sie schnell nach links schauen, dann können Sie sehen, wie bei der Kongreßhalle die Hutkrempe ab ist, einfach heruntergefallen! […]

Meine Mutter wohnte im Krieg noch in Berlin und lernte dort meinen Vater kennen. Als sie jetzt mal bei mir zu Besuch war, blieb sie im Hansaviertel (19) plötzlich mitten auf einem Parkplatz stehen und sagte: „Das war die Brückenallee. Denk dir hier ein Haus und darin den vierten Stock, da bist du entstanden! Ich stehe oft am Hansaplatz und denke dann darüber nach. Über diese ersten einleitenden Schritte, und daß dann gleich alles zusammenbrach. Kein Stein ist mehr da.

Gut, daß die S-Bahn ganz geblieben ist, die ist noch etwas Kaiserliches. Schade, sie ist jetzt wohl am Ende. Wenn sie beim Osten bleibt, läuft sie nicht, und wenn sie vom Westen übernommen wird, kriegt sie ein neues Gesicht, das keines ist. Ich wette, es findet sich dafür der richtige Architekt. Verschwinden tut er dann erst später.

Diese Stadt kann schon unangenehm sein. Ich merke, ich kriege wieder meinen Haß. … Man denkt, hier hätten alle den falschen Beruf

Abbildung 26: Der Hansaplatz im Hansaviertel in Berlin-Tiergarten. Bildarchiv Preußischer Kulturbesitz.

ergriffen! Der Verkäufer belehrt den Kunden, der Kellner bestraft den Gast, der Handwerker braucht erst einen Fackelzug, bis er mal kommt. [...]

Wenn etwas knapp ist oder verbilligt, dann rennen die Berliner und hamstern wie eh und je! Schnell sind sie immer noch. Konzertkarten sind meist sofort ausverkauft, und wenn die Sonne scheint — zack, sind sie draußen, ganze Familien stark, lassen das Mittagessen glatt ausfallen! [...]

Alle Sonderlinge und Wunderlinge haben es hier ganz gut, und auch alle, die in Unordnung geraten sind und an sich arbeiten müssen. Wenn man von den Berlinern nicht direkt etwas will, lassen sie einen ja leben. Die Frauen brauchen hier nicht so „fraulich" zu sein, und die alten Leute nicht so geduckt wie anderswo. Sie sind ja in der Überzahl. [...]

Durch die Hugenotten (20) ist Berlin groß geworden, und durch die Juden zu einer Weltstadt, und jetzt kommt die Rache der Geschichte. Ohne sie ist es keine! Die hatten noch Geschäftsmanieren, die wußten, wie man einem Kunden entgegenkommt, da gab es Internationalität und Gegenseitigkeit. [...]

Ja, die APO (21) habe ich miterlebt. Moment!

Funktaxe 4350 könnte in fünf bis sieben Minuten, wenn es nach Charlottenburg geht. Würden Sie bitte den Fahrgast fragen? Danke! Die APO, ja. Da hatte Westberlin nochmal die Nase vorn. Es war aber ein so großer Unterschied zwischen dem, was die Studenten redeten und dem, was sie... .

> Ich höre! Was, Steubenplatz (22)? Na da muß ich doch hin! [...]
> [...] Wie Berlin wirklich ist, weiß ich nicht. Jeder macht sich seine
> Stadt selbst. Es gibt jetzt hier die „Instandbesetzer", die renovieren alte
> Häuser gegen den Willen von Eigentümern, die auf Abriß spekulieren. Im
> übertragenen Sinne gilt das für die ganze Stadt, und für jeden Menschen
> hier.

Wörter

Substantive

Geschäftsmanieren (*pl.*)	business manners
Hutkrempe (*f.*)	brim (of a hat); *here*: edge of the roof
Sonderling (*m.*)	eccentric
Tütchen (*n.*)	*here*: small packet
Wunderling (*m.*)	strange or odd person

Adjektive

blau	tipsy / intoxicated
einleitend	introductory
entstanden	resulted; *here*: born
überfragt	stumped (for an answer)
verlottert	scruffy

Anmerkungen

1. Frohnau ist eine Gartenstadt im Norden von Berlin, in Reinickendorf. Am 13. Aug. 1961, am Tag des Mauerbaus in Berlin, wird Frohnau nach drei Seiten von seinen Nachbargemeinden abgeschnitten. Die Verkehrsanbindung von Frohnau in das Westberliner Stadtzentrum wird durch den S-Bahn-Boykott beeinträchtigt.

2. Rudow stellt eine der ältesten Siedlungen der Mark Brandenburg dar. Der Name und die Dorfanlagen weisen auf einen slawischen Ursprung hin.

3. Westend ist seit 2004 ein Ortsteil im Bezirk Charlottenburg-Wilmersdorf. Es wurde nach nach dem vornehmen Londoner Stadtteil benannt. Heute haben einige Teile von Westend ein städtisches Ambiente mit den typischen Berliner Mietshäusern.

4. Die fast 38 km lange Wasserstraße verbindet die Potsdamer Havel mit den Gewässern südöstlich von Berlin. Der Kanal wurde 1901-06 erbaut und von Kaiser Wilhelm II. eingeweiht, der ihn auch als erster mit seiner Yacht Alexandria durchfuhr. Der Teltowkanal war von 1948 bis 1981 für die

Durchfahrt nach Berlin (West) gesperrt und in Berlin (Ost) 1948-90 außer Betrieb.

5. Die Bleibtreustraße, die nach dem Maler Georg Bleibtreu benannt wurde, liegt in Berlin-Charlottenburg. Bekannt wurde die Straße durch eine gewaltsame Auseinandersetzung am 27. Juni 1970 zwischen Angehörigen des Berliner Rotlichtmilieus. Im Auftrag des Bordellunternehmers Hans Helmcke überfielen bewaffnete Bandenangehörige unter Führung von Klaus Speer am Restaurant Bukarest konkurrierende iranische Zuhälter, töteten einen von ihnen und verletzten drei weitere. Danach war die Bleibtreustraße in Berlin lange Zeit auch als Bleistreu-Straße bekannt.

6. 1887 benannt nach Immanuel Kant dem vielleicht bedeutendsten Denker und Philosoph seiner Zeit. Sie ist eine vier Kilometer lange und fünfzig Meter breite Einkaufsstraße, die den Funkturm mit der Gedächtniskirche verbindet.

7. Der Kudamm ist der Kurfürstendamm.

8. Ostverträge wurden Bestandteil der umstrittenen Ostpolitik von SPD Bundeskanzler Willy Brandt, die den status quo zwischen dem Westen und Osten beenden wollte. Egon Bahr, Brandts politischer Berater, nannte die Ostpolitik „Wandel durch Annäherung." Im August 1970 wurde in Moskau ein Vertrag unterzeichnet, in dem Gewaltverzicht und die Anerkennung bestimmter Grenzen—z.B. die der Oder-Neiße Linie als Westgrenze Polens—festgelegt wurden. Mit dem Viermächteabkommen und einigen anderen Verträgen von 1971 bis 1972 regelte man z. B. den Besucherverkehr zwischen Berlin (Ost) und Berlin (West). Die Ostverträge traten 1972 in Kraft. Sie trugen maßgeblich dazu bei, dass Willy Brandt der Nobelfriedenspreis verliehen wurde.

9. Jürgen Wohlrabe, 1936 in Hanau geboren, floh aus der damaligen DDR nach West-Berlin. Er war Filmproduzent und ein CDU Politiker.

10. Die Schloßstraße verweist auf das *Steglitzer Schloss*. Die Schloßstraße im Bezirk Steglitz-Zehlendorf ist eine der beliebtesten Einkaufsstraßen Berlins.

11. Tempelhof ist ein Ortsteil im siebten Bezirk Tempelhof-Schöneberg von Berlin. Bis zur Verwaltungsreform 2001 gab es einen eigenständigen Bezirk Tempelhof, der die Ortsteile Mariendorf, Marienfelde, Lichtenrade und den Namen gebenden Ortsteil Tempelhof umfasste.

12. Der 1930 als Raketenschießplatz eröffnete, 1948 gebaute Flughafen ist der am stärksten frequentierte von drei Verkehrsflughäfen, die sich im Großraum Berlin befinden. Der Flughafen Tegel liegt im Ortsteil Tegel des Berliner Bezirks Reinickendorf, die Flughafenanlagen Tegel-Süd, über die der gesamte zivile Luftverkehr abgewickelt wird, sind jedoch ausschließlich vom Bezirk Charlottenburg-Wilmersdorf aus zu erreichen. Die Flughafenanlage Tegel-Nord wird nur für Regierungsflüge genutzt.

13. Der Schlachtensee ist ein See im Südwesten im Bezirk Steglitz-Zehlendorf am Rande des Grunewalds. Nach dem See ist auch das ihn umgebende Stadtviertel benannt. Seit 1920 gehören See und Stadtviertel zu Berlin. Der Name *Schlachtensee* geht nicht auf eine „Schlacht" zurück, sondern auf einen slawischen Begriff und verweist auf die slawische Zeit in der Mark Brandenburg.

14. Die Matterhornstrasse hat ihren Namen von der ehemaligen Heimstättenstraße (1890 benannt nach der Heimstätten-AG), die 1939 zur Schemmstrasse und dann 1947 zur Matterhornstrasse wurde.

15. Die Kirche am Südstern wurde in den Jahren 1894 bis 1897 als evangelische Garnisonskirche im neugotischen Stil auf dem Kaiser-Friedrich-Platz – heute Südstern – in Berlin-Kreuzberg gebaut und in Anwesenheit von Kaiser Wilhelm II. und seiner Frau Kaiserin Auguste Viktoria eingeweiht.

16. Gustav Stresemann wurde als Sohn des Bierhändlers Ernst Stresemann am 10. Mai 1878 in Berlin geboren. Er verstarb am 3. Oktober 1929. Gustav Stresemann war ein deutscher Politiker, Reichskanzler sowie Außenminister in der Zeit der Weimarer Republik und Friedensnobelpreisträger (1926). Theodor Mommsen wurde am 30. November 1817 in Garding (Schleswig) als Sohn eines Pfarrers geboren und verstarb am 1. November 1903 in Charlottenburg. Er war ein deutscher Historiker und gilt als der bedeutendste Altertumswissenschaftler des 19. Jahrhunderts. Seine Werke und Editionen zur römischen Geschichte sind noch für die heutige Forschung von grundlegender Bedeutung. Vor allem für seine *Römische Geschichte* wurde er 1902 mit dem Literaturnobelpreis geehrt.

17. Rahel Varnhagen war eine deutsche Schriftstellerin mit jüdischer Abstammung zur Zeit der Romantik. Henriette Herz begründete und führte eines der bekanntesten literarischen Salons (1780-1803); es wurde maßgebend für den Goethekult und für den späteren Berliner Salon, besucht von führenden Literaten und Philosophen.

18. Moabit ein Wort ist ein Arbeiterviertel im Bezirk Mitte.

19. Das Hansaviertel, früher im Bezirk Tiergarten und heute in Mitte, wurde bekannt durch die Internationale Bauanstellung 1957, die die damalige moderne Stadtplanung profilierte. Auch das Hansaviertel modernisierte man gemäß der neuesten Stadtplanung.

20. Als Hugenotten werden französische Protestanten bezeichnet. Um das Jahr 1680 liessen sich die meisten der ca. 50,000 nach Deutschland geflüchteten Hugenotten in Brandenburg-Preußen nieder.

21. APO: Außer Parlamentarische Opposition, zur Zeit der Großen Koalition gegründet.

22. Der Steubenplatz befindet sich in Charlottenburg.

Übungen

1. Welche vorgefassten Meinungen zu Berlin sind typisch für Touristen?

2. Am Ende der Erzählung betont der Taxifahrer, dass jeder sich sein eigenes Berlin-Bild entwerfe. Welches Berlin-Bild entwirft der Taxifahrer aufgrund der Orte, die er im Laufe der Erzählung erwähnt?

3. Finden Sie Textstellen, die die Hassliebe des Taxifahrers zu Berlin verdeutlichen.

4. Was spricht dafür, dass der Taxifahrer immer noch links orientiert ist, obwohl er betont, dass er es weniger ist als früher?

5. Welche Gemeinsamkeiten in der Berlin-Beschreibung gibt es zwischen diesem und Ingeborg Bachmanns *Ein Ort für Zufälle*?

6. Inwiefern ähnelt der Taxifahrer einem Flaneur? In welchen Hinsichten unterscheiden sich seine Bemerkungen von denen eines Flaneurs?

Peter Schneider. Der Mauerspringer (1988)

Kontext

Peter Schneider hat die Literatur Berlins seit den siebziger Jahren begleitet. Als einer der bekanntesten Teilnehmer der 68er Generation wurde Schneider in Berlin nicht zum Schuldienst zugelassen, als kommunistischer Sympathisant, und er schrieb ein Buch darüber, *Schon bist du ein Verfassungsfeind*. Siehe auch die Schneider-Einführung in dem Kapitel „Nazi Berlin".

Schneider wurde bekannt mit dem Buch *Lenz*, das die Geschichte des romantischen Schriftstellers Lenz literarisiert, der durch die Erfahrung der Jungmärzzeit wahnsinnig wird. Schneider zeigt den allmählichen Übergang in den Wahnsinn in seinem Text, aus der Perspektive von Lenz, mit der sich der Leser identifizieren soll. Dieser Lenz wird als Paradigma für den Protagonisten gesehen, der sich nach dem Fehlschlagen der Achtundsechziger Revolte nach Italien begibt, um dort Klarheit über sein Engagement zu erhalten. Doch er erkennt nur, dass sein Weg falsch war und lernt den italienischen Lebensstil kennen und schätzen.

Ähnlich konstruiert ist *Der Mauerspringer*, eine Kombination von Essay und Story. *Der Mauerspringer* beginnt mit der Beschreibung eines Berlin ansteuernden Flugzeugs, in dem ein Autor sitzt, Schneider vergleichbar, der Geschichten über das geteilte Berlin sammelt. Dieser Beginn wird hier vorgestellt mit der Irritation des Schreibenden, die Stadt auf der einen Seite zu hassen, sie dann aber auch über alles zu lieben, so dass er in keiner anderen Stadt mehr leben kann – das Westberlingefühl eben. Die Einschätzung des Autors, er sehe die Mauer nicht mehr, kann ebenfalls als authentisch gelten. Die Erzählung folgt einer Reihe von Berlinern, die der Autor nur leicht verfremdet in seine Geschichte überführt, und diskutiert ihre Einstellung zu Berlin und der deutschen Teilung.

Mit seinem Satz „Die Mauer im Kopf einzureißen, wird länger dauern als irgendein Abrissunternehmen für die sichtbare Mauer verbraucht" hat Schneider seine eigene Irritation zum Ost-Westberlinkonflikt benannt, die nach dem Mauerfall auch die aller Berliner und aller Deutscher werden sollte. Daran krankt das deutsche Nationalgefühl noch immer und es wird wohl noch eine Zeit dauern, bis es überwunden ist.

.

Der Mauerspringer

Das Wetter wird in Berlin in der Regel von westlichen Winden beherrscht. Ein Reisender, der sich im Flugzeug nähert, hat aus diesem Grund ausgiebig Zeit, die Stadt von oben zu betrachten. Um gegen den Wind landen zu können, muß das aus dem Westen einfliegende Flugzeug die Stadt und das sie teilende Bauwerk dreimal überqueren: zunächst in östlicher Richtung fliegend, erreicht das Flugzeug Westberliner Luftraum, überfliegt darauf in einer weiten Linkskurve den östlichen Teil der Stadt und überwindet dann, jetzt aus dem Osten kommend, das raumaufteilende Bauwerk in Richtung Landebahn Tegel (1) ein drittes Mal. Aus der Luft betrachtet, bietet die Stadt einen durchaus einheitlichen Anblick. Nichts bringt den Ortsunkundigen auf die Idee, daß er sich einer Gegend nähert, in der zwei politische Kontinente aneinanderstoßen.

Vorherrschend ist der Eindruck einer linearen, auf dem Rechteck aufbauenden Ordnung, aus der alles Krumme verbannt ist. Im Stadtkern fällt der Festungscharakter der Mietshäuser auf, die meist im Viereck um einen Innenhof herumgebaut sind, darin eine Kastanie steht. Wenn sich die Krone einer solchen Kastanie sanft zu bewegen beginnt, kann der Anwohner schließen, daß draußen ein Sturm mit Windstärken von sechs bis acht durch die Straßen fegt. Im Sprachgebrauch der Berliner werden diese Wohnhäuser Mietskasernen (2) genannt; ein Ausdruck, der die Inspirationsquelle ihrer Architekten zutreffend beschreibt. Tatsächlich rufen noch die Schornsteine die Erinnerung an die Glasscherben wach, die auf den Hinterhofmauern einzementiert sind, zum Schutz gegen die Katzen und Kinder der Nachbarn.

Die neuen Häuser am Stadtrand scheinen nicht von unten nach oben gebaut. Sie wirken wie Zementblöcke, die von einem amerikanischen oder sowjetischen Militärhubschrauber abgeworfen wurden; auch im Niedergehen des Flugzeugs wird der Ortsfremde die beiden Stadtteile nicht voneinander unterscheiden. War der östliche Landesteil eben noch an der einheitlichen Färbung der Aussaat und dem Fehlen künstlicher Grenzen zwischen den Feldern zu erkennen, so bietet das Stadtbild kaum Anhaltspunkte für eine politische Zuordnung. Allenfalls die Doppelung

Abbildung 27: DDR-Propagandaplakat hinter der Mauer am Checkpoint Charlie in Kreuzberg, 1967. Bildarchiv Preußischer Kulturbesitz.

öffentlicher Einrichtungen wie Fernsehturm, Kongreßzentrum, Zoo, Rathaus, Sportstadion gibt dem Reisenden einen Hinweis, daß er sich einer Stadt nähert, in der der gleiche Geschmack dasselbe zweimal hervorgebracht hat.

Zwischen all diesen Rechtecken wirkt die Mauer in ihrem phantastischen Zickzackkurs wie die Ausgeburt einer anarchistischen Phantasie. Nachmittags von der untergehenden Sonne und nachts verschwenderisch vom Scheinwerferlicht angestrahlt, erscheint sie eher als städtebauliches Kunstwerk denn als Grenze. [...]

Ich lebe seit zwanzig Jahren in der siamesischen Stadt (3). Ich kam hierher wie die meisten, die es aus westdeutschen Provinzen wegzieht: weil ich in eine größere Stadt wollte, weil eine Freundin dort wohnt, weil das Ausharren auf diesem Vorposten als eine Art Ersatzdienst gilt, der die Jahre in westdeutschen Kasernen erspart. Wie die meisten blieb ich zunächst nur von Jahr zu Jahr, aber wahr ist auch, daß mir schon nach kurzem Aufenthalt in Berlin jede westdeutsche Stadt wie gefälscht vorkam.

Tatsächlich mag ich an Berlin, was diese Stadt von Hamburg, Frankfurt, München unterscheidet: die Ruinenreste, in denen mannshohe Birken und Sträucher Wurzeln geschlagen haben; die Einschußlöcher (4) in den sandgrauen, blasigen Fassaden, die vergilbten Werbegemälde an den Brandmauern, die von Zigarettenmarken und Schnapssorten sprechen, die es längst nicht mehr gibt. Manchmal erscheint am Nachmittag im einzigen Fenster einer solchen Mauer das Gesicht eines Menschen über zwei Ellbogen, die auf ein Kissen gestützt sind, ein Gesicht im Rahmen von ein paar zehntausend Ziegelsteinen – Berliner Porträt. Die Ampeln sind kleiner, die Zimmer höher, die Fahrstühle älter als in Westdeutschland; es gibt immer wieder Risse im Asphalt, aus denen die Vergangenheit wuchert. [...]

Auf dem westberliner Stadtplan läßt sich die Mauer kaum finden. Nur ein zartes, rosa gestricheltes Band zerteilt die Stadt. Auf dem ostberliner Stadtplan hört die Welt an der Mauer auf. Jenseits des schwarz umrandeten, fingerdicken Trennstrichs, den die Zeichenerklärung als Staatsgrenze ausweist, beginnt die Geographie. [...]

Als ich nach Berlin zog, wurde die neue Mauer gerade fertiggestellt. Nachdem der erste Schrecken vorbei war, verdünnte sich das massive Ding im Bewußtsein der Westdeutschen immer mehr zur Metapher. Was jenseits das Ende der Bewegungsfreiheit bedeutete, wurde diesseits zum Sinnbild für ein verabscheutes Gesellschaftssystem. Der Blick nach drüben verkürzte sich zu einem Blick auf die Grenzanlagen und schließlich zum gruppentherapeutischen Selbsterlebnis: die Mauer wurde den Deutschen im Westen zum Spiegel, der ihnen Tag für Tag sagt, wer der Schönste im Lande ist. Ob es ein Leben gab jenseits des Todesstreifens, interessierte bald nur noch Tauben und Katzen. [...]

Herr Kabe, Mitte vierzig, arbeitslos, Sozialhilfeempfänger, fiel zum ersten Mal polizeilich auf, als er, von Westen Anlauf nehmend, die Mauer mitten in Berlin in östlicher Richtung übersprang. Dicht an der Mauer hatte er ein Gelände entdeckt, auf dem Trümmerreste eine natürliche Treppe bildeten, die er soweit hinansteigen konnte, daß er sich nur noch mit den Armen hochzustemmen brauchte, um sich auf die Mauer zu schwingen. Andere Berichte wissen von einem VW-Transporter, dessen Dach Kabe als Sprungbrett benutzt haben soll. Wahrscheinlicher ist, daß er auf diesen Einfall erst später kam, als die Behörden seinetwegen Aufräumungsarbeiten veranlaßten.

Oben stand Kabe eine Weile im Scheinwerferlicht der herbeigeeilten Weststreife, ignorierte die Zurufe der Beamten, die ihm in letzter Minute klar zu machen versuchten, wo Osten und Westen sei, und sprang dann in östlicher Richtung ab. Die Grenzer des anderen deutschen Staates nahmen Kabe als Grenzverletzer fest. Aber auch in stundenlangen Verhören ließ Kabe weder politische Absichten noch einen ernsthaften Willen zum Dableiben erkennen. Gefragt, wer ihn geschickt habe, antwortete Kabe, er komme im eigenen Auftrag und habe nur auf die andere Seite gewollt. Im übrigen ermüdete er seine Vernehmer, die von ihm wissen wollten, warum er nicht einen Grenzübergang benutzt habe, mit der wiederholten Erklärung, er wohne genau gegenüber, und der Weg über die Mauer sei der einzig gerade.

Seine Vernehmer wußten keine bessere Erklärung für die merkwürdige Verkehrung der Sprungrichtung, als daß bei Kabe mehrere

Abbildung 28: Die Mauer in Kreuzberg, 1961. Bildarchiv Preußischer Kulturbesitz.

Schrauben locker säßen. Sie brachten ihn in die psychiatrische Klinik Buch. Aber auch dort konnten die Ärzte an Kabe nichts außer einem krankhaften Bedürfnis zur Überwindung der Mauer entdecken. In der Klinik genoß Kabe die Sonderstellung eines Sperrbrechers, der mit seinem Sprung die Himmelsrichtungen neu benannt hatte.

Nach drei Monaten wurde Kabe wohlgenährt der Ständigen Vertretung (5) der Bundesrepublik Deutschland übergeben. Sie brachte ihn im Dienstmercedes nach Westberlin zurück. Dort las er, ohne eine Gemütsbewegung zu zeigen, die Zeitungsartikel, die ein Nachbar gesammelt hatte, und schloß sich in seiner Kreuzberger Wohnung ein.

Die Einschätzung in den östlichen Blättern schwankte zwischen „Grenzprovokateur" und „verzweifelter Arbeitsloser"; ein westliches Bildblatt spekulierte, daß Kabe von östlichen Geheimdiensten für seinen Sprung bezahlt worden sei, um endlich einmal im Osten einen Flüchtling vorweisen zu können, den man nicht nur von hinten sehe. Diese Vermutung erhielt neue Nahrung durch den Bericht eines Journalisten, der den in Kreuzberg unerreichbaren Kabe in Paris ausfindig gemacht haben wollte. Unmittelbar nach seiner Rückkehr habe sich Kabe in die französische Metropole abgesetzt und in einem einschlägigen Stadtviertel Rechnungen quittiert, die mit einer Sozialrente kaum zu bestreiten seien.

Wahr an dieser Geschichte war soviel, daß Kabe, nachdem er drei Monate in der psychiatrischen Klinik im Osten umsonst verpflegt worden war, auf seinem Konto in Westberlin drei Monatszahlungen seiner Sozialrente vorfand. Diesen Betrag hob er ab, um sich einen alten Wunsch zu erfüllen, und löste eine Schlafwagenkarte nach Paris. Sicher ist auch, daß Kabe, nachdem er sich auf Kosten beider deutscher Staaten in Paris erholt hatte, nach Westberlin zurückkehrte und sofort wieder sprang.

Peter Schneider, "Der Mauerspringer," © 1995 Rowohlt Taschenbuch Verlag GmbH, Reinbek dei Hamburg.

Wörter

Substantive

Anwohner (*m.*)	person living in a certain place
Aufräumungsarbeit (*f.*)	clean-up work
Ausharren (*n.*)	holding out / sticking to something
Aussaat (*f.*)	sowings
Bauwerk (*n.*)	edifice; construction
Einrichtung (*f.*)	institution
Einschätzung (*f.*)	estimation / assessment
Festungscharakter (*m.*)	fortress aspect
Gemütsbewegung (*f.*)	emotion
Grenzer (*m.*)	person guarding the border
Mietskaserne (*f.*)	apartment house that looks like a military barracks
Ortskundige (*m.*)	someone who knows a place
Schraube (*f.*); *here*: Schrauben locker	screw; *here*: loose screws / crazy
Sonderstellung (*f.*)	special standing/position
Sperrbrecher (*m.*)	someone who breaks through a barricade
Stadtkern (*m.*)	basic center of the city
Trennstrich (*m.*)	dividing line
Viereck (*n.*)	square
Vorposten (*m.*)	outpost
Weststreife (*f.*)	patrol from the West
Wurzel (*f.*); *here*: Wurzeln schlagen	put down roots

Verben

sich absetzen	to drop himself off
ausfindig machen	to detect

Adjektive

einschlägig	here: dubious
gerade	straight

gestrichelt	hatched / sketched in
öffentlich	public
vorherrschend	dominating / dominant
wohlgenährt	well-nourished / well-fed

Andere

ausgiebig; *here*: ausgiebig Zeit	*here*: plenty of time
darauf	*here*: after that
raumaufteilend	dividing the space; causing spatial division

Anmerkungen

1. Tegel ist der Flughafen in West Berlin. Siehe Anmerkung 12 zum Nadolny Text in diesem Kapitel.

2. Mietskasernen: Eine Art von Wohnhäusern, die für Berlins Arbeiterviertel typisch waren. In diesen viereckigen Hochhäusern, die billig gebaut wurden, lebten Arbeiter dicht an einander gedrängt. So wie siamesische Zwillinge, die an einander gekoppelt sind, war Berlin bezeichnend für das „Deutsch-Deutsch": doppelte Deutsche, doppelte Berliner, doppelte Bürgermeister, doppelte Einrichtungen.

3. Einschußlöcher: Löcher, die durch das Einschlagen von Schüssen verursacht werden. Wo sie vorkommen, sind die Kriegsschäden noch nicht entfernt.

4. Ständige Vertretung: Eine Anlaufstelle, die die Funktion einer Botschaft erfüllt. Da die Bundesrepublik Deutschland die DDR nicht als Ausland anerkannte, war das Eröffnen einer Botschaft nicht möglich. Daher wurde eine Ständige Vertretung eingerichtet. Heute heißt ein Szenelokal in Berlin Mitte „Ständige Vertretung".

Übungen

1. Inwiefern widerspricht das tatsächliche Berlin dem Bild Berlins, das man vom Flugzeug aus sieht?

2. Schneider bezeichnet Berlin als „siamesische Stadt." Suchen Sie sich einige Textstellen heraus, mit denen Schneider diese Bezeichnung begründet.

3. Daran, wie mit der Mauer in Stadtplänen umgegangen wurde, konnte man erkennen, ob man einen Stadtplan aus dem Osten Berlins oder aus dem Westen Berlins in der Hand hatte. Woraus bestand der Unterschied?

4. Was unterscheidet West-Berlin—Schneiders Ansicht nach—von Städten wie zum Beispiel Hamburg und München? Welche Gründe gibt Schneider dafür an, dass er nur in West-Berlin leben könnte?

5. In seiner Berlin-Beschreibung bedient auch Schneider sich der Krankheitsmetapher. Erläutern Sie die im Text dargestellte „Mauerkrankheit". Inwiefern unterscheidet sich diese Krankheit von den Krankheiten in Ingeborg Bachmanns Text? Warum würde das beliebte Berliner Wort „Wahnsinn" zu beiden Texten passen?

6. Könnte man Mauertouristen als Flaneure bezeichnen? Warum/Warum nicht?

Sven Regener. Herr Lehmann

Kontext

Sven Regener, geboren in Bremen 1961, ist eigentlich Rockmusiker, der die Berlin Band „Element of Crime" gründete, deren Name auf einen Titel der Trilogie zur Nazigeschichte des dänischen Filmemachers Lars von Trier zurückgeht. *Herr Lehmann* entstand 2001 als erster Titel einer geplanten Trilogie des westdeutschen „Typen" Herr Lehmann, der autobiographische Züge von Regener enthält. Teil 2 beschreibt den ersten Teil der Biographie des Helden, der in dem Bremer Stadtteil Neue Vahr aufwächst, einer während der westdeutschen Zeit entstandenen Trabantstadt von Bremen. Für die Verfilmung des Romans *Herr Lehmann* durch den Sonnenallee-Regisseur Leander Haußmann schrieb Regener selbst das Drehbuch.

Herr Lehmann legt Zeugnis ab für den Kreuzberger Lebensstil der ausgehenden achtziger Jahre, als man sich mit dem Provisorium der Halbstadt schon längst eingerichtet hatte. Die heiße Phase des Kalten Krieges mit ihren Konfrontationen am Check Point Charlie war vorbei, und niemand glaubte, dass sich noch etwas ändern würde, hatte doch der SED-Parteivorsitzende Erich Honecker selbst erklärt, die Mauer würde in 100 Jahren noch bestehen bleiben, „wenn die dazu vorhandenen Gründe noch nicht beseitigt sind." Folglich richtete man sich in der Mittelmäßigkeit ein.

Herr Lehmann repräsentiert den westdeutschen Zivilisationstyp, inklusive Eltern und Herkunft aus der westdeutschen Provinz, der irgendwann in seinem Leben nach Berlin geht, um dort etwas zu erleben. Und er bleibt dort, ohne eigentlich viel zu erleben. Wie viele andere Jugendliche, die nach dem Mauerbau nach Berlin zogen, wollte Herr Lehmann wahrscheinlich aus dem Wehrdienst aussteigen (da West-Berlin nicht offiziell zur Bundesrepublik gehörte, gab es für West-Berliner Jugendliche keine Wehrpflicht) oder sich dem starken Leistungsdruck in der Bundesrepublik verweigern.

Wie viele andere Jugendliche wählte Herr Lehmann als Wohnort den Berliner Bezirk Kreuzberg, wo es eine alternative Szene gab und wo man Wohnungen und Zimmer billig mieten konnte. Viele Häuser waren in schlechtem Zustand und leer, weil man sie irgendwann renovieren und dann die Mieten wesentlich erhöhen wollte. Das sind dann die Häuser, die von den sogenannten „Hausbesetzern" bewohnt wurden. Die Renovierungsarbeiten wurden häufig nicht unternommen, da Kreuzberg in der Nähe der Mauer war, und die Wohlhabenden nicht in verkommene Nachbarschaften umziehen wollten. Obwohl Herr Lehmann kein Hausbesetzer ist, wohnt er billig in Kreuzberg, so wie die vielen alten Menschen und die großen ausländischen Familien, vor allem Türken, die sich bessere Wohnungen nicht leisten konnten. In Kreuzberg muss sich Herr Lehmann in keinen bürgerlichen Konkurrenzkämpfen behaupten und kann sich mit Gelegenheitsjobs in Kneipen das Nötigste zum Leben besorgen. U. a. arbeitet er in der Kreuzberger Kneipe „Einfall," die noch heute in Betrieb ist. Obwohl diese Kneipe im Film dargestellt wird, wurde sie nicht vor Ort gefilmt, sondern für den Film im Studio nachgestellt.

So wie im politischen Leben West-Berlins herrschte auch in Herrn Lehmanns privatem Leben Stillstand. Es bewegt sich nichts mehr, und er bewegt auch nichts in seinem Leben. Höchstens erwartet er kleine Änderungen von neuen Freundinnen, mit denen er kein Glück hat, da sie zielstrebiger sind als er. Seinen Kiez verlässt er nur noch, wenn er es muss—wie z.B. in unserem Textauszug, in dem er sich mit seinen Eltern trifft, die mit einer Gruppenreise nach Berlin gekommen sind. Schon diese kleine Abweichung von seinem Tagesplan stört Herrn Lehmann gewaltig. Als er auf dem Weg zum Hotel, wo seine Eltern untergebracht sind, in einen anderen Bezirk gehen muss, ist es, als ob er sich auf einem fremden Stern bewegte. Dabei merkt Herr Lehmann nicht, wie das Kreuzberg der achtziger Jahre genauso provinziell geworden ist wie die Bundesrepublik und dass er selbst zu diesem Provinzialismus beiträgt. Aber er und seine Freunde ahnen doch, dass sich sein Leben bald ändern muss, weil er bald dreißig und somit wirklich ein Erwachsener wird—das wird im Roman dadurch gezeigt, dass er nicht mehr mit Vornamen genannt wird.

In seinen Wanderungen durch West-Berlin gibt Herr Lehmann einen guten Eindruck davon, wie ihn alles auf dem lebhaften KuDamm und alles in seiner Nähe gar nicht interessiert, weder die provinziellen Touristen in dem Wirtschaftswunder-Berlin, die beamtenmäßigen BVG-Kontrolleure, die kein Verständnis für seine Zahlungsart haben (entweder hat er Geldscheine oder Kleingeld, aber bei keiner Gelegenheit das Richtige). Und letztlich mag er auch die Ostdeutschen nicht, die so einfach über die Mauer kommen und ihn, Herrn Lehmann, in seiner gemütlichen Kreuzberger Welt stören. Sie sollen ihn doch alle in Ruhe lassen! Er hatte sich so gut eingerichtet, in seiner Kneipe, in seinem Beruf und ohne die provinziellen Eltern aus Bremen, deren Besuch zu einem Desaster geworden war. Der Mauerfall und die Zusammenführung der Ost- und Westdeutschen kann da nur störend wirken.

Andererseits regt sich in Herrn Lehmann doch etwas Interesse und eine Neugierde am Ende des Romans. Er weiß, dass er keine Wahl hat. Mit dem sich veränderten Leben in West-Berlin wird auch er sich ändern müssen, und er begrüßt diese „neue Welt" fast ohne Vorbehalte. So ist es möglich, dass Herr Lehmann später seine vielen vorgefassten Meinungen abschütteln wird und sich doch noch zu einem neugierig schlendernden Flaneur entwickeln kann.

Herr Lehmann

Als Herr Lehmann einige Wochen später den Wittenbergplatz
(1), an dem in seinen Augen der Kudamm begann, obwohl er dort noch
Tauenzienstraße (2) hieß, erreichte, war er nicht gut drauf. Er war auf dem
Weg zu seinen Eltern, die in ihrem Kudamm-Hotel auf ihn warteten. [...]

Er hatte zum Beispiel keine Zeit mehr gefunden, einen Fahrschein für
die U-Bahn zu ziehen, weil die U-Bahn gerade in dem Moment gekommen
war, als er den Görlitzer Bahnhof (3) erreicht hatte, wodurch Herr
Lehmann zum Schwarzfahren gezwungen war, was ihm überhaupt nicht
gefiel, denn er hatte mit solchen Dingen kein Glück und schon eine kleine
Vorstrafe wegen Beförderungserschleichung. [...] Die Schwarzfahrerei
machte ihn dabei sehr nervös, er hatte sich geschworen, sich nie, nie
wieder von der BVG demütigen zu lassen, jenen Männern mit den
schlechtsitzenden Uniformen und dem Hang zu unerträglichem Geschwätz,
die immer wieder mal alle Bahnhofsausgänge blockierten oder sich durch
vollgestopfte, schneckenhaft dahinschleichende U-Bahnen drängelten,
um die Fahrscheine zu kontrollieren, und wenn er nicht die ebenso
geschwätzigen, BZ-lesenden und unerträglich verpeilt fahrenden Taxifahrer
noch mehr verabscheut hätte, dann hätte es ihm nichts ausgemacht, sich von
dem ganzen BVG-Elend mit einer Taxifahrt freizukaufen.

Als er endlich den Wittenbergplatz und damit, wie er fand, den
Kudamm erreicht hatte, stieg er aus und sah zu, daß er so schnell wie
möglich aus dem unterirdischen Gedränge heraus ans Licht kam, auch
wenn es nur das des Wittenbergplatzes war, wo mit dem KaDeWe (4) und
allem anderen das ganze Elend schon begann, wo in der Ferne bereits das
sinnlose Europa-Center (5) und die noch schlimmere Gedächtniskirche
und die Schuhgeschäfte, die Leiser und Stiller und so hießen, dräuten,
wo die Kudamm-Katastrophe ihren Anfang nahm und wo bereits der
Kudamm-Bus-Fahrschein für eine Mark zu haben war, den er sich kaufen
wollte, um den Rest des Weges legal zurückzulegen. Er überquerte die
Straße und stellte sich an die Bushaltestelle, wo ein ziemlicher Auflauf war,
es war wie immer alles verstopft mit jenen Menschen, die es immer und
gerade an Samstagen in großen Massen an den Kudamm zog und die dafür
Herrn Lehrnanns vollstes Unverständnis hatten.

Es kam auch gleich ein Bus, der war ziemlich voll, und Herrn Lehmann
graute schon vor der Fahrt in so einem vollen Bus, aber dazu kam es gar
nicht, denn gerade, als er zusteigen wollte, winkte der Fahrer mit einer müden
Herrenmenschengeste ab und schloß die Tür. [...] Er mußte zum Kudamm
Ecke Schlüterstraße (6), das ist nicht so weit, dachte er, das kann man zur
Not auch noch zu Fuß laufen, und dieser Gedanke beruhigte ihn sehr.

„Hast du gehört?" fragte Herr Lehmann, der jetzt ziemlich betrunken
war.

Abbildung 29: Besetztes Haus in Kreuzberg, 1980.
Bildarchiv Preußischer Kulturbesitz.

„Was denn?" fragte Heiko, der schon Anzeichen machte,
wegzunicken.

„Die Mauer ist offen." [...]

Herr Lehmann guckte sich um. Der Barmann erzählte es anderen
Leuten, und die Sache schien sich herumzusprechen. Es gab aber keine
große Aufregung, alle machten weiter wie bisher.

„Naja, wenn das stimmt ... Kann doch sein", sagte Herr Lehmann.

„Und wenn schon, was soll das heißen, die Mauer ist offen."

„Was weiß ich."

Sie bestellten noch ein Bier. Als sie es halb ausgetrunken hatten,
wurde Heiko plötzlich munter.

„Das sollten wir uns angucken", sagte er.

„Laß uns zur Oberbaumbrücke (7) gehen", sagte Herr Lehrnann.
„Da geht's doch rüber."

„Ja. Nur mal gucken."

„Aber erst austrinken", sagte Herr Lehmann. [...]

Aber als sie an der Oberbaumbrücke waren, kamen da tatsächlich Menschen herüber. Es waren nicht viele. Vielleicht ist der erste Ansturm schon vorbei, dachte Herr Lehrnann, es kann doch nicht sein, daß die Mauer offen ist und dann kommen nur so ein paar Leute. Er stellte sich mit Heiko unter die Kreuzberger, die da standen und sich die Sache anschauten. Ganz friedlich und einer nach dem anderen kamen Leute zu Fuß herüber und gingen dann irgendwo hin. Richtige Stimmung ist das nicht, dachte Herr Lehmann.

„Die kommen da echt einfach rüber", sagte Heiko verblüfft. [...]

Herr Lehmann beobachtete die Leute aus dem Osten. Sie wirkten etwas unsicher und sahen sich aufmerksam um. „Das sieht hier ja aus wie bei uns", hörte er eine Frau sagen. [...]

„Lass uns mal zum Moritzplatz (8) gehen", schlug Herr Lehmann vor. [...]

Am Moritzplatz hatte Herr Lehmann jubelnde Massen erwartet, aber dafür war es wohl schon zu spät. Es gab nur eine unendliche Autolawine, die sich aus dem Osten kommend in den Kreisverkehr ergoß und dann in alle Richtungen verteilte. Es war ein Riesenlärm, und es stank höllisch nach Abgasen. [...]

Sie standen eine Weile da und schauten sich das an. Dann wurde ihnen langweilig. [...] Herr Lehmann stand da, verkehrsumtost, und fühlte sich leer. Er wollte nicht nach Hause, da erwartete ihn nichts außer ein paar Büchern und einem leeren Bett. Vielleicht sollte ich mir doch mal wieder einen Fernseher anschaffen, dachte er. Oder mal Urlaub machen. Mit Heidi nach Bali.

Oder nach Polen. Oder was ganz anderes anfangen. Man könnte auch noch einen trinken, dachte er, irgendwo.

Ich gehe erst einmal los, dachte er. Der Rest wird sich schon irgendwie ergeben.

Wörter

Substantive

Autolawine (*f.*)	avalanche of cars
Beförderungserschleichung (*f.*)	not paying fares for transportation; synonym for *Schwarzfahren* (see below)
Herrenmenschengeste (*f.*)	gesture given by people regarding themselves as members of a master race

Abbildung 30: Am Potsdamer Platz wird die Mauer geöffnet, 1989. Bildarchiv Preußischer Kulturbesitz.

Kreisverkehr (*m.*)	traffic circle
Riesenlärm (*m.*)	huge noise/nothing but noise
Schwarzfahren (*n.*)	riding in buses, subways, etc. without paying
Schwarzfahrerei (*f.*)	the act of avoiding payment in buses, subways, etc.—that is, illegally riding for free

Verben

dräuen	to threaten
grauen vor etwas	to dread something
sich umgucken	to look around
verabredet sein mit jemandem	to have arranged a meeting time with someone

Adjektive

geschwätzig	talkative
gut drauf sein	to be in a good mood
schlecht sitzend	poorly fitting
verkehrsumtost	surrounded by roaring traffic
verpeilt	out of it (*coll.*)

Anmerkungen

1. Wittenbergplatz: U-Bahn Station am Ende der Tauenzienstraße, die Station in der unmittelbaren Nähe des KaDeWe.

2. Tauenzienstraße: Die Tauenzienstraße ist die Weiterführung des Kurfürstendamms. Etwa 500 Meter lang läuft sie vom Breitscheidplatz zum Wittenbergplatz. Benannt ist die Straße nach dem preußischen General Bogislaw Friedrich Emanuel Graf Tauentzien von Wittenberg (1760-1824).

3. Görlitzer Bahnhof: U-Bahn Station in Berlin. Benannt nch dem Görlitzer Bahnhof, der ursprünglich 1866 in Betrieb genommen wurde, aber nach der Ost-West Trennung Berlins und dem Bau der Mauer abgerissen wurde.

4. KaDeWe: siehe die Anmerkungen zu Ingeborg Bachmann.

5. Bei der Eröffnung im Jahr 1965 galt die „Stadt in der Stadt" an der Tauentzienstraße mit ihren 100 Kinos, Restaurants, Kneipen und Geschäften einzigartig. Mit ihrem riesigen Mercedes Stern, der bis nach Berlin (Ost) leuchtete, wurde das Europa Center zum Wahrzeichen West-Berlins.

6. Die Schlüterstraße ist eine Nebenstraße des Kurfürstendamms und auch der Kantstraße. In dieser Straße wohnten einmal die Schriftsteller Gerhart Hauptmann und Alfred Döblin.

7. Oberbaumbrücke: Die Oberbaumbrücke war nach dem Mauerbau gespert, wurde aber 1963 als Grenzübergang für Fußgänger geöffnet. Das Interessante an der Oberbaumbrücke ist, dass die zweistöckig ist. Auf der oberen Ebene fährt die U-Bahnlinie U1.

8. Moritzplatz: Der Moritzplatz war vor den zweiten Weltkrieg eine beliebte Einkaufsmeile. Nach dem Krieg war der Bau einer Hauptverkehrsstrasse geplant. Dies und der Bau der Mauer führten dazu, dass der Moritzplatz heutzutage relativ unwichtig ist. Zwischen 1961 und 1989 befand sich im Norden des Moritzplatzes ein Grenzübergang der Berliner Mauer.

Übungen

1. Herr Lehmann fühlt sich nur im Kreuzberger Bereich von West-Berlin zu Hause. Um sich mit seinen Eltern zu treffen, muss er aber ins Zentrum West-Berlins. An welchen Orten im Zentrum West-Berlins empfindet er besonders großes Unbehagen und warum? Wieso sieht er diese Orte nicht mit einem Flaneur-Blick?

2. In welche Schwierigkeiten geriet Herr Lehmann auf dem Weg zum Hotel, wo sich seine Eltern aufhielten?

3. Beschreiben Sie, wie Herr Lehmann und sein Freund Heiko den Mauerfall erlebten. Inwiefern ist diese Beschreibung anders als die, die man im Fernsehen vermittelte?

4. Welche Gefühle bewirkte der Mauerfall in Herrn Lehmann? Wie wird sich Ihrer Meinung nach das Leben in Kreuzberg und somit auch sein Leben verändern müssen?

5. Welche Orte sind im heutigen Kreuzberg wohl Anziehungspunkte für Touristen?

Bibliographie

Bachmann, Ingeborg. „Ein Ort für Zufälle", *Berlin, ach Berlin*. Hrsg. Werner Richter, 2. Auflage. München, dtv, 1985. 71-83.

Beckmann, Herbert. *Atlantis Westberlin. Erinnerungsreise in eine versunkene Stadt*. Berlin: Ch. Links Verlag, 2000.

"Berlin. Anderer Klang: Die Rolle, die Berlin nach dem Viermächteabkommen spielen kann," *Der Spiegel* 38 (Sept. 13, 1971): 83.

Bienert, Michael. Berlin. *Wege durch den Text der Stadt*. Berlin: Clett-Kotta, 2004

Bormuth, Matthias. „Utopie und Sprache bei Ingeborg Bachmann," *parapluie* 1. 4. 1987.

Buddée, Gisela. *Kleines Lexikon Berliner Begriffe*. Hamburg: Zeiseverlag, 2000.

Craig, Gordon. "Berlin—Spree—Athen und Krisenstadt," in *Über die Deutschen*. München: C.H. Beck Verlag, 1991, 310-315.

Frei, Norbert, "Aufbruch der Siebenundsechziger. Vor 40 Jahren formierte sich die deutsche Studentenbewegung," *Die Zeit—Die Zeitgeschichte: Das Jahr der Revolte*, Nr. 2 (2007): 18-31.

Freyermuth, Elke S. Und Gundolf S. Freyermuth. *Berlin. Das Insider-Lexikon*. München: C. H. Beck, 1993.

Hapkemeyer, Andreas. *Ingeborg Bachmann. Bilder aus ihrem Leben*. München: Piper, 1987.

Hicketier, Knut et al, hrsg. *Mythos Berlin. Zur Wahrnehmungsgeschichte einer industriellen Metropole. Katalog zur Ausstellung 13. Juni – 20. September, Berlin 1987*. Berlin: Ästhetik und Kommunikation, 1987.

Hildebrandt, Dieter. *Berliner Enzyklopädie. Vom Alexanderplatz bis Zusammenwachsen*. München: Carl Hanser Verlag, 1991.

Jaeggi, Urs. Hrsg. *Mauersprünge*. Hamburg: Rowohlt, 1988.

Knobbe, Martin und Stefan Schmitz. *Terrorjahr 1977. Wie die RAF Deutschland veränderte*. München: Wilhelm Heyne Verlag, 2007.

Kresimon, Andrea. *Ingeborg Bachmann und der Film. Intermedialität und intermediale Prozesse in Werk und Rezeption*. Frankfurt a. M.: Peter Lang Verlag, 2004.

Mönninger, Michael. *Das Neue Berlin. Baugeschichte und Stadtplanung der deutschen Hauptstadt*. Frankfurt a. M.: Insel Verlag, 1991.

Nadolny, Sten. „Ein Taxifahrer dankt der Zentrale. Winterfahrt in memoriam der Funktaxe 4350", 1981, in *Berlin, Ach Berlin* (siehe oben).

Nolte, Paul, "Paradoxe Kontinuitäten. Offene Wunden: Die RAF, die Studentenbewegung und die Last des Nationalsozialismus," *Der Tagesspiegel*, 11 November 2007.

Nooteboom, Cees. *Berliner Notizen*. Frankfurt a. M.: Suhrkamp, 1991.

Petschull, Jürgen. *Die Mauer. Vom Anfang und Ende eines deutschen Bauwerkes*. Hamburg: STERN-Bücher, 1989.

Regener, Sven. *Herr Lehmann*. Berlin: Eichborn Verlag, 2001.

Rürup, Reinhard, "Vergangenheit und Gegenwart der Geschichte: 750 Jahre Berlin," 750 Jahre Berlin. Stadt der Gegenwart. Lese- und Programmbuch zum Stadtjubiläum 1987, hrsg. Ulrich Erhardt. Berlin: Ullstein, 1986, 66-143.

Schlinsog, Elke. *Berliner Zufälle. Ingeborg Bachmanns „Todesarten"-Projekt*. Würzburg: Königshausen & Neumann, 2005.

Schneider, Richard, hrsg. *Historische Stätten in Berlin*. Frankfurt a. M: Ullstein, 1987.

Scholze, Thomas und Falk Blast. *Halt! Grenzgebiet! Leben im Schatten der Mauer*. Berlin: BasisDruck, 1997.

Voß, Karl. *Reiseführer für Literaturfreunde Berlin. Vom Alex bis zum Kudamm*. Frankfurt a. M.: Ullstein, 1986.

Website

www.chronik-der-mauer.de

KAPITEL 5

Ostberlin

Ostberlin war für Besucher aus dem Westen lange Zeit der unbekannte Teil von Berlin. Besonders Amerikaner reisten vor 1989 wenig in den Teil Berlins jenseits der Mauer, wo die Kommunisten saßen. Nach Gründung der Deutschen Demokratischen Republik (DDR) im Oktober 1994 hatte sich der ostdeutsche Staat immer mehr vom Westen abgeschottet, zum großen Teil als Antwort auf den Arbeiteraufstand im Juni 1953, den die DDR-Regierung als vom Westen gelenkt sah. Diese Paranoia und die zunehmende Flucht der DDR-Bevölkerung in den Westen wurden dann der Grund zum Bau der Mauer am 13. August 1961, der damit die letzte offene Grenze zum Westen schloss. Die DDR wurde jetzt zu einem eigenen Staat, allerdings ohne Kontakt zu Westberlin, zur Bundesrepublik und zum westlichen Ausland. Und so dominierten in West und Ost die Klischees.

In der DDR sah man Westberlin als kapitalistische Sündenstadt und Sumpf, der trocken gelegt werden musste. Im Westen sah man die DDR als „Zone" (Ostzone) und Ostberlin als Stadt mit einer einheitlichen marxistischen Kultur, die von der ostdeutschen Staatssicherheit, der Stasi, kontrolliert wurde. In den USA wurde Ostdeutschland als Ort der Handlung von Spionagethrillern wahrgenommen, wie dem vielleicht berühmtesten, John le Carrés *Der Spion der aus der Kälte kam*. Seit der Konfrontation der amerikanischen Armee mit Sowjetpanzern am Check Point Charlie 1961 galten Ostberlin und die Mauer als Symbole des Kalten Krieges. Dieses unzugängliche und gefährliche Feindesland wollte man bei einem Berlinbesuch am besten auslassen. Das änderte sich auch nach 1974 nicht, als die USA die DDR im Rahmen des Détente-Prozesses offiziell anerkannte. Touristen konnten jetzt nach Ostberlin reisen, mussten aber kostspielige und langwierige Einreiseformalitäten über sich ergehen lassen. Die normale Prozedur für Westdeutsche und West-Berliner bestand darin, dass sie Ostberlin bis Mitternacht wieder zu verlassen hatten. Und waren Westbesucher einmal in Ostberlin, konnten sie niemals sicher sein, dass die Stasi sie nicht observierte.

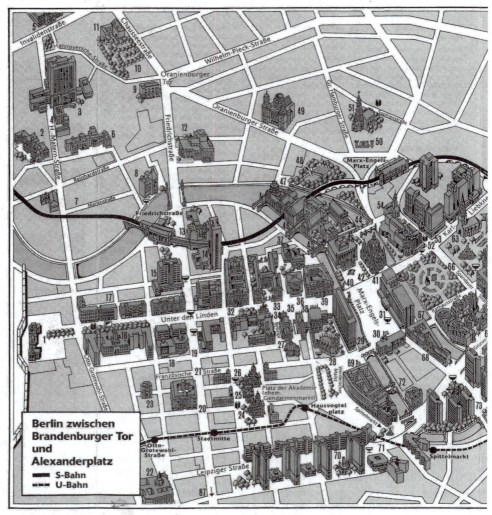

Zeichenerklärung

1 Brandenburger Tor
2 Altes Charité Krankenhaus
3 Neues Charité Krankenhaus
4 Akademie der Künste
5 Naturwissenschaftsmuseum
6 Deutsches Theater
7 Restaurierte Marienstraße
8 Berliner Ensemble (Brecht-Theater)
9 Ständige Vertretung der Bundesrepublik Deutschland
10 Dorotheenstädter Friedhof
11 Brechthaus
12 Friedrichsstadtpalast
13 Admiralspalast
14 Internationales Handelszentrum
15 Interhotel Metropol
16 Botschaft der UdSSR
17 Botschaftsbezirk
18 Komische Oper
19 Grandhotel
20 Haus der Sowjetischen Kultur
21 Friedrichstraße
22 Postmuseum
23 „Johannes R. Becher" Kulturklub
24 Deutscher Dom
25 Konzerthalle mit Schillerdenkmal
26 Französischer Dom
27 Hedwigsdom
28 Friedrichwerdersche Kirche
29 Außenministerium der DDR
30 Staatsratsgebäude
31 Palast der Republik
32 Deutsche (Preußisch) Bibliothek
33 Humboltuniversität
34 Altes Palais
35 Deutsche Staatsoper
36 Neue Wache
37 Maxim Gorki Theater
38 Operncafé
39 Museum für Deutsche Geschichte
40 Marx-Engels-Brücke
41 Berliner Dom
42 Lustgarten

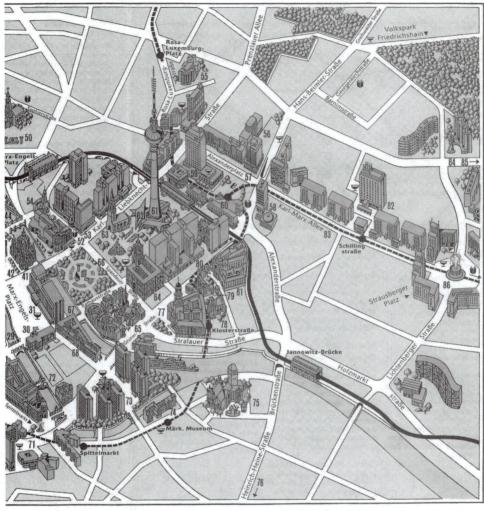

Landsarchiv Berlin

43 Altes Museum
44 Nationalgalerie
45 Neues Museum
46 Pergamonmuseum
47 Bode Museum
48 Monbijou Park
49 Synagoge
50 Denkmal Hamburger Straße
51 Sophienkirche
52 Palasthotel
53 Das Internationale Buch
54 Heilig-Geist-Kapelle
55 Volksbühne
56 Polizeihauptquartier
57 Haus der Reise
58 Haus des Lehrers
59 Interhotel Stadt Berlin und Centrum Warenhaus
60 Weltzeituhr
61 Fernsehturm
62 Berlininformation
63 Marienkirche
64 Rotes Rathaus

65 Nikolaiviertel
66 Marx-Engels-Forum
67 Neuer Marstall
68 Ribbeckhaus
69 Zentralkomitee der SED
70 Spittelkolonnaden
71 Spittelmarkt
72 Friedrichsgracht
73 Fischerinsel
74 Märkisches Ufer
75 Märkisches Museum
76 Übergang Heinrich-Heine-Straße
77 Haus des Ministerrats
78 Parochialkirche
79 Haus der jungen Talente
80 Franziskanerkirche
81 Berliner Stadtgericht
82 Hotel Berolina, Kino International
83 Karl-Marx-Allee
84 Lenin-Denkmal
86 Strausberger Platz
87 Checkpoint Charlie

Die Berliner Architektur aus der Zeit nach dem zweiten Weltkrieg ist zum Teil noch gut erhalten. Ostberlins Zentrum liegt um den Alexanderplatz und dem ehemaligen Palast der Republik im Bezirk Mitte, Westberlins Zentrum um die Kaiser-Wilhelm-Gedächtniskirche und im Tiergartenviertel mit der ehemaligen Kongresshalle, heute Haus der Kulturen der Welt. Der Ost-West-Konflikt manifestierte sich auch in einem Architektur-Wettbewerb zwischen Ost und West, zwischen Berlin West, wie es im offiziellen DDR-Gebrauch hieß, und Berlin, der „Hauptstadt der DDR". So entstand in den fünfziger Jahren die klassisch-kommunistische Stalin-Allee, heute Karl-Marx-Allee, entlang der ehemaligen Frankfurter Allee zu Ehren der Sowjettruppen, die hier im Mai 1945 einmarschiert waren. Das Pendant zu den repräsentativen Bauten entlang der Stalinallee im Westen ist das Hansa-Viertel, das als Ergebnis einer Bauausstellung den modernen westlichen Baustil zeigen sollte.

Erst nach der Wende von 1989 konnte man vom Westen unbeschwert in den Osten Berlins einreisen und auch dort Spaziergänge unternehmen. Das Erstaunen war oft groß, denn viele kannten nicht einmal Photos von der Architektur des Kommunismus. Ostberlin, das war auch der Bezirk Mitte mit den alten Schinkel-Bauten, der nach 1945 mit dem Potsdamer Abkommen über die Aufteilung Berlins Teil des sowjetischen Sektors wurde. Die Grenze wurde mitten durch den verkehrsreichsten Teil Berlins gezogen, dem Potsdamer Platz. Das Brandenburger Tor wurde ebenfalls Grenze und stand im Niemandsland, und in den Jahren nach 1945 wurden um das Brandenburger Tor und den Potsdamer Platz fast alle Gebäude außer dem Brandenburger Tor selbst abgerissen.

Die im 19. Jahrhundert entlang Unter den Linden entstandenen neoklassizistischen Bauten lagen alle im Ostsektor und ebenso die großen Museen der Kaiserzeit, das Pergamonmuseum, das Bodemuseum, das Alte und das Neue Museum mit der Nationalgalerie. Es gab wohl Tagespässe zum Besuch dieser Museen, die alle in der Nähe des Grenzbahnhofs Friedrichstraße lagen. Und so waren diese Museen oft der einzige Teil Ostberlins, den Westbesucher sahen. Einige moderne Gebäude für die Regierung der DDR entstanden im Zentrum, vor allem der Palast der Republik mit der Volkskammer, dem DDR-Parlament, der seit 2006 abgerissen wird. Das Zentrum Ostberlins wurde vom Fernsehturm am Alex überragt.

Dass die Umgestaltung Ostberlins durch die Kommunisten keine tiefgreifenden Folgen hatte, kann man weniger am architektonischen Erbe erkennen, als daran, dass sie kaum Spuren in der DDR-Literatur hinterlassen hat. Und so beschäftigt sich unsere Textauswahl auch weniger mit dem beschworenen Pathos der SED und ihren Repräsentationsbauten als mit der Geschichte Berlins und den noch erhaltenen Vorkriegsbauten. Sowohl Günter Kunert als auch Ulrich Plenzdorf schreiben über Ostberlins Altbauten, weil sie sich mit persönlichen Erinnerungen (Kunert) oder Liebesaffären (Plenzdorf) befassen. Auch für Christa Wolf ist Berlin nur Hintergrund für eine Liebestragödie.

Die Ostberliner waren keine Flaneure. Es war schwierig genug, jeden Tag in diesem politischen System zu überstehen, und somit spart dieses Kapitel

den Zentralbereich aus, den Bezirk Mitte. Alle Texte sind im älteren Ostteil
angesiedelt, in Prenzlauer Berg und in Friedrichshain östlich des Alexanderplatzes.
Unsere Reise durch Ostberlin beginnt mit einer Fahrt mit der S-Bahn, in der die
Geschichte dieser gebeutelten Stadt deutlich wird. In den Gebäuden des alten
Ostberlin sieht Kunert immer noch die Toten der Nazizeit und erträumt sich eine
andere Geschichte für die Stadt, ohne Tote, ohne Krieg. Christa Wolf illustriert
die verworfene Geschichte der Stadt mit der versuchten Flucht von Rita in den
Westen der Stadt. Thomas Brussigs Held Klaus Ultztscht interessiert sich auch
nicht für die Stadt selbst, sondern dafür, was sie an westlichen Verheißungen birgt
in seiner fast pathologisch erotischen Beziehung zur Westberliner U-Bahn.

Wolf Biermann: Ballade vom Preußischen Ikarus (1978)

Kontext

Wolf Biermann wurde am 15. November 1936 in Hamburg als Sohn
eines Kommunisten geboren, der 1943 in Auschwitz ermordet wurde. Ein
überzeugter Kommunist seit seiner Jugend siedelte Biermann 1953 in die DDR
über, wo er nach einer Theaterausbildung als Liedersänger tätig wurde. 1964
wurden seine Lieder verboten. In Westdeutschland wurde Biermann durch die
"Biermann-Affäre" bekannt, als er im November 1976 nach einem Konzert
in Köln aus der DDR ausgebürgert wurde; d. h., er durfte nicht wieder nach
Ostberlin zurückkehren. Das Ergebnis dieser willkürlichen Ausbürgerung war,
dass sich die bekanntesten DDR-Künstler und Schriftsteller wie Christa Wolf,
Günter Kunert und Ulrich Plenzdorf in einem offenen Brief mit Biermann
solidarisierten. Die meisten dieser Autoren und Künstler mussten wie Günter
Kunert daraufhin die DDR verlassen. Biermann wohnt seit seiner Ausbürgerung
in Hamburg, ist jedoch seit 2007 Berliner Ehrenbürger, da er "wie kein zweiter
die Stadt besungen, das SED-Unrecht und die Teilung Berlins bekämpft" hat.

Die *Ballade vom Preußischen Ikarus* ist eines der bekanntesten politischen
Gedichte über die DDR und wurde vom *Spiegel* als das beste Gedicht
bezeichnet, das je ein Beteiligter über die Zerrissenheit seiner Person, seines
Landes und seiner Stadt geschrieben habe. Mit dem Lied wird Biermann
oftmals als „Preußischer Ikarus" bezeichnet. Biermann hat das Gedicht wie
viele seiner Werke selbst vertont und trägt es in öffentlichen Konzerten zur
Gitarre vor. Biermann verbindet hier das Schicksal des griechischen Halbgottes
Ikarus, der bei einem Fluchtversuch mit künstlichen Flügeln abstürzt, mit
dem Schicksal Preußens. Der preußische Staat war seit 1701 Deutschlands
Kernland mit der Hauptstadt Berlin, das 1947 von den Alliierten aufgelöst
wurde, da es als schuldig für den Ausbruch des Zweiten Weltkrieges galt. Der
Anlass für das Gedicht wurde das eiserne Abbild des preußischen Adlers auf
der Weidendammer Brücke in der Nähe von Biermanns Wohnung in der
Chausseestraße beim Grenzübergangsbahnhof Friedrichstraße. Die dreifache
Symbolik – griechischer Mythos, Preußens Geschichte, Geschichte der
DDR - wird von Biermann noch erweitert durch die persönliche Komponente

seines eigenen Schicksals als Kommunist und Jude in Nazideutschland und als verfolgter Kommunist in der DDR, der niemals Mitglied der kommunistischen SED (Sozialistische Einheitspartei Deutschlands) werden durfte.

Ballade vom Preußischen Ikarus (1)

Da, wo die Friedrichstraße sacht
den Schritt über das Wasser macht
da hängt über der Spree
die Weidendammer Brücke. Schön
kannst du da Preußens Adler sehn
wenn ich am Geländer steh
dann steht da der preußische Ikarus
mit grauen Flügeln aus Eisenguss
dem tun seine Arme so weh
er fliegt nicht weg - er stürzt nicht ab
macht keinen Wind - und macht nicht schlapp
am Geländer über der Spree.

Der Stacheldraht wächst langsam ein
tief in die Haut, in Brust und Bein
ins Hirn, in graue Zelln (2)
Umgürtet mit dem Drahtverband
ist unser Land ein Inselland
umbrandet von bleiernen Welln
da steht der preußische Ikarus
mit grauen Flügeln aus Eisenguss
dem tun seine Arme so weh
er fliegt nicht hoch und er stürzt nicht ab
macht keinen Wind und macht nicht schlapp
am Geländer über der Spree.

Und wenn du weg willst, musst du gehn
ich hab schon viele abhaun sehn
aus unserem halben Land.
Ich halt mich fest hier, bis mich kalt
dieser verhasste Vogel krallt
und zerrt mich übern Rand
dann bin ich der preußische Ikarus
mit grauen Flügeln aus Eisenguss
dann tun mir die Arme so weh
dann flieg ich hoch, und dann stürz ich ab
mach bisschen Wind - dann mach ich schlapp
am Geländer über der Spree.

Abbildung 32: Der preußische Ikarus. © Amy Metzger.

Anmerkungen

1. Biermann beschreibt in der ersten Strophe das preußische Wappen auf der Weidendammer Brücke (ein Teil der Friedrichstraße). Die Eisenbänder des preußischen Adlers werden ihm hierbei zum Symbol für die Krallen des preußischen Staates.

2. In der zweiten Strophe verbindet Biermann die Symbolik mit seiner Kritik an der DDR. Die Eisenkrallen werden hier mit dem Stacheldraht (oder der Mauer) verglichen, der dieses Land umzieht, damit niemand in den Westen fliehen kann.

Übungen

1. Erläutern Sie, warum Biermann in der dritten Strophe bestätigt, dass er nicht wie viele andere abhauen will. Sie finden Informationen dazu im Gedicht, aber auch in Biermanns Biographie.

2. Warum bezieht Biermann die Politik der DDR auf das Erbe des preußischen Staates?

Günter Kunert: Fahrt mit der S-Bahn (1968)

Kontext

Nach dem Bau der Mauer empfanden die Ostdeutschen die DDR zum ersten Mal als eigenes Land, nicht als Teil eines größeren Deutschlands, obwohl der Anspruch auf ein einiges kommunistisches Deutschland niemals aufgegeben wurde. Diese Chance, eine eigene „nationale" DDR aufzubauen, war zwischen 1961, dem Jahr des Mauerbaus, und 1976, dem Jahr der Biermann-Ausbürgerung, möglich. Bis 1976 versuchte die DDR, ein normales Land zu sein. Es wurden diplomatische Beziehungen mit anderen Nationen aufgenommen, so 1974 mit den USA, und der Lebensstandard begann zu steigen. Anpassung war die einfachste Methode für die siebzehn Millionen DDR-Bürger, die nach dem Mauerbau nicht mehr wie in den Jahren zuvor in den Westen fliehen konnten und sich nun auf den Aufbau ihres eigenen Landes konzentrierten. Der Schriftsteller Günter Kunert, der Kommunist war, beteiligte sich an diesem Aufbau und veröffentlichte eine Reihe von Texten, in denen er die Geschichte und Widersprüche der DDR und Ostberlins aufzeigte.

Günter Kunert wurde 1929 in Berlin geboren und lebte dort bis 1979. Nach der Biermann-Ausbürgerung beteiligte er sich an dem Protestbrief gegen die Ausbürgerung und wurde dafür aus dem Schriftstellerverband ausgeschlossen, deren Mitgliedschaft für die Veröffentlichung von Texten in der DDR lebensnotwendig war. Kunert siedelte in die Bundesrepublik über und lebt seitdem bei Hamburg. Er wurde frühzeitig von Johannes R. Becher und Bertolt Brecht gefördert. Anders als der von der DDR-Kulturpolitik verordnete sozialistische Realismus mit ihren frohen Bauern und Soldaten schuf Kunert eine neue lyrische Ausdrucksform, die hinter den Erscheinungen des täglichen Lebens die unheimlichen Hintergründe erforscht. Günter Kunert verfasste über fünfzig Bücher, vom Roman über Reiseskizzen, Hörspiele, Drehbücher bis zu Libretti und Essays und gilt als einer der markantesten Kurzgeschichtenerzähler.

Der hier vorgestellte Text „Fahrt mit der S-Bahn" stammt aus Kunerts Anthologie *Geschichten zwischen gestern und morgen*. Die Geschichte ist eine Zwischenform zwischen Lyrik und reflektorischem Essay. Kunert spielt hier nicht nur mit verschiedenen Gattungen, sondern macht auch Anleihen bei unterschiedlichen literarischen Perioden, wie der Romantik, des Surrealismus und des Expressionismus.

Fahrt mit der S-Bahn

Außen sind sie von einem schwärzlich gebrochenen Weinrot bis zur Scheibenhöhe, von da bis zum pechfarbenen Dach von unsauberem Ocker. Pressluft öffnet und schließt ihre Türen und man steigt ergeben in sie, wie in ein lange erwartetes Verderben. Mit ihnen rolle ich von Bahnhof zu Bahnhof, nichtsahnend und aufmerksamer als sonst. Und weiß nicht: es hat sich ein Fenster aufgetan als eine Wunde. Und wartet auf mich. (1)

Obwohl an der Brandmauer oft genug vorbeigefahren, bemerkte ich ein Fenster nie. Vielleicht erwuchs es auch erst später den düsteren Ziegeln; vielleicht auch saß ich nur immer auf dem falschen Platz. Oder es rüttelte mich, der ich auf Rädern schwankend dahindämmerte, eines Tages der überalterte Wagen gemeinsam mit den ausgefahrenen Schienen überraschend wach. Vielleicht.

Nur die Namen unterscheiden die Stationen, deren Gleichartigkeit die Leute einfärbt, dass sie sich auf einmal kaum noch unterscheiden lassen. Und weil sie das wissen, halten sie während der Fahrt die Blicke hinter Zeitungen verborgen oder senken sie auf den Boden, der sich ständig fortbewegt. Man weiß, wie man selber ausschaut, wie man geworden ist, und man erspart sich, in den lebenden Spiegel gegenüber zu glotzen, der bloß während der Fahrt einer ist. [...]

In Hinterhöfe von Fabriken, darinnen nichts mehr produziert wird als einförmige Tage, schaut man hinab, wenn man hinabschaut, als in unbekannte Abgründe dieser Stadt, dahinein unsere Brüder gestürzt sind, diese drohenden Gestänge verrosteten Metalls, unserer Schwestern, die Autowracks; wo unsere Väter ausruhen, die behauenen Steine, unsere Mütter, die lädierten Granitfiguren.

Von hier oben, und vom Augenwinkel zu Augenwinkel, machen sie den Eindruck langen Bekanntseins mit ihnen; als hätten wir in den Höfen da unten während unserer Kindheit zwischen ihnen und mit ihnen gespielt, da sie und wir, wir allesamt etwas weniger mitgenommen waren. (2)

Zwischen zwei Bahnhöfen dann. Eines Abends.

Aber eines Abends zwischen zwei Bahnhöfen geschieht es, dass ich mit voller Wucht in ein erleuchtetes Fenster hineinsehe. Das scheint nachträglich in eine rabenfederfinstere Brandmauer geschnitten, und es strahlt als einzige Unterbrechung aus der Fläche heraus, da ich an diesem Abend zwischen zwei Bahnhöfen daran vorbeifahre.

Sehr kurz der Augenblick des Einblicks.

Aber ich renne sofort durch den langen, fast leeren Waggon gegen die Fahrrichtung an, um wenigstens einen Zeitbruchteil länger zu sehen, was ich gesehen habe. Die Geschwindigkeit ist zu hoch. Derweil ich renne und renne, halten meine Augen nur die Ecke einer dunkel gebeizten glänzenden Anrichte fest, auf der ein Körbchen aus weißem Porzellan steht, Weidengeflecht nachahmend und gefüllt mit rotfleckigen Äpfeln.

Im Zimmer selber, das so schnell an mir vorbeigeschossen und das so freundlich erhellt war von einer Deckenlampe innen mit orangefarbener, außen mit grüner Seide bespannt, da hatte kein anderer am Tisch gesessen als ich selbst: fröhlich lachend, einen Apfel in der Hand, ein lustiges Wort im Mund, das sah ich genau, halb hingewendet zu jemand neben mir, einem Freund, der eigentlich tot war und von mir vergessen. Mehrere Gestalten hatten sich im Zimmer befunden, die ich aus dem schwindenden

Eindruck auf meiner Netzhaut zu identifizieren versuchte, als sich die Fahrt verlangsamt und in einem jener Bahnhöfe zur Ruhe kommt, die so wenig erwähnenswerte Wahrzeichen unserer Lage sind. (3)

Ich eile über die Fläche aus festgetretenem Zement, zerstampften Zigarettenresten, Papierfetzen, Schmutz, seit Bau des Bahnhofes ausharrend und bewahrt für die Stunde der Archäologen, die noch längst nicht geboren sind. Schnell über die Fläche und in den Zug, der auf der gegenüberliegenden Seite zurückfährt. Die Wange ans Fensterglas gepresst, sehe ich zitternd die schwarze Brandmauer mit dem rechteckigen Lichtfleck näher kommen. Immer näher. Näher. Und bin schon heran und bemerke als erstes, dass ich inzwischen den Apfel aufgegessen habe. Vorbei.

Unter den Anwesenden fanden sich ausschließlich bekannte Gesichter, kein Fremder war dabei gewesen. Nur waren viele von ihnen seit je verschollen oder verbrannt oder erschlagen oder weggewandert oder zu Greisen geworden; dort aber waren sie alle versammelt. In jenem Zimmer stand die Tür hinter meinem vertrauensvollen Rücken offen und ließ ein weiteres Zimmer sehen, ebenfalls erleuchtet, in dem sich ebenfalls Menschen bewegten, etwas undeutlicher zwar, doch mir genauso bekannt wie die anderen. Eine Stimmung ruhiger, gelassener Heiterkeit herrschte in den beiden Räumen, und mit dem Licht zusammen brach eine ungewöhnliche Friedlichkeit aus dem Fenster hervor, wie ich sie niemals kennen gelernt hatte.

Die ganze scheppernde Wagenkette ist schon an der Brandmauer vorüber, doch ich habe das Bild klar vor mir, das sacht vergehende, wie ein mehr und mehr vergilbendes Foto aus einem Familienalbum, das aufgenommen worden war, als es noch Spaß machte, sich Erinnerungen zuzulegen.

Tagelang und Abende lang suchte ich das Haus, das seine Schmalseite den Zügen zukehrt. Oft inmitten von Gerümpel lauerte ich, ob über mir die Wagen kämen; mag sein, ich war einfach unfähig, es zu entdecken, mag sein, es ist so gelegen, dass ich es nicht erreichen konnte, so bleibt: ich gelangte nie hin.

Den Zug auf freier Strecke anzuhalten gilt mir zu gefährlich und auch zu unsicher, denn zwischen Gleiskörper und Hauswand ist eine Kluft von mehreren Metern – unüberwindlich für mich.

So kann ich nichts tun, als, so oft es mir möglich ist, mit der S-Bahn zu fahren. Einmal jede Woche bin ich unterwegs auf der Strecke, hin und her und hin, und jedes Mal beim vorbei-huschen nehme ich auf, was das Zimmer mir bietet, wie wir alle heiter und wahrhaft bei uns und beisammen sind, Lebende und Tote, und wo wir uns über lauter lautere Nichtigkeiten unterhalten.

Wieder und wieder weiß ich, trägt mich der Zug vom Fenster fort: Könnte ich ein einziges Mal dort eintreten und mich vereinigen mit mir, der ich das apfelvolle Porzellankörbchen nie leer essen kann, so wäre alles ungeschehen, was die Wagenladungen von Worten niemals zudecken werden.

Einmal im richtigen Moment eintreten, und ich wäre erlöst. Und die Stadt dazu.

Wörter

Substantive

Anrichte (*f.*)	sideboard
Gerümpel (*n.*)	broken furniture, junk
Gleichartigkeit (*f.*)	similarity
Kluft (*f.*)	gap
Netzhaut (*f.*)	retina
Verderben (*n.*)	disaster
Wange (*f.*)	cheek
Wucht (*f.*)	force
Zeitbruchteil (*m.*)	time fragment

Verben

dahindämmern	to doze
einfärben	to dye
(sich) ergeben	to give in
erlösen	(*religious*) to save
(sich) ersparen	to spare
erwachsen	to grow up
glotzen	(*slang*) *sehen*
lauern	to lurk
vorbeihuschen	to whisk by
vorbeischießen	to hurry by

Adjektive

sacht	soft
scheppernd	rattling
rabenfederfinster	very dark (like the feathers of a raven)
vergilbend	to turn yellow
verschollen	lost

Anmerkungen

Abbildung 33: Berliner S-Bahnwagen.
http://commons.wikimedia.org/wiki/file:
S-Bahn_Berlin_Baureihe_477.jpg.

1. Die S-Bahn ist eine der wichtigsten Institutionen in Berlin, wo viele Menschen kein Auto haben. Besonders durch die Farbgebung der S-Bahnwagen von Weinrot und Ocker ist die S-Bahn zu einer der bekanntesten Einrichtungen der Stadt geworden

Abbildung 34: Ostberliner Hinterhof.
© Amy Metzger.

2. Kunert gibt hier eine Beschreibung der Berliner Hinterhöfe, deren Einsichten die Fahrt mit der S-Bahn zu einem besonderen Erlebnis werden lässt. Zu DDR-Zeiten sah alles sehr heruntergekommen aus, doch daraus ergab sich der pittoreske Eindruck von Ostberlin. Interessant hier ist Kunerts Identifikation mit Dingen, wenn er die Metallabfälle als Schwestern bezeichnet, die Steine als Väter und die Granitfiguren als Mütter, eine fast buddhistisch anmutende Sehweise.

3. Kunert führt seine Mystifizierung hier fort und erkennt in den beiden Zimmern nicht nur sich selbst, sondern eine Reihe von Freunden und Verwandten, die alle nicht mehr leben, sondern erschlagen wurden oder auf andere Art brutal umgekommen sind. Da Berlin anders als viele Städte keine Stadtkriminalität kannte, handelt es sich hier um einen Bezug auf die nationalsozialistische Vergangenheit. Siehe auch das Doppelgängermotiv in der romantischen Literatur.

Übungen

1. Kunert gibt uns eine Vorstellung von einem Paralleluniversum, wenn die deutsche Geschichte anders verlaufen wäre. Geben Sie Beispiele dafür.

2. Kennen Sie andere Beispiele für das Doppelgängermotiv in Film und Literatur?

3. Interpretieren Sie den letzten Absatz des Textes, „Einmal im richtigen Moment eintreten, und ich wäre erlöst. Und die Stadt dazu."

Christa Wolf: Der geteilte Himmel (1963)

Kontext

Christa Wolf ist heute die wichtigste deutsche Schriftstellerin. Sie wuchs in der DDR auf, wohin ihre Familie 1945 aus Landsberg/Warthe (heute Gorzów Wielkopolski, Polen) übersiedelt war, wo sie 1929 geboren wurde. Nach Biermanns Ausbürgerung beteiligte sie sich an dem Protestbrief und wurde aus dem Schriftstellerverband ausgeschlossen, blieb aber in der DDR. 1989 engagierte sie sich für eine neue freiere demokratische DDR. Als ihre Stasiverstrickungen Anfang der neunziger Jahre bekannt wurden, wurde sie im westdeutschen Feuilleton nach Veröffentlichung ihres autobiographischen Werkes *Was bleibt* scharf angegriffen. Diesen Angriffen entzog sie sich mit einem zweijährigen Stipendium bei der Getty Foundation in Santa Monica. Sie gilt heute als bedeutendste Autorin Deutschlands, die in ihren Büchern genauen Aufschluss zur Befindlichkeit der Menschen in der DDR gab. Christa Wolf schreibt einen realistischen Stil mit psychologischen Nuancen, der sich besonders in ihrem Buch *Kindheitsmuster* (1976) zeigt.

Der Roman *Der geteilte Himmel* ist Christa Wolfs erstes erfolgreiches Werk. Es spielt im Sommer 1961 kurz von dem Bau der Mauer, was den unmittelbaren Erfolg als Buch zum Ereignis erklären mag. Ähnlich wie in Billy Wilders Spielfilm *Eins, zwei drei* (One, two, three), der ebenfalls kurz vor dem Bau der Mauer entstand, änderte sich die Existenz der Berliner entscheidend durch dieses Ereignis. Was vorher bei der offenen Grenze noch möglich war, der Besuch und die Arbeit im Westen oder im Osten, war jetzt unmöglich geworden. Doch da bis zum Sommer 1961 immer mehr Menschen vom Osten in den Westen flohen, sah die DDR-Regierung als letzte Rettung die Grenzsperrung mit dem Bau der Mauer. So kann Rita im Sommer 1961 noch ihren Verlobten Manfred in Westberlin besuchen, wohin er geflohen ist. In der abgedruckten Szene trifft sie die Entscheidung, dass sie ihm nicht nach West-Berlin folgen will. Am Ende des Romans wird die Mauer gebaut, und damit wird die Verbindung der beiden für die nächsten siebenundzwanzig Jahre unmöglich. Ritas Entscheidung, in den Osten zurückzukehren, wurde von westlichen Kritikern kritisiert, doch im Osten als Zeichen ihres gewachsenen Verständnisses für die sozialistische

Kultur gesehen. Der Roman zeigt eine Perspektive, die für Westdeutsche und Amerikaner nur schwer nachzuvollziehen war. Gerade darum ist es auch heute noch ein spannendes Buch, da man hier den Wünschen und Motivationen von Menschen aus dem Osten Berlins nachspüren kann.

Der geteilte Himmel

Sie fuhr nicht zum erstenmal nach Berlin, aber damals begriff sie, dass sie diese Stadt überhaupt nicht kannte. Sie fuhren an Laubengärten vorbei, an Parks, dann an den ersten Fabriken. Keine schöne Stadt, dachte sie. Aber man sieht ihr nichts an.

Ihr Reisebegleiter sah auf. „Ich hoffe", sagte er freundlich, „Ihr Verlobter wohnt in Pankow oder Schöneweide?" (1)

„Warum?" fragte Rita bestürzt.

„Man könnte Sie danach fragen."

„Ja", sagte sie schnell. „Pankow. Er wohnt in Pankow."

„Dann ist's ja gut."

Will er mich aushorchen? Oder warnen? Und was sage ich, wenn sie nach der Straße fragen? Wie wenig eigne ich mich für das, was ich da tue… Wer soll mir glauben, dass ich es tun muss?

Zum Nachdenken blieb keine Zeit mehr. Der Zug hielt. Polizisten kamen herein und verlangten die Ausweise zu sehen. (Wenn sie mich fragen - lügen werde ich nicht. Dem nächsten besten erzähle ich jetzt alles von Anfang bis Ende.) Sie blätterten in ihrem Ausweis und gaben ihn zurück. Ihre Hände zitterten, als sie ihn in die Tasche zurücksteckte. Nicht sehr wirksam, diese Kontrolle, dachte sie fast enttäuscht. (2)

Der Mann, der ihr gegenübersaß, trocknete sich mit einem blütenweißen, scharf gebügeltem Taschentuch die Stirn.

„Heiß," sagte er.

Danach sprachen sie nicht mehr. Rita sah ihn noch einmal an der Sperre, zusammen mit einer Frau, die aus dem gleichen Zug gestiegen war und mit der er sehr vertraut schien.

Dann vergaß Rita ihn. Sie hatte ihre eigenen Sorgen. In der Nebenhalle des Bahnhofs fand sie einen großen Stadtplan. Sie stand sehr lange davor und lernte fremde Straßen und Bahnhofsnamen auswendig. Ihr war klar: In der Sache, die sie heute vorhatte, war sie ganz auf sich angewiesen.

Sie trat an den Fahrkartenschalter. Zum erstenmal musste sie preisgeben, was sie tun wollte.

„Zoologischer Garten", sagte sie. (3)

Gleichmütig wurde ihr eine kleine gelbe Pappkarte zugeschoben. „Zwanzig", sagte die Frau hinter der Glasscheibe.

„Und wenn man - zurückkommen will?" fragte Rita zaghaft.

„Also vierzig", sagte die Frau, nahm die Karte zurück und schob eine andere durch das Fensterchen.

Darin also unterschied diese Stadt sich von allen anderen Städten der Welt: Für vierzig Pfennig hielt sie zwei verschiedene Leben in der Hand.

Sie sah auf die Karte und steckte sie dann sorgfältig ein. Ich muss den Kopf für andere Sachen frei haben.

„Jetzt müssen wir Wein trinken, nicht?" sagte Manfred. Rita nickte. Sie sah zu, wie er der abgehetzten Kellnerin die Flasche aus der Hand nahm und selbst eingoss. Der Wein war grünlich-gelb, er hatte seinen Duft und seine herbe Leichtigkeit schon in der Farbe. Mondwein, dachte sie. Nachtwein? Erinnerungswein…

„Worauf trinken wir?" fragte er. Da von ihr keine Antwort kam, hob er sein Glas. „Auf dich. Auf deine kleinen Irrtümer und ihre großen Folgen."

„Ich trink auf gar nichts," sagte sie. Sie trank auf gar nichts mehr.

Als die Flasche leer war, verließen sie das Café … Sie gingen die Straße hinunter bis an einen großen runden Platz, der, fernab vom Verkehr, um diese Zeit fast einsam war. Sie blieben an seinem Rand stehen, als scheuten sie sich, seine Ruhe zu verletzen. Eine merkwürdige, aus vielen Farben gemischte Tönung, die über dem Platz lag, lenkte ihre Blicke nach oben. Genau über ihnen verlief, quer über dem großen Platz, die Grenze zwischen Tag- und Nachthimmel. Wolkenschleier zogen von der schon nachtgrauen Hälfte hinüber zu der noch hellen Tagseite, die in unirdischen Farben verging. Darunter - oder darüber? - war Glasgrün und an den tiefsten Stellen sogar noch Blau. Das Stückchen Erde, auf dem sie standen - eine Steinplatte des Bürgersteigs, nicht größer als ein Meter im Quadrat - drehte sich der Nachtseite zu.

Früher suchten sich Liebespaare vor der Trennung einen Stern, an dem sich abends ihre Blicke treffen konnten. Was sollen wir uns suchen?

„Den Himmel wenigstens können sie nicht zerteilen", sagte Manfred spöttisch.

Den Himmel? Dieses ganze Gewölbe von Hoffnung und Sehnsucht, von Liebe und Trauer? „Doch," sagte sie leise. „Der Himmel teilt sich zuallererst."

Der Bahnhof war nahe. Sie gingen durch eine schmale Seitenstraße und hatten ihn vor sich. Manfred blieb stehen. „Dein Koffer!" Er sah, dass sie nicht mehr zurückgehen würde. „Ich schick ihn dir." Alles, was sie brauchte, hatte sie in der Handtasche.

Sie kamen in den dicksten Abendverkehr. Sie wurden gestoßen, gedrängt, auseinandergetrieben. Er musste sie festhalten, um sie nicht jetzt schon zu verlieren. Er umspannte mit der Hand leicht ihren Oberarm und schob sie vor sich her. Keiner sah das Gesicht des anderen, bis sie in der Bahnhofshalle stehen blieben.

Was jetzt nicht beschlossen war, konnten sie nicht mehr beschließen. Was jetzt nicht gesagt war, konnten sie nicht mehr sagen. Was sie jetzt nicht voneinander wussten, würden sie nicht mehr erfahren.

Ihnen blieb nur dieser schwerelose, blasse, nicht mehr von Hoffnung und noch nicht von Verzweiflung gefärbte Augenblick.

Rita nahm ein Fädchen von seiner Jacke. Ein Blumenverkäufer, der genau studiert hatte, wann man Abschied nehmende Liebespaare stören darf, trat an sie heran. „Ein Sträußchen gefällig?" Rita schüttelte hastig den Kopf. Der Mann zog sich zurück. Man lernte nie aus.

Manfred sah auf die Uhr. Ihre Zeit war genau bemessen. „Geh jetzt," sagte er. Er ging mit ihr bis zur Sperre. Da blieben sie wieder stehen. Rechts zog der Strom zum Bahnsteig hoch an ihnen vorbei, links der Strom zurück in die Stadt. Sie konnten sich auf ihrem Inselchen nicht lange halten. „Geh," sagte Manfred.

Sie sah ihn weiter an.

Er lächelte (sie soll ihn lächeln sehen, wenn sie an ihn denkt). „Leb wohl, braunes Fräulein" sagte er zärtlich. Rita legte ihren Kopf eine Sekunde lang an seine Brust. Noch Wochen später fühlte er den federleichten Druck, wenn er die Augen schloss.

Christa Wolf, *Der geteilte Himmel*, © 1977, Suhrkamp Verlag, Frankfurt am Main.

Wörter

Substantive

Gewölbe (*n.*)	vault
Irrtum (*m.*)	error
Sperre (*f.*)	ticket barrier
Tönung (*f.*)	color shading

Verben

auf sich angewiesen sein	to depend on oneself
aushorchen	to sound someone out
sich eignen	to be suited for
preisgeben	to reveal
sich scheuen	to fear
umspannen	to clasp

Adjektive

abgehetzt	hurried
(die Zeit) bemessen	limited (time)
sorgfältig	careful

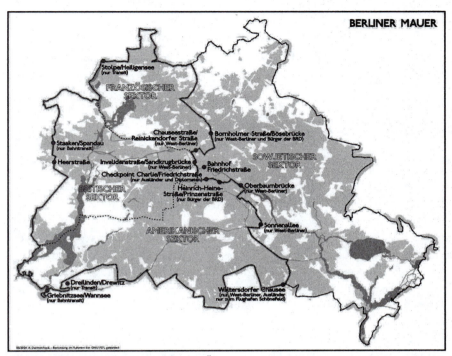

Abbildung 35: Die Berliner Mauer (Übergänge). © Sansculotte@despammed.
com. http://commons.wikimedia.org/wiki/file: Karte_berliner_mauer_de.jpg

Erklärungen

1. Pankow und Schöneweide sind Bahnhöfe im Ostteil. Ihr zufälliger
   Begleiter möchte Rita warnen, dass die Passkontrolle an der Berliner
   Stadtgrenze sie festnehmen könnte, wenn sie einen westlichen Bahnhof als
   Reiseziel nennt. Später in der Geschichte stellt sich heraus, das der Mann
   selbst in den Westteil fährt. Das erklärt sein Schwitzen bei der Kontrolle.

2. Berlin war nicht Teil von Westdeutschland, aber auch nicht Teil von
   Ostdeutschland, sondern unterstand der alliierten Kontrolle. Deswegen
   mussten Pässe beim Eintritt in das Stadtgebiet gezeigt werden.

3. Der Zoologische Garten ist der Hauptbahnhof in Westberlin. Man konnte
   dorthin vom Osten mit einer einfachen S-Bahnkarte von Ostberlin fahren.

Übungen

1. Warum möchte Manfred auf Ritas „kleine Irrtümer und ihre großen
   Folgen" trinken? Warum sie nicht? Was zeigt das über die Beziehung der
   beiden?

2. Beachten Sie die Farbsymbolik in der Beschreibung des Nachthimmels.
   Was bedeutet die Feststellung, dass das Stückchen Erde, auf dem sie
   standen, sich der Nachtseite zudrehte?

3. Die Szene endet mit der Feststellung, dass Rita nicht mehr zurückgehen würde. Wo im Text gibt es Hinweise auf ihre Entscheidung?

4. Die Wendung der Geschichte, dass Rita in den Osten zurückkehrt, wurde vom Westen als Provokation gesehen. Verstehen Sie diese Reaktion?

Thomas Brussig: Helden wie wir (1995)

Kontext

Helden wie wir ist der bekannteste Roman zum Fall der Mauer, der im Deutschen „Wende" genannt wird. Am 9. November 1989 wurde in den Abendnachrichten des DDR-Fernsehens in beiläufiger Weise die Öffnung der Grenze zu Westberlin bekannt gegeben. Die DDR-Bewohner wollten diese Nachricht nicht glauben und testeten die Übergänge in den Abendstunden, wurden jedoch zunächst zurückgeschickt. Daraufhin stürmten an einigen Übergangsstellen entschlossene Ostberliner die Grenze nach Westberlin und konnten so das erste Mal seit dem Bau der Mauer am 13. August 1961 nach West-Berlin fahren.

Schon lange war versucht worden, einen Roman zu diesem historischen Ereignis zu verfassen, so von Günter Grass in *Ein weites Feld*. Brussigs Buch unterscheidet sich von anderen Versuchen durch seinen satirischen Ton. Der Roman beschreibt satirisch, wie der Held Klaus Ultzscht die DDR-Grenzsoldaten durch sein überdimensioniertes Geschlechtsorgan so sehr erschreckte, dass sie ohne Widerworte die Mauer öffneten. Als psychologischer Roman getarnt erklärt der Held einem Mr. Kitzelstein, Reporter der *New York Times*, seine unterschiedlichen sexuellen Erfahrungen. Im Mittelpunkt des Romans steht die Entwicklung des Helden in der DDR, der wie sein Vater zu einem Mitarbeiter der ostdeutschen Staatssicherheit (Stasi) wurde. Die DDR, so Brussigs satirisches Thema, war sexuell verklemmt und musste aus dieser Verklemmung befreit werden, was nur durch den Kontakt mit dem Westen möglich war.

Thomas Brussig wurde am 19. Dezember 1965 in Berlin geboren und erhielt seine Ausbildung als Filmdramaturg an der Filmhochschule „Konrad Wolf" in Potsdam-Babelsberg. Zu DDR-Zeiten veröffentlichte er nichts, doch beobachtete er die Untergrundliteraturszene im Ostberliner Stadtteil Prenzlauer Berg. Mit dem Roman *Helden wie wir* wurde er über Nacht zu einem Literaturstar, besonders nach der Verfilmung und dem folgendem Film *Sonnenallee* von 1999, dessen Drehbuch er schrieb.

Helden wie wir

Mr. Kitzelstein, da ich gerade von der Friedrichstraße rede, will ich Ihnen endlich erzählen, wie ich als Achtzehnjähriger, von sexuellen Nöten gepeinigt, dem verbotenen Westen ganz, ganz nahe kommen wollte, wie ich ihn spüren, riechen, hören, tasten wollte. Ich stellte mich nicht ans Brandenburger Tor – da war der Westen noch einhundertzwanzig Meter entfernt -, nein, ich kauerte mich auf einen U-Bahn-Schacht, und immer wenn eine U-Bahn unter mir durchfuhr, war der Westen ganze vier Meter weg... (1) Ich verbrachte Stunden auf den Lüftungsgittern der U-Bahn-Schächte, natürlich aus sexuellen Nöten, welche durch meine erste Bekanntschaft mit dem Quelle-Katalog (2) ausgelöst worden waren. Ein Mitschüler feierte seinen achtzehnten Geburtstag, Big Party, und da lag dieses Ding in seiner Wohnung, achthundert Seiten Vierfarbdruck auf Hochglanzpapier- oder so ähnlich. Ist das der Westen? Sieht es im Westen aus wie im Quelle-Katalog? Oder gibt es einen Unterschied zwischen beiden? Die Hi-Fi-Anlagen! Die Fahrräder! Die Fotoapparate! Ich bekam ein völlig neues Bild vom Westen. Die können ja alles! Der Sozialismus ist dem Westen selbstverständlich historisch überlegen, aber Fahrräder mit einundzwanzig Gängen gibt es nur im Quelle-Katalog! Fortan begegnete ich dem Westen in Ehrfurcht, und sein Name wurde nur noch geflüstert. Von Stund an war ich davon überzeugt, nur der Weststrom liefere eine stabile Wechselspannung von präzise 50 Hz. Und den Otto-Waalkes-Witz (3), wonach ein Mann mit einem halben Brathähnchen zum Tierarzt kommt und fragt, ob da nicht noch was zu machen sei - den verstand ich nicht. Ich traute nach der Lektüre des Quelle-Katalogs einem West-Tierarzt zu, dass er ein halbes Brathähnchen gesund pflegt, auf dass es wieder gackert und noch viele West-Eier legt. Aber die Fahrräder und Fotoapparate waren nichts, gar nichts im Vergleich zu dem, was ich auf den Seiten mit der Damenunterwäsche sah: Westfrauen! So sahen sie aus? Solche Frauen liefen im Westen herum? Unglaublich! Diese lächelnden Gesichter! Dieses spielerisch herabfallende Haar! Diese Figuren! Diese Haut! Diese liebreizenden Augen! Von den Wimpern ganz zu schweigen! Hinreißend! Atemberaubend! Schlichtweg betörend. Ich schmolz dahin. Ich war ihnen verfallen. Es zog mich zu ihnen, diesen verwirrend schönen Westfrauen. Abgesehen davon, dass ich mich während der Geburtstagsparty nicht von den Seiten mit der Damenunterwäsche losreißen konnte und mir schließlich sogar vier Doppelseiten heimlich herausriss - erste Anzeichen für meine triebtäterische Veranlagung -, ich wollte diesen Frauen auch nahe sein, auf dass ich ihr Parfüm - ihr Ph-ffng – erschnuppere und sie crosse Chips knabbern höre. Aber wo im Osten kann man Westfrauen schon nahe sein? So nahe, dass es näher nicht geht? Genau, in der Friedrichstraße, über der U-Bahn. Ich kam auf vier Meter an sie ran. Ich sah sie zwar nicht, aber ich hatte meine vier Doppelseiten, die ich in vier Klarsichthüllen schonend aufbewahrte. Ich verbrachte Stunden auf dem Gitter der Lüftungsschächte und jedesmal, wenn ich eine U-Bahn unter mir rumpeln hörte, warf ich einen lechzenden Blick auf die Quelle-Frauen meiner vier herausgerissenen Doppelseiten und wusste, dass die U-Bahn, die gerade unter mir hindurch fährt, voll von solchen Frauen ist. Meine Nase und meine Ohren waren gefordert: Vielleicht wird der Luftzug der U-Bahn ein winziges Wölkchen Eau de Toilette zu mir hinaufwehen, vielleicht ist ein Klappfensterchen angekippt, durch das die Düfte direkt von einer Westfrauenhaut in meine Nase aufsteigen? Oder, wenn das Fenster schon angekippt ist - vielleicht dringt durch den U-Bahn-Lärm gar ein Original-Westfrauenkichern? Und nicht nur, dass sie aussahen, wie die Frauen in meinen Klarsichthüllen - sie hatten vermutlich auch jene sagenumwobenen G-Punkte. Und alles lächerliche vier Meter unter mir! Es war unglaublich! Wäre ich bereits damals von denselben perversen Energien getrieben gewesen wie nur wenige Jahre später hätte ich das Lüftungsgitter vergewaltigt. Aber mit achtzehn hatte ich noch Skrupel. So kann ich nur beteuern: Ich habe nie auf der Mitte der Friedrichstraße gelegen und mit einem Lüftungsgitter gebumst.

Wörter

Substantive

Ehrfurcht (*f.*)	respect
Gang (*m.*)	gear (of a bike)
Hochglanzpapier (*n.*)	glossy paper
Klarsichthülle (*f.*)	plastic cover
Lüftungsgitter (*n.*)	air vent
Schacht (*m.*)	tunnel
Veranlagung (*f.*)	condition
Vierfarbdruck (*m.*)	color print
Wechselspannung (*f.*)	AC (alternate current)
Wimper (*f.*)	eye lash

Verben

aufbewahren	to keep
bumsen	(*slang*) to have sex
erschnuppern	to smell
kauern	to crouch
lechzen	to thirst for
peinigen	to torment
vergewaltigen	to rape

Adjektive

atemberaubend	breathtaking
betörend	beguiling
hinreißend	ravishing
liebreizend	loveley
sagenumwoben	mysterious
triebtäterisch	pathological
verfallen	addicted

Anmerkungen

1. Zwei Strecken der Westberliner U-Bahn fuhren durch den Ostsektor, bevor sie wieder in den Westsektor zurückkamen. Die Ostberliner Bahnhöfe waren gesperrt, sie waren Geisterbahnhöfe.

2. Der Quelle-Katalog war der größte westdeutsche Versandhauskatalog, dessen Farbdruck und Freizügigkeit den Ostberlinern völlig unbekannt waren.

3. Otto Waalkes ist ein westdeutscher Komiker.

Übungen

1. Rekonstruieren Sie die Timeline der Maueröffnung 1989 (http://www.dhm.de/lemo/html/DieDeutscheEinheit/DerFallDerMauer/index.html).

19. Oktober	_____
24. Oktober	_____
4. November	_____
9. November	_____
13. November	_____
1. Dezember	_____
3. Dezember	_____
7. Dezember	_____

2. Verstehen Sie den Otto-Waalkes Witz?

3. Welche Dinge interessieren den Helden im Westen? Warum ist das so?

4. Warum ist der Text grotesk? Nennen Sie Elemente, die Ihnen auffallen.

5. Erklären die Klaus Ultzschts pathologische Neigung, seine
   sexuellen Minderwertigkeitskomplexe auf den Konsumkapitalismus
   Westdeutschlands zu projizieren. Wie drückt sich darin eine satirische
   Kritik Ostdeutschlands aus?

Abbildung 36: Am 9. November vor dem Brandenburger Tor. Bildarchiv
Preußischer Kulturbesitz.

Bibliographie

Biermann, Wolf; Pleitgen, Fritz F. *Die Ausbürgerung: Anfang vom Ende der DDR*. In Zusammenarbeit mit Pamela Biermann und Krista Maria Schädlich. Berlin: List, 2006.

Biermann, Wolf. *Mit Marx- und Engelszungen: Gedichte, Balladen, Lieder*. München: Dt. Taschenbuch-Verl., 2000.

Brussig, Thomas. *Helden wie wir: Roman*. Frankfurt am Main: Fischer-Taschenbuch-Verl., 1998.

Brussig, Thomas. *Heroes like us*. Transl. by John Brownjohn. New York: Farrar, Straus, Giroux, 1997.

Drees, Hajo. *A comprehensive interpretation of the life and work of Christa Wolf, 20th century German writer*. Lewiston; Queenston; Lampeter: Edwin Mellen Press, 2002.

„Helden wie wir: die unglaubliche Wahrheit des Mauerfalls". Ein Film von Sebastian Peterson; Drehbuch: Thomas Brussig; Regie: Sebastian Peterson. München: BMG-Video, 2000.

Hilzinger, Sonja. *Christa Wolf*. Frankfurt am Main: Suhrkamp, 2007.

Huberth, Franz. *Die DDR im Spiegel ihrer Literatur: Beiträge zu einer historischen Betrachtung der DDR-Literatur*. Berlin: Duncker und Humblot, 2005.

Kunert, Günter. *Vergangenheit und Zukunft*. Berlin: Zimmermann, 1999.

Walther, Cornelia. *Erläuterungen zu Thomas Brussig, Helden wie wir*. Hollfeld: Bange, 2002.

Wolf, Christa. *Der geteilte Himmel: Erzählung*. München: Dt. Taschenbuch-Verl., 2001.

Wolff, Lutz-Werner. *Fahrt mit der S-Bahn: Erzähler d. DDR*. München: Deutscher Taschenbuch-Verlag, 1985.

KAPITEL 6

Hauptstadt Berlin

Das „Neue Berlin," wie die Bundeshauptstadt oft genannt wird, ist das Ergebnis turbulenter politischer Ereignisse, die zu dem Fall der Mauer und der Wiedervereinigung Deutschlands führten. Am 15. Januar 1989 findet in Leipzig eine Demonstration für politische Meinungs-, Versammlungs- und Pressefreiheit statt. Als Zeichen der immer stärker werdenden Unzufriedenheit mit der politisch repressiven und wirtschaftlich ineffizienten DDR läutet diese Ereignis symbolisch das Ende des ostdeutschen Staates ein, obwohl viele Menschen einen verbesserten Sozialismus auf demokratischer Grundlage, weniger die gänzliche Abschaffung des Systems erhoffen. Im August versammeln sich DDR-Bürger in den bundesrepublikanischen Botschaften in Budapest, Prag und Warschau mit dem Ziel, Ausreisegenehmigungen in den Westen zu erhalten. Das ohnehin westlich orientierte Ungarn öffnet am 11. September seine Grenze zu Österreich, um zahlreichen DDR-Bürgern die Ausreise zu erleichtern. Am 18. Oktober tritt der Parteichef der SED und Staatsratsvorsitzende Erich Honecker zurück; Egon Krenz wird sein Nachfolger und verspricht politische Reformen. Am 4. November demonstrieren ungefähr eine Million Bürger in Ost-Berlin, und die ohnehin schon brüchige Grenze zur Tschechoslowakei wird geöffnet. Am 7.-8. November tritt die Regierung der DDR zurück. Am 9. November wird überraschend und unter spektakulären Umständen die Mauer geöffnet; Ostdeutsche kommen in Scharen nach West-Berlin, und ein euphorisches Volksfest proklamiert nationale Freiheit und Einigkeit. Nach längeren Ost-West-Verhandlungen mit den Alliierten kommt es schließlich am 3. Oktober 1990 zur offiziellen Wiedervereinigung Deutschlands. Nach zähen Diskussionen im Bundestag wird am 20. Juni 1991 Berlin mit einer knappen Mehrheit zum Sitz der Bundesregierung gewählt.

Seitdem hat sich die neue Hauptstadt mit ihren 3.4 Millionen Einwohnern rapide verändert. Berlin profiliert sich als global vernetzter Dienstleistungsstandort und technologische Medienmetropole mit einem attraktiven Kultur- und Unterhaltungsangebot. Diese Image-Pflege ist wichtig, weil Berlin weder vor noch nach der Wende eine starke Industriestadt war und weil es finanziell hoch verschuldet ist. Dennoch findet man traditionelle Firmen wie Siemens hier, und der Pharma-Konzern Pfizer plant, nach Berlin zu kommen. Besonders die Solar-Industrie ist hier gut vertreten. Gern sieht sich Berlin als „junge" Stadt, deren multikulturelles Ambiente, modernes „Tempo" und weltoffene Toleranz sprichwörtlich sind. Dennoch erschweren sozialpsychologische Unterschiede zwischen Ost und West immer noch die Bildung einer einheitlichen Kollektiv-Identität. Das demoskopische Spektrum der Stadt wird besonders durch türkische Immigranten und die Aussiedler aus Russland erweitert, was zu kultureller Bereicherung, aber auch zuweilen zu ethnischen Konflikten führt. Benachteiligung im Bildungssystem und erhöhte Arbeitslosigkeit erschweren die Integrationsinitiativen der Stadt, obwohl gerade viele Immigranten wirtschaftlich besonders ehrgeizig sind. Mit seinen vier renommierten Universitäten und anderen Einrichtungen der höheren Bildung zieht Berlin auch zahlreiche Studenten aus aller Welt an. Opernhäuser, Symphonieorchester, Theater und Kabaretts werben um die knappen Finanzzuschüsse, ziehen aber zahllose Besucher aus aller Welt an, so dass die Tourismusbranche eine Haupteinnahmequelle der Stadt darstellt.

Nach der Wende musste die Infrastruktur modernisiert werden, die durch die Teilung sehr gelitten hatte. Die S-Bahn-Verbindungen wurden durchgehend wiederhergestellt und neue Intercity- und ICE-Bahnverbindungen eingerichtet. 2006 wurde der spektakuläre Hauptbahnhof eröffnet, der unter einem riesigen Glassdach Nah- und Fernverkehr mit attraktiven Einkaufsmöglichkeiten vereinigt und für ein futuristisch-kosmopolitisches Ambiente sorgt. Für den internationalen Luftverkehr wird der zukünftige Großflughafen Berlin Brandenburg International in Schönefeld ausgebaut. Und schließlich ist Berlin auch der Sitz vieler Rundfunkanstalten, Fernsehsender, Verlage und Presseorgane mit bundesweiter und internationaler Auswirkung.

Natürlich mussten auch die politischen Einrichtungen neue Quartiere erhalten. Politische Transparenz verkörpern der renovierte Reichstag mit seiner Aussichtskuppel aus Stahl und Glass, das hypermoderne Bundeskanzleramt und die neuen Bürogebäude für die Abgeordneten. Sehenswert ist auch die eindrucksvolle Architektur der ausländischen Botschaften am Tiergarten oder in Berlin Mitte. Einige Bundesministerien wurden dagegen in schon von den Nationalsozialisten oder der DDR-Regierung benutzten Gebäuden untergebracht. Diese nicht unumstrittenen Maßnahmen zeigen, dass Architektur nicht an eine bestimmte politische Ideologie gebunden ist. Sie symbolisieren auch, dass die weltoffen-demokratische Politik der „Berliner Republik," wie das Nachwende-Deutschland manchmal genannt wird, immer wieder zur Bewältigung der oft furchtbaren Vergangenheit Deutschlands aufgerufen ist. Architektur spiegelt so die Ängste und Hoffnungen einer Hauptstadt, die sich immer in einer endlosen Übergangsphase zu befinden scheint und in der verschiedene historische Epochen, multikulturelle Einflüsse und ideologische Kontrahenten simultan aufeinanderprallen. Weil die politischen Ursachen und sozialen Auswirkungen dieser vielschichtigen Gleichzeitigkeiten besonders einem neuen Besucher of schwer verständlich sind, bietet die visuelle Unmittelbarkeit und materielle Präsenz von Architektur einen ersten direkten Einstieg in die Interpretation der Stadt.

Besonders der Wirtschaftsausbau und die kapitalistische Konsumgesellschaft der Hauptstadt brüsten sich in dramatisch neuen Bauwerken. Besonders bemerkenswert ist der Potsdamer Platz, der vor dem zweiten Weltkrieg ein Verkehrsmittelpunkt von Berlins Einkaufs- und Vergnügungsszene war. Er beherbergt jetzt in spektakulären Wolkenkratzern u.a. das europäische Hauptquartier von Sony, die Daimler AG und die Deutsche Bahn. Auch findet man hier Restaurants und Hotels, ein Spielkasino, eine Einkaufspassage im amerikanischen Stil, ein riesiges Revue-Theater und ein IMAX-Kino. Obwohl besonders stark von Touristen frequentiert, kann der neue Potsdamer Platz freilich nicht das geschlossene Stadtbild des im Zweiten Weltkrieg zerstörten Originals wiederherstellen, das mit sprichwörtlich hektischem Verkehr, Vergnügungsstätten und Geschäftsleben ein lebendiger Mittelpunkt des modernen öffentlichen Lebens war. Nur das erhalten gebliebene Weinhaus Huth und die unter Glas geschützten Raum- und Fassadenteile des zerstörten Nobelhotels Esplanade im Sony-Center deuten nostalgisch auf die reiche Vergangenheit des Ortes hin.

Auch anderswo sind die geschichtlichen Spuren im erneuerten Stadtbild sichtbar. Das berühmte Brandenburger Tor wurde ebenso restauriert wie die weltberühmte Museumsinsel im Osten der Stadt. Das Deutsche Historische Museum bietet im renovierten Zeughaus am populären Boulevard Unter den Linden eine repräsentative Ausstellung zur deutschen Geschichte von den Anfängen bis zur Gegenwart. Diese Einrichtungen treten in Konkurrenz zu dem Kulturforum in der Nähe des Potsdamer Platzes. Die Gegend um die Oranienburger und Auguststraße wurde zum Zielpunkt vieler Kunstgalerien, populärer ethnischer Restaurants und einer gemäßigten Prostituiertenszene. Das alternative Kunstzentrum Tacheles in der nördlichen Friedrichstraße, malerisch untergebracht in der sanierten Ruine eines ehemaligen Kaufhauses, bietet eher dem nicht-etablierten Publikum coole Unterhaltungsreize. Das alte Arbeiterviertel am Prenzlauer Berg, wo sich zu DDR-Zeiten viele Dissidenten aufgehalten hatten, ist ein Beispiel für die kontroverse Gentrifizierung alten Stadtbestandes im Zeichen von Konsum und Wohlstand. Andere zerbombte oder nach dem Zweiten Weltkrieg abgerissene Bauwerke und Straßen wurden aufwendig wiederaufgebaut, etwa die neue Einkaufsmeile an der Friedrichstraße, wo zeitgenössische Architektur sich an die traditionelle Gebäudehöhe und die geschlossene Blockstruktur Berlins anpassen musste. Selbst die Wiederherstellung von Karl Friedrich Schinkels Bauakademie ist geplant, wofür eine bereits fertig gestellte Gebäudeecke wirbt. Von dem umstrittensten Architekturprojekt der Hauptstadt, dem Streit um den Abriss des DDR-Palasts der Republik und dem Wiederaufbau des Hohenzollern-Stadtschlosses, wird später noch die Rede sein.

Freilich findet man auch immer noch Spuren der Nazi-Herrschaft: etwa in den Gebäuden um die Wilhelmstraße, dem Olympia-Stadion und, unzugänglich und nur dem Kundigen auffindbar, dem unterirdischen Bunker des Reichkanzlers Hitler. An die Schrecken des Nationalsozialismus und des Holocausts erinnern besonders das ausgedehnte Denkmal für die ermordeten Juden Europas südlich vom Brandenburger Tor und die Topographie des Terrors am einstigen Ort der Geheimen Staatspolizei und anderer Behörden des Nazi-Regimes. Dagegen dient Daniel Libeskinds avantgardistisches Jüdisches Museum der Pflege der reichen jüdischen Kultur Berlin vor dem Holocaust, aber auch der schmerzhaften Bewusstwerdung der nicht mehr wiederherstellbaren Vernichtung dieses Erbes. Bemerkenswert ist auch das wiederbelebte jüdische Leben um die Oranienburger Straße, wo man mit der teilweise rekonstruierten Neuen Synagoge, einem jüdischem Gymnasium, und koscheren Restaurants eine Szene findet, die freilich manchen Leuten etwas artifiziell vorkommt. Noch nostalgischer mutet das kleine aber liebenswerte Museum zur Alltagskultur der DDR an, das man gegenüber vom Berliner Dom besuchen kann.

Die „Wende" führte zur politischen Wiedervereinigung Deutschlands, aber der wirtschaftliche Aufbau des Ostens ging nur langsam voran; höhere Arbeitslosigkeit, niedrigere Gehälter und Abwanderung in die alten Bundesländer erzeugten gegenseitige Vorurteile. In ihnen trat der aggressiv kolonialistische Konsumkapitalismus des Westens gegen den wehleidigen, zurückgebliebenen Osten („Besserwessis" gegen „Jammerossis") auf. In jüngster Zeit hat Ostdeutschland freilich sehr an Attraktivität gewonnen, was sich besonders in Städten wie Berlin, Dresden und Leipzig zeigt. Es gibt aber immer noch Anzeichen der „Mauer in den Köpfen." Diese mentale Grenze trägt zum Phänomen der „Ostalgie" bei, der melancholisch-ironischen Idealisierung der „guten alten DDR." Deren sozialistisches Solidaritätsdenken und andere Errungenschaften werden trotz Mauerbau und politischer Unterdrückung gegenüber dem neuen wirtschaftlichem Wettbewerbsdenken („Ellbogengesellschaft") favorisiert.

Der Film *Good Bye, Lenin!* (2003) des westdeutschen Regisseurs Wolfgang Becker (geb. 1954) beschäftigt sich ironisch aber einfühlsam mit dem Ende der DDR aus der Perspektive der Wendezeit, obwohl er nicht auf ein bloßes Zeugnis für ostalgische Gefühle reduziert werden sollte. Eher handelt er von der Manipulation politischer Realität durch das Massenmedium Fernsehen. Durch den Kontrast von fiktionalen Szenen und eingeblendeten Dokumentaraufnahmen stellt der Film das offizielle DDR-Bild und die reale Wiedervereinigungspolitik in Frage. Suggeriert wird die Möglichkeit einer Verabschiedung der DDR, bei der der andere deutsche Staat nicht einfach vom Westen annektiert wird, sondern sich selbst zu einem gerechteren und menschlicheren System reformieren darf. Diese utopische Version der DDR wurde freilich durch die reale Wiedervereinigung nicht verwirklicht.

Der Film spielt am Ende der DDR-Zeit. Seitdem Alexander Kerners Vater seine Familie durch die Flucht in den Westen verlassen hat, kompensiert die Mutter ihren Verlust dadurch, dass sie eine hyperperfekte Sozialistin ist. Während einer Demonstration für mehr Demokratie wird Alex zufällig verhaftet. Durch den Anblick erleidet die Mutter einen Herzanfall und liegt monatelang im Koma. Alexander, seine russische Freundin Lara, seine Schwester Ariane und sein Freund Denis erfahren, dass ein zweiter Herzanfall zum Tod der Mutter führen wird. Als die Mutter aus dem Koma erwacht, ist die Berliner Mauer gefallen und das Ende der DDR gekommen. Um die Mutter vor jedem gesundheitsgefährdenden Schock zu bewahren, inszenieren die jungen Leute für sie eine künstliche DDR, indem sie neue West-Lebensmittel in alte Ostgläser umfüllen, erfundene DDR-Fernseh-Nachrichten drehen und sentimentale sozialistische Lieder zu Mutters Geburtstag aufführen lassen. Durch geschickte Manipulation von Dokumentaraufnahmen zum Mauerfall machen sie der Mutter sogar vor, dass nicht die DDR ein Teil des Westens geworden ist, sondern dass umgekehrt die von Kapitalismus und Konsumterror enttäuschten Westdeutschen in Scharen in die bessere DDR einwandern.

Wie man aus dieser Alternativsicht auf die jüngste deutsche Geschichte sieht, hat Berlin eigentlich keine einheitliche Identität und kein fraglos verbürgtes kulturelles Gedächtnis, sondern ist auf eine ständige Befragung ihrer eigenen Bedeutung angewiesen. Diese Selbsterkundung ist immer wieder auf Rekonstruktion, Sublimierung, Kompensation und andere Strategien der Vergangenheitsbewältigung angewiesen. Gerade das aber garantiert die faszinierende Ausstrahlung der Hauptstadt nach der Wende. Im Folgenden sollen Auszüge aus drei repräsentativen Quellen präsentiert werden, die Berlins Gegenwart und historisches Erbe an Gebäuden, Straßen, Plätzen und Stadtteilen lebendig machen. Sie stammen alle aus dem Jahre 1999: Peter Schneiders Roman *Eduards Heimkehr*, Durs Grünbeins Lyrikzyklus *Berliner Runde* und Tanja Dückers' Roman *Spielzone*. Diese Texte thematisieren auf stilistisch und thematisch sehr verschiedene Weise die Metropole Berlin als Schauplatz verschiedener historischer Zeitebenen, auf dem die zeitgenössischen Leser in die Rolle imaginativer Flaneure versetzt werden. Stadtgeschichte und Stadtgegenwart kann man hier als visuelle Anreize, fiktive Szenarien und intellektuelle Denkanstöße erleben, die hoffentlich zu einer wirklichen Reise in die neue Hauptstadt motivieren.

Peter Schneider, Eduards Heimkehr (1999)

Kontext

In Peter Schneiders Roman *Eduards Heimkehr*—auch in englischer Übersetzung unter dem Titel *Eduard's Homecoming* (2000) erschienen—erscheint die Zeit nach der Wende als visuelles, durch die modernen Massenmedien vermitteltes Schauspiel, in dem—nicht ganz unproblematisch—individuelle Liebeskonflikte mit der Lösung politischer Fragen einhergehen: die Rekonstruktion der beschädigten Stadt, die Last der Nazi-Vergangenheit, Ost-West-Unterschiede und die Suche nach nationaler Identität. Schneiders Berlin-Topographie spiegelt das kontroverse Begehren Deutschlands nach „Normalität" als Staat wider, der seine Vergangenheit erfolgreich bewältigt und als gleichberechtigter Partner in der Europäischen Union und in der globalisierten Gesellschaft wirkt.

Schneider ist einer der populärsten und auch in den USA bekannten deutschen Schriftsteller der Gegenwart, der in zahlreichen Romanen und Essays aktuelle gesellschaftspolitische Ereignisse darstellt. 1940 in Lübeck geboren, lebt er seit 1961 in Berlin. Vor der Bundestagswahl 1965 war er als Wahlkampfhelfer der SPD tätig und in der linken Berliner Studentenbewegung aktiv. Besonders ist er durch die Erzählung *Der Mauerspringer* (1982) bekannt geworden.

In *Eduards Heimkehr* kommt der Molekularbiologe und Genetiker Eduard Hoffmann nach acht Jahren an der Stanford University in Kalifornien nach Berlin zurück, um dort eine Stelle an einem Forschungsinstitut im Osten der Stadt anzutreten. Ihm und seinem Bruder ist ein Mietshaus im Ostberliner Stadtteil Friedrichshain vererbt worden. Erschwert wird die Situation dadurch, dass anarchistische Hausbesetzer (Leute, die gegen den Willen des Eigentümers in leerstehende Wohnungen oder Häuser ziehen) behaupten, Eduards Großvater hätte zur Nazi-Zeit das Gebäude zu Unrecht von dem jüdischen Besitzer erworben. Diese These erweist sich allerdings als Irrtum, denn der Großvater hatte den Juden in ihrer Gefahr sogar geholfen. Zudem hat Eduard mit Eheproblemen zu kämpfen, die wohl damit zusammenhängen, dass seine Frau, die jüdischer Abstammung ist, Ressentiments gegen Deutschland hegt. Aber auch diese Schwierigkeiten scheinen sich am Ende zu lösen. Im Verlauf der Handlung besichtigt Eduard zwei typische Schauplätze der neuen Hauptstadt. Der Potsdamer Platz ist hier noch nicht das neu bebaute Zentrum der wirtschaftlichen Globalisierung, sondern eine verwüstete Leere, die Erinnerungen an die verschwundene Mauer und das großstädtische Leben vor dem Zweiten Weltkrieg erweckt. Eduard sieht auch eine vom Fernsehen übertragene Demonstration von Hausbesetzern, die die Kontroverse um Eduards Hauserbe mit der Debatte um den Wiederaufbau des Hohenzollern-Stadtschlosses an der Stelle des DDR-Palasts der Republik verbinden.

Abbildung 37: Potsdamer Platz. © Amy Metzger.

Eduards Heimkehr

[Eduard] hatte den Potsdamer Platz (1) bisher immer nur aus der Fußgänger- oder aber aus der Flugzeugperspektive gesehen, noch nie aus einer so moderaten Höhe. Damals hatte die Mauer noch gestanden, und er erinnerte sich eigentlich nur an den hölzernen Aussichtsturm an der Westseite, von dem aus die Touristen mit ihren Ferngläsern gebannt über das Ödland starrten, ihrerseits von den Grenzsoldaten in den Wachtürmen auf der Ostseite beobachtet. Geblieben war ihm das Bild von Ferngläsern, die ineinander starrten.

Jetzt war die Grenzanlage bis auf einen kurzen Abschnitt direkt zu Füßen des Weinhauses Huth (2) abgeräumt. Eduard fiel ein, daß die verschwundene Mauer mit allem Zubehör auf dem Schutt einer früheren Ruinenlandschaft errichtet worden war. Er erinnerte sich an Nachkriegsbilder, auf denen noch die Gerippe der großen Bauten zu sehen gewesen waren, die den Platz einst markiert hatten – Ruinen eines Platzes, auf dem einmal die erste Ampel Europas eingerichtet worden war, um den überwältigenden Verkehr zu steuern. Auf dem planierten Staub dieser Ruinen war die Mauer errichtet worden, die nun ihrerseits Gerippe, Bruchstück, Bausand geworden war.

Aber auch im bebauten Umfeld dieser ungeheuren Leere entdeckte er nur hin und wieder Zeichen, die auf ein jahrhundertealtes städtisches Leben deuteten. Aus der Höhe der Dachterrasse wirkte die Stadt, als seien die meisten ihrer Bauten von einem Hubschrauber abgeworfen

worden. Vom Gropiusbau (3) blickte er über namenlose Flachdächer
zum Handelszentrum (4), im Dunst dahinter erschienen, wie Zitate aus
einer anderen Stadt, die beiden Dome des Gendarmenmarkts (5), der
festungsartige, von Wilhelm II. verpatzte Berliner Dom (6), dann kam
lange wieder nichts bis auf den Fernsehturm (7) und die klobigen Kanten
der Charité (8), schließlich der düstere Reichstag (9). Was ihn verstörte,
war nicht die Häßlichkeit, sondern die Abwesenheit eines Stadtbildes.
Der weitaus stärkste Eindruck, der sich aus dieser Höhe mitteilte, waren
die riesigen Lücken zwischen mehr oder minder geglückten Unikaten.
Das Vorhaben, auf dieser Tafel, in der so viele Inschriften der Geschichte
ausgelöscht worden waren, in fünf Jahren eine neue Mitte einzuzeichnen,
erschien ihm plötzlich ganz und gar vermessen. (10) […]

Vor dem Palast der Republik (11) kam der Zug zum Stehen. Die
Kamera vollführte einen Schwenk über die öde, unendlich lange Fassade
mit den abgetönten Scheiben, die der Stolz der sozialistischen Republik
gewesen, Eduard jedoch immer wie ein überdimensioniertes Fitneß-
Studio vorgekommen war. Der enorme, weißgeränderte Riegel, der
wie ein umgekippter Dominostein – gleichsam eine liegende Version
des Handelszentrums – den Schloßplatz (12) versperrte, machte einen
verlassenen Eindruck. Auf dem Dach aber regte sich etwas. Als die
Kamera näher heranging, erkannte er ein paar Gestalten aus der Rigaer
Straße im bekannten schwarzen Outfit. Sie hielten ein Banner hoch, dessen
schwarze Lettern auf dem roten Grund deutlich zu lesen waren: «Nie
wieder Preußen!» […]

Es war, als hätten sich die Demonstranten im Weitergehen plötzlich
in eine andere Epoche verlaufen. Vor einem imposanten Gebäude, das
Eduard irgendwie bekannt vorkam, kamen sie zum Stehen. Die eher
dünnen Reihen wirkten plötzlich eindrucksvoll, fast mächtig. Unter
den aktuellen Fernsehbildern von dem Protestmarsch schienen frühere
Bildschichten hervorzutreten, Bilder in Schwarzweiß von revolutionären
Arbeitermärschen aus den zwanziger Jahren, in Öl gemalte Szenen von
1848, die man aus historischen Bildbänden von Berlin kannte. Der Zug
hatte sich vom Palast der Republik über den Marx-Engels-Platz bewegt,
aber, sah er recht? – die Kamera zeigte die Szene jetzt in der Totale – die
früher freie Südostseite des Platzes war gar nicht leer. Wie durch ein
Magierwort aus dem Asphalt gezaubert stand dort, frisch verputzt, die
mächtige Barock-Fassade des Hohenzollernschlosses (13). Er rieb sich die
Augen. Noch vor ein paar Wochen war er mit dem Fahrrad die Allee Unter
den Linden (14) hinuntergefahren, aber damals hatte dort kein Schloß
gestanden! Da war nichts gewesen als ein endloser Parkplatz mit dem
Staatsratsgebäude (15), in dessen banaler Vorderfront, wie ein Pfahl im
Fleisch, das berühmte Schloßportal von Eosander steckte. Und jetzt war
dieses Portal auf Geisterfüßen über den Parkplatz gelaufen und hatte sich
dorthin gestellt, wo es immer gestanden hatte: in seine alte Wand. […]

War alles nur Zitat, spielten die nur Revolution, oder war es ernst? (16) Einige Demonstranten fingen an, Steine gegen die meterhohen Fenster des Schlosses zu schleudern. Aber das Glas zerbarst nicht, die Wurfgeschosse durchschlugen die Fenster nicht. Dort, wo sie auftrafen, dellten sich die dunklen Scheiben nach innen, bildeten unbegreifliche, elastische Trichter, aus denen die Steine wie Schaumgummibälle herauskollerten. Ein Demonstrant stocherte mit dem spitzen Ende seiner Plakatstange gegen die schweren Türen des Portals und – durchstach sie. Die Kamera sprang auf das Loch mit den Stofffransen und bewies, was Eduard nicht hatte glauben wollen: Das ganze Schloß, das da abgebildet war, war selber nur ein Bild – eine Leinwandkulisse. (17)

Unwirsch erklärte Klott am anderen Ende der Leitung, was außer Eduard angeblich jeder wußte. (18)

Seit zwei Jahren tobte ein Streit in der Stadt über die Frage, wie die Stadtmitte rekonstruiert werden sollte. Die anfangs nur akademische Debatte hatte sich nach und nach zu einem Krieg um Geschichte und Identität ausgewachsen, in dem sich sämtliche Empfindlichkeiten, Ressentiments und Haßgefühle zwischen Ost- und Westberlinern sammelten. Alles hatte damit angefangen, daß die Stadtregierung – wohlgemerkt die erste des vereinten Berlin – den Palast der Republik in Ostberlin abreißen wollte; die Bauaufsicht hatte einen zu hohen Asbestgehalt festgestellt. Nicht daß die Ostberliner «Honeckers (19) Lampenladen», wie sie den Palast spöttisch nannten, liebten. Aber das Volk war in dem Palast, in dem die Volkskammer untergebracht war, mit den Jahren heimisch geworden. Es hatte darin, zu erschwinglichen Preisen, Hochzeiten, Geburtstage, Jugendweihen gefeiert. Als die Pläne für den Abriß bekannt geworden waren, sahen viele Ostberliner darin nur einen weiteren Versuch der «Kolonisatoren» aus dem Western, ihnen ein Stück ihrer Geschichte wegzunehmen. Das Mißtrauen war zur Wut geworden, als eine Westberliner Initiative sich dafür stark machte, auf dem Platz das historische Stadtschloß der Preußenkönige wiederaufzubauen. Um die Berliner für das Projekt zu begeistern, hatten die Schloßliebhaber eine ungewöhnliche Werbeaktion organisiert: Sie hatten von Pariser Kunststudenten die gesamte Westfassade des Stadtschlosses maßstabgetreu nachmalen lassen und die Leinwände an einem Stahlgerüst befestigt; so war, praktisch über Nacht, die Illusion einer Wiederauferstehung entstanden: Wer den Lindenkorso Richtung Osten fuhr, sah in der Linkskurve die leicht flatternde, wie zum Auffliegen bereite Geistergestalt des vor fünfzig Jahren gesprengten Barockpalastes vor sich. [...]

Unversehens hatte der Gespensterkampf zwischen Palast und Schloß symbolische Dimensionen gewonnen. In Ostberlin wurden Unterschriften gesammelt, Mahnwachen organisiert, berichtete Klott; man fürchte eine Selbstverbrennung. Der sozialistische Palast stehe plötzlich für die vom Westen ignorierte und verhöhnte Identität der ehemaligen DDR-Bürger, der Abrißplan für den Versuch, diese Identität endgültig zu vernichten. Der Wiederaufbau des Schlosses wiederum gelte als ein Zeichen für die Wiederkehr aller deutschen Übel: des Preußentums, der Monarchie und des Faschismus. «Dabei haben beide Gebäude so gut wie nichts mit den Leidenschaften zu tun, die da in ihrem Namen toben», merkte Klott boshaft an. «Die preußischen Soldatenkönige mochten das Schloß nicht und haben es gemieden, Hitler hat es nie betreten. Und auch Honeckers Palazzo del Prozzo taugt nicht als Symbol der sozialistischen Staatsmacht. Es war wohl das einzige Parlamentsgebäude auf der Welt, in dem auch ein Dutzend Gaststätten, ein Tanzsaal und eine erstklassige Bowlinghalle untergebracht waren. Aber wer interessiert sich schon für die Wahrheit, wenn es um die Identität geht?»

Peter Schneider, *Eduards Heimkehr*, copyright © 1999 by Rowohlt Gerlin Verlag GmbH, Berlin.

Wörter

Substantive

Aussichtsturm (*m.*)	guard tower, watchtower
Empfindlichkeit (*f.*)	sensibility, sentiment
Geisterfuß (*m.*)	*lit.*: foot of a ghost, as if by magic
Gerippe (*n.*)	skeleton
Grenzanlage (*f.*)	border zone
Grenzsoldat (*m.*)	border patrol
Inschrift (*f.*)	inscription
Jugendweihe (*f.*)	socialist coming-of-age ceremony for young people as an alternative to church confirmations
Leinwandkulisse (*f.*)	theatrical or cinematic prop made of canvas
Magierwort (*n.*)	magic word
Mahnwache (*f.*)	peaceful demonstration or vigil with political purpose
Ödland (*n.*)	wasteland
Palazzo del Prozzo (*m.*)	pompous palace; nickname for *Palast der Republik*
Plakatstange (*f.*)	pole to carry a poster
Ruinenlandschaft (*f.*)	cityscape in rubble
Schaumgummiball (*m.*)	foam rubber ball
Schwenk (*m.*)	panorama shot
Stahlgerüst: (*n.*)	steel frame, scaffolding
Stofffranse (*f.*)	loose thread of a canvas
Totale (*f.*)	long shot, often used for establishing shots

Unikat (*n.*)	unique object; *here*: isolated building
Wachturm (*m.*)	watch tower
Werbeaktion (*f.*)	advertising or promotional campaign
Wiederauferstehung (*f.*)	resurrection
Wurfgeschoss (*n.*)	missile
Zitat (*n.*)	citation, quotation

Verben

auslöschen	to erase
dellen	to cave inward
meiden, mied, gemieden	to avoid
starkmachen (sich)	to advocate
starren	to stare
stochern	to poke
verstören	to irritate
verputzen	*here*: to restore
vollführen	to execute, to carry out
zerbersten, zerbarst, zerborsten	to break

Adjektive

abgetönt	tinted
erschwinglich	affordable
gebannt	spellbound
klobig	bulky
festungsartig	like a fortress
unwirsch	gruff, surly
verpatzt	botched
vermessen	arrogant
verlassen	desolate

Anmerkungen

1. Vor dem zweiten Weltkrieg war der Potsdamer Platz eines der verkehrsreichsten Zentren des Berliner Großstadtlebens. Im Zweiten Weltkrieg fast völlig zerstört, lag der Platz während der DDR-Herrschaft brach und wurde nach der Wiedervereinigung als Ort der globalen Wirtschaft wiederaufgebaut.

2. Das Weinhaus Huth ist ein traditionelles Weingeschäft und -restaurant, das den Zweiten Weltkrieg überstanden hat und nun wie ein Fossil im wieder aufgebauten Potsdamer Platz erscheint.

3. Eins der für Eduard fremd wirkenden historischen Gebäude Berlin, wurde der Martin-Gropius-Bau 1881 im Stil der italienischen Renaissance erbaut und dient jetzt nach aufwendiger Renovierung als Ausstellungsgebäude.

4. Das Handelszentrum in der Friedrichstraße wurde 1976-1978 von der DDR als Quartier ausländischer Firmen errichtet.

5. Der Gendarmenmarkt ist ein klassizistischer Platz in Berlin-Mitte, der den französischen Einfluss seit den Hugenotten zeigt. Er umfasst den Französischen Dom (1705), den Deutschen Dom (1708) und Karl Friedrich Schinkels Schauspielhaus, jetzt Konzerthaus (1818-1821). Bei den Bombenangriffen 1944 stark beschädigt, wurde der Platz teilweise bereits von der DDR wiederaufgebaut.

6. Der Berliner Dom wurde von Kaiser Wilhelm II 1894-1905 im neubarocken Stil als Lutherisches Gotteshaus erbaut. Im Zweiten Weltkrieg wurde er schwer beschädigt und 1974-2002 vereinfacht restauriert.

7. Der Fernsehturm, der technologische Stolz der DDR, wurde 1965-1969 mit einer Höhe von 365 Metern errichtet; sein rotierendes Café bietet einen guten Panoramablick über Berlin.

8. Die Charité wurde 1726 als Quarantäne-Hospiz für Pestkranke errichtet und ist heute als Teil der Humboldt- und der Freien Universität ein wichtiges Forschungskrankenhaus mit einer medizinhistorischen Ausstellung.

9. Erbaut 1884-1894 von Paul Wallot, ist der Reichstag seit 1999 Sitz des Deutschen Bundestags. Er brannte in der Nacht vom 27.-28. Februar 1933 aus. Nach neuesten Forschungen kommt der niederländische Revolutionär Marinus van der Lubbe als alleiniger Brandstifter in Frage; er wurde am 10. Januar 1934 von den Nationalsozialisten hingerichtet. Historisch nachweisbar ist weder die angebliche Beteiligung der Kommunisten noch der Nazis selbst an der Brandstiftung. Das Todesurteil gegen van der Lubbe wurde erst 2007 offiziell aufgehoben. Der Wiederaufbau des Reichstags begann 1957-1972. Während der Teilung Berlins wurde das Gebäude aber nur für Kongresse und als Ausstellungshalle benutzt. Vom 24. Juni bis 7. Juli 1995 fand hier das immens populäre Kunstprojekt *Verhüllter Reichstag* von Christo und Jeanne-Claude statt. Für die Parlamentsnutzung wurde der Reichstag 1995-1999 von dem englischen Stararchitekten Norman Foster renoviert und mit einer neuen, energiesparend konstruierten Kuppel aus Stahl und Glas ausgestattet, von der man einen wunderbaren Rundblick über die Stadt gewinnt.

10. Hier deutet Schneider an, dass der Hauptstadt das geschlossene, organisch gewachsene Panorama anderer Hauptstädte fehlt, weil Berlins historische Gebäude nach der Kriegszerstörung und der Teilung nicht als echte Wahrzeichen, sondern eher wie geborgte Versatzstücke („Zitate") aus einer anderen, unwirklich gewordenen Stadt erscheinen.

Illustration 38: Schlossplatz/Palast der Republik 2007. © Amy Metzger.

11. Der Palast der Republik wurde 1976 als Sitz der Volkskammer der DDR errichtet. Mit Theater, Gaststätten, Tanzsaal, einer Bowlinghalle und anderen Treffpunkten war er ein Mittelpunkt des sozialistischen Lebens. Er wurde schrittweise abgerissen, um Platz für die Rekonstruktion des Hohenzollern-Stadtschlosses zu machen, das an der Stelle stand.

12. Der Schlossplatz vor dem Palast der Republik wurde 1951 in Marx-Engels-Platz umbenannt und sollte als Aufmarschplatz für sozialistische Großdemonstrationen dienen. Seit 1994 heißt er wieder Schlossplatz.

13. Das Hohenzollernschloss (Berliner Stadtschloss) war der ehemalige Sitz der Hohenzollern-Dynastie. Es datiert auf 1443 zurück, wurde 1698-1707 von Andreas Schlüter ausgebaut und im Zweiten Weltkrieg schwer beschädigt. Die DDR riss das Gebäude 1950 ab; an seiner Stelle wurde der Palast der Republik errichtet. Gegenwärtig zirkulieren Pläne, das Schloss mit drei historisch getreuen Fassaden und dem Schlüterhof wiederaufzubauen. Propagiert wird der Wiederaufbau als notwendiger Mittelpunkt des historischen Stadtzentrums, während die Gegner diese Pläne als Angriff auf das Erbe der DDR bzw. als fragwürdige Restitution preußischer Macht verurteilen.

14. Unter den Linden ist der breite Boulevard vom Pariser Platz bis Schlossplatz. Die Straße wird von wichtigen historischen (restaurierten oder wiederaufgebauten) Gebäuden gesäumt, u.a.: Brandenburger Tor,

Hotel Adlon, Russische Botschaft, Staatsbibliothek, Humboldt-Universität, Staatsoper, Neue Wache, Zeughaus und Kronprinzenpalais.

15. Das Staatsratsgebäude wurde 1964 als Regierungssitz der ehemaligen DDR eröffnet; es enthält das Portal IV und den Balkon des zerstörten Stadtschlosses, von dem Karl Liebknecht am 9. November 1918 die Sozialistische Republik ausrief. 1999-2001 diente das Haus als provisorisches Bundeskanzleramt. Heute ist es Sitz der European School of Management and Technology und der Hertie School of Governance.

16. Im Erstaunen Eduards drückt sich die Unwirklichkeit der Hauptstadt aus, in der nicht nur die Architektur, sondern auch die Politik als Zitierung des Vergangenen erscheint, das als Spektakel und Massenschauspiel wiederaufgeführt wird.

17. Das visuelle Spektakel der Hauptstadt-Politik deutet sich besonders in dieser maßstabgetreuen Attrappe der historischen Schloss-Fassade an. Sie wurde 1993-1994 auf Initiative des Hamburger Industriellen Wilhelm von Boddien errichtet, um den Wiederaufbau des Gebäudes zu propagieren.

18. Klott ist Eduards Rechtsanwalt, der ihm immer wieder die Geschichte und Politik Berlins erklären muss. Aus seinen Bemerkungen wird ersichtlich, dass die Berliner Architektur eine kulturelle Identitätssuche spiegelt, die nicht nur auf historischen Tatsachen, sondern oft auch auf Illusionen und ideologischen Vorurteilen beruht.

19. Erich Honecker (1912-1994) war ab 1971 Erster Sekretär und von 1976-1989 Generalsekretär des Zentralkomitees der SED und Staatsratsvorsitzender der DDR. „Honeckers Lampenladen" war der Spitzname des Palasts der Republik wegen seiner aufwendigen Innenbeleuchtung.

Übungen

1. Lokalisieren Sie auf dem Stadtplan die in Schneiders Text erwähnten Orte in ihrer topographischen Beziehung zum Potsdamer Platz.

2. In der gegenwärtigen Kulturtheorie wird die Großstadt oft als kultureller „Text" dargestellt: Straßen, Plätze, Gebäude und andere topographische Orte tragen historische und politische Assoziationen, die man wie die Bedeutungen eines schriftlichen Textes interpretieren kann. Kommentieren Sie die Stellen im Romanauszug, die Eduards Sehweise der Stadt als Text illustrieren.

3. Neben der Vorstellung der Stadt als kultureller Text betont die Kulturwissenschaft auch die Großstadt als primär visuelles Ereignis. Wie benutzt Schneider verschiedene Standorte (Mauer-Aussichtsturm, Weinhaus Huth) und Medien (Fernsehkamera, Dokumentarfotos, alte

Ölbilder), um Eduards Erfahrung der Stadtgeschichte und des kulturellen Klimas im Nachwende-Berlin als visuelles Spektakel zu beschreiben?

4. Warum ist der Streit um Stadtschloss und Palast der Republik so bezeichnend für Berlins Versuch einer adäquaten Vergangenheitsbewältigung und für Deutschlands umstrittenes Streben nach „Normalisierung"?

5. Wie unterscheidet sich Schneiders Berlin topographisch von anderen Großstädten, die Sie kennen?

Durs Grünbein: Berliner Runde (1999)

Kontext

Die Gegend um den Kurfürstendamm und die Gedächtniskirche ist immer noch das Zentrum des Westberliner Kultur- und Konsumlebens, obwohl der Bereich seit dem Ausbau von Berlin-Mitte und der Reduzierung des Bahnhofs Zoo auf den Regionalverkehr an finanzieller Attraktivität verloren hat. Sensationeller wirkt die Vermarktung des neu bebauten Potsdamer Platzes als zukunftsweisender Fokus der globalen Wirtschaft und Medienindustrie. Diese futuristischen Szenarien kontrastieren mit den Erinnerungen an die Nazi-Zeit und den Zweiten Weltkrieg, die sich an der Ruine des Anhalter Bahnhofs und vielen anderen historischen Spuren ablesen lassen. Solche historischen Ungleichzeitigkeiten einer sich ständig im Umbruch befindlichen Metropole lassen sich gut an Durs Grünbeins Lyrik ablesen.

Grünbein (geb. 1962 in Dresden) ist einer der erfolgreichsten deutschen Lyriker, der auch als Essayist und Übersetzer hervorgetreten ist. Er studierte Theaterwissenschaften und lebt seit 1985 in Berlin. Gastpoet war er u.a. an der New York University und am Dartmouth College. Er wurde schlagartig bekannt durch den Lyrikband *Grauzone morgens* (1988). Für sein Schaffen erhielt er viele Auszeichnungen, darunter den Georg-Büchner-Preis (1995).

Seine Lyrik vereint oft die Schilderung der modernen Großstadtwelt im spätkapitalistischen Medienzeitalter mit vielfältigen Bezügen auf die europäische Tradition, von der griechisch-römischen Antike bis zur deutschen Vergangenheit. In dem Zyklus *Berliner Runde* aus dem Band *Nach den Satiren* (1999) reflektiert der Dichter die Spannung zwischen der modernen Konsumgesellschaft und den unbewältigten Gespenstern der nationalsozialistischen Vergangenheit, wobei seltsamerweise die DDR-Geschichte kaum erwähnt wird. Grünbeins Stil vereint visuelle Anschaulichkeit mit einer assoziativen Montagetechnik. Ihr Anspielungsreichtum ist nicht immer leicht zu verstehen, bietet aber den geduldigen Lesern viele Denkanregungen. *Berliner Runde* ist auch in dem Band *Ashes for Breakfast* (2005) abgedruckt, der das deutsche Original und eine (nützliche aber nicht immer akkurate) englische Übersetzung liefert.

Abbildung 39: Tauentzienstraße/Gedächtniskirche. © Amy Metzger.

Berliner Runde

I. Tauentzienstraße (1)

Ach, kein Liedchen wirbelt mehr durch diese Straße.
Und der Fahrtwind, der vorbeischaut, flirtet mit den Kanten
Dekorierter Stahlvitrinen, drei vier Stockwerk hoch und voller Waren.
Die hier leben, eilig und in kleinen Raten, sind Passanten.

Kehrmaschinen sorgen nachts für reibungslose Flächen.
Überm Glanz vor Eislaufbahnen streuen Lichtreklamen
Wie Gerüchte Namen aus, von denen es im Telefonbuch wimmelt.
Früh im Schlußverkauf gibt man die letzten bürgerlichen Dramen. (2)

Eine Kirche (3) steht hier, die erinnert streng an Bunker,
Seit ihr Turm, ein abgebrochener Flaschenhals, plombiert ist
Mit demselben Baustoff der im Parkhaus höllisch von Motoren dröhnt.
Taucht ein Lächeln aus dem U-Bahn-Schacht, stößt es auf Maniriertes.

Stecken Zahne im Asphalt, sind sie von Fahrradboten,
Die beim Slalom stürzten oder Fensterputzern, vom Gerüst gefallen.
Grün der Mittelstreifen wird zum Sprungtuch. Durch den Stoßverkehr
Blitzt ein Glücksrad für die einen, wo die andern Bußgeld zahlen.

Wieviel Krimskrams trägt man in den Taschen
Mit sich fort von hier, und wieviel bleibt an Ort und Stelle
Für die junge Archäologin, die im Schutt der legendären Städte kniet,
In der Hand den weichen Pinsel, dieses Echo jeder Maurerkelle. (4)

II. Anhalter Bahnhof (5)

Hier haben die Panzer gewendet,
Und Machorkarauch stieg aus dem plumpen Turm.
Wo kein Gleis mehr, kein Reichsbahnzug endet,
Legte sich der *Mongolensturm*.
Griechenland Expreß. Abfahrt der Schönen und Reichen
In verhängten Coupés, südwärts, in Polster gelehnt.
Ein Russe stand an der letzten der Weichen
Und sammelte Uhren ein, Goldschmuck, den Siegeszehnt.
An den Kreuzungen las man kyrillisch. Den Weg
Durch die Trümmeralleen zeigten Dachbalken an.
Den Roten Stern zu belächeln, kein Sakrileg
Wäre schlimmer gewesen. Verworfen der Plan,
Berlin, das Räubernest, zu schleifen wie Karthago (6),
Im Staub von Brandenburg ein Großstadtschatten.
Doch Gulasch dämpfte bald, Kosakentanz das Largo,
Wenn auch Frau Krause nichts zu lachen hatte.

Abbildung 40: Ruine des Anhalter Bahnhofs. © Amy Metzger.

III. Am Friedrichshain (7)

Nein, von Begrüßung konnte keine Rede sein,
Sieht man die Einschußlöcher Haus für Haus.
Es waren Trommelfeuer, keine Salven
Damals am Friedrichshain.

Und vom Verbrüdern war das alles weit entfernt.
Wer im MG-Nest saß, der schoß heraus.
Kann sein, im Park die Hunde und die Malven
Haben dazugelernt.

Die weißen Fahnen zog ein strenger Winter ein.
Verbandszeug brauchte man und Bettuch auch.
Daß in den Kellern keine Bitten halfen,
Ahnt man am Friedrichshain.

IV. Potsdamer Platz (8)

Um und um wird die Erde gewühlt für die Hauptstadt *in spe*.
Der nächtlichen Menschenleere gehn Raupen vorweg.
Germania (9) im Bunker, auf preußischem Kanapee,
Von Baggern im Schlaf gestört, wälzt die Hüften im Dreck.

Downtown Berlin hilft der Diva den Gürtel zu lösen.
Und schmachtend macht sie, Walküre, die Schenkel breit.
Das Gehirn, in den hellsten Momenten, den bitterbösen,
Wittert etwas, das nach Zerstörung schreit.

V. Epilog (10)

Was geschieht hier, fragt man, und erkennt nichts wieder,
Schultern eingezogen unter Kränen. War man nicht ein Riese,
Dem die Stadt gehorchte? Plätze schrumpften auf ihr Spielzeugmaß,
Stieg man aus der Erde. *Ein* ›Hatschi!‹ riß ganze Wohnblocks nieder.

Eben war da noch ein Brachfeld, Sand und etwas abgebrannte Wiese,
Die im Stadtplan fehlten. Daß dort Goyas Koloß (11) saß,
Wartend auf die Wiederkehr der Steppe, glaubt dir keiner mehr.
Einmal eingenickt, und alles hinterrücks war parallel versetzt.

Aus dem preußisch blauen Nachmittag in vier Sektoren, zwei Versionen,
War die Stunde grauen Dunsts geworden, wenn im Kreisverkehr
Hinz und Kunz sich überholen. Zappelnd hängt im Straßennetz
Bald die Hälfte der Bevölkerung. Ihr Motto: ›Schneller Wohnen!‹ (12)

Zeigt den Alten, wo es langgeht. Bis auf Grazie, gibts hier vielzuvieles,
Das den Eilschritt nahelegt, den Tunnelblick. Genügt nicht ein Magnet,

Zum Türeöffnen, seit Apartments als Zementbrei aus den Mischern quellen?
Einestags entdeckt man, hoch an Glassfassaden festgeschraubt, Reptile,

Die neutralen Augs den Kehraus überwachen. – Daß ihm nichts entgeht.
Nur Gewohnheit, dieser Arbeitslose, kehrt zurück an taube Stellen.

Durs Grünbein, *Nach den Sartiren*, © 1999,
Suhrkamp Verlag, Frankfurt am Main.

Wörter

Substantive

Bagger (*m.*)	hydraulic excavator
Brachfeld (*n.*)	wasteland
Bußgeld (*n.*)	fine for traffic violations
Dachbalken (*m.*)	roof beam
Einschußloch (*n.*)	bullet hole
Fahrradbote (*m.*)	bicycle messenger, courier
Fahrtwind (*m.*)	breeze from an automobile
Fensterputzer (*m.*)	window cleaner
Flaschenhals (*m.*)	bottleneck
Gerücht (*n.*)	rumor
Glücksrad (*n.*)	wheel of fortune
Hinz und Kunz	Tom, Dick, and Harry; "Joe Sixpack"
Kanapee (*n.*)	sofa, chaise longue
Kehraus (*m.*)	last dance
Kehrmaschine (*f.*)	street sweeper
Kran (*m.*)	construction crane
Kreisverkehr (*m.*)	roundabout
Kreuzung (*f.*)	(railway) crossing
Krimskrams (*m.*)	knickknack, junk
Kosake (*m.*)	cossack
Lichtreklame (*f.*)	neon advertisement
Machorkarauch (*m.*)	Russian smoking tobacco
Malve (*f.*)	mallow
Maniriertes (*n.*)	Mannerist, artificial object or sight
Maurerkelle (*f.*)	mason's trowel
Menschenleere (*f.*)	desolation
MG-Nest (*n.*)	machine-gun emplacement
Mischer (*m.*)	cement mixer
Mittelstreifen (*m.*)	street meridian
Mongolensturm (*m.*)	Mongol hordes
Panzer (*m.*)	military tank
Räubernest (*f.*)	robber's hideout
Raupe (*f.*)	caterpillar
Reichsbahnzug (*m.*)	imperial (*here*: Nazi) railway

Salve (*f.*)	volley
Schlußverkauf (*m.*)	seasonal discount sale, final sale
Sektor (*m.*)	sector, occupation zone
Siegeszehnt (*m.*)	spoils of war
Slalom (*m.*)	slalom, zigzag
Spielzeugmaß (*n.*)	toy size
Stahlvitrine (*f.*)	commercial display case on the sidewalk
Stoßverkehr (*m.*)	rush-hour traffic
Trommelfeuer (*n.*)	gunfire
Trümmerallee (*f.*)	avenue of rubble
Tunnelblick (*m.*)	tunnel vision
Verbandszeug (*n.*)	bandages
Weiche (*f.*)	railroad switch
Wohnblock (*m.*)	apartment block
Zementbrei (*m.*)	concrete cement mix

Verben

plombieren	to plug, to fill a cavity
quellen, quoll, gequollen	to gush, to stream
schleifen, schliff, geschliffen	to destroy, to tear down
schmachten	to yearn (sexually)
schrumpfen	to shrink
verbrüdern	fraternize
versetzen	*here*: to shift
wimmeln	to swarm
wittern	to sniff
zappeln	to fidget

Adjektive

bitterböse	evil
hinterrücks	behind one's back
in spe	hopeful, in the future
taub	deaf
verhängt	concealed behind curtains

Anmerkungen

1. Die Tauentzientraße ist als östliche Fortsetzung des Kurfürstendamm eine elegante Haupteinkaufsstraße im Zentrum Westberlins. Hier befindet sich u.a. das luxuriöse Kaufhaus des Westens (KaDeWe, eröffnet 1907), und man hat einen guten Blick auf die Kaiser-Wilhelm-Gedächtniskirche.

2. In diesen vieldeutigen Bildern problematisiert Grünbein die Oberflächlichkeit der hektischen Westberliner Konsumgesellschaft, in die

aber stets die unbewältigte Vergangenheit, unkalkulierbare Zufälle und plötzliche Unfälle einbrechen.

3. Die Kaiser-Wilhelm-Gedächtniskirche ist die Ruine eines neoromanischen Gotteshauses mit gotischen Anklängen am Breitscheidplatz. Sie wurde zur Ehre Kaiser Wilhelms I 1890-1895 von Franz Schwechten erbaut. Die Kirche wurde im Zweiten Weltkrieg zerstört. Die Turmruine mit Gedenkhalle wird von einer modernen Kirche und Glockenturm aus Beton und blauem Glas eingerahmt (erbaut von Egon Eiermann, 1961). Die Berliner nennen das Kriegsmahnmal Hohler Zahn, Puderdose und Lippenstift. Grünbein versteht die Kirche als Symbol der nicht zu unterdrückenden Erinnerung an die ruinöse Geschichte Berlins inmitten der hektisch-oberflächlichen Konsumlandschaft.

4. In diesen Strophen spielt der Dichter auf die Zufälligkeiten des unvorhersehbaren Stadtschicksal an, das vielleicht nur in einer fernen Zukunft „archäologisch" erkennbar wird.

5. In diesem Gedicht beschwört Grünbein in stark verkürzten und kryptischen Bildern die wechselhafte Geschichte des Anhalter Bahnhofs, der 1880 von Franz Schwechten entworfen wurde und vor dem Zweiten Weltkrieg der größte Fernbahnhof Berlins war. Er liegt am Askanischen Platz in der Nähe des Potsdamer Platzes und war einer der Bahnhöfe, vom dem aus 1942-1945 die Deportationen Berliner Juden ins Getto und Konzentrationslager Theresienstadt begannen. 1943 und 1945 wurde der Bahnhof schwer beschädigt und war mit Ausnahme einiger Zugverbindungen in die Sowjetische Besatzungszone aus dem Verkehr gezogen. 1960 wurde er abgerissen; nur ein Teil der Fassade ist erhalten geblieben.

6. Östlich von Tunis in Nordafrika gelegen, war Karthago eine phönizische See- und Handelsstadt, die 146 v. Chr. von den Römern erobert und bis auf die Grundmauern zerstört wurde.

7. Am Friedrichshain ist eine Straße zwischen den Bezirken Prenzlauer Berg und Friedrichshain, nördlich des Volksparks Friedrichshain. Hier deutet Grünbein sehr selektiv die Geschichte des alten Industrie- und Gewerbe-Bezirks Friedrichshain im Osten Berlins an. Nach der Machtergreifung der Nazis gab es dort heftige Konflikte mit den SA-Truppen und im Zweiten Weltkrieg militärische Kämpfe. Am 17. Juni 1953 begann in der Stalinallee (später Karl-Marx-Allee) der Arbeiteraufstand gegen das politische Regime der DDR und seine industriellen Produktionsnormen. Zur Wendezeit waren die Friedrichshainer Altbaugebiete der Schauplatz linker Hausbesetzungen.

8. Zum Potsdamer Platz vgl. die Anm. 1 zu Schneiders Text. Stärker als der Romanautor betont Grünbein die fast verschollenen, aber unbewältigten Spuren der Nazi-Vergangenheit (die hier allegorisch mit Richard Wagners

Oper *Die Walküre* assoziiert wird) an dieser Stätte des kommerziellen Hauptstadtbooms.

9. Germania war der Name der monumentalen Hauptstadtvision des Dritten Reiches, die u.a. eine repräsentative Nord-Süd-Achse, einen Triumphbogen und eine „Große Halle" („Ruhmeshalle," „Halle des Volkes") umfassen sollte. Das Projekt stand unter der Leitung des Architekten Albert Speer, der 1937 von Hitler zum Generalbauinspektor ernannt worden war. Nur wenige Bauten (z.B. Ministerien, Olympiastadion, Flughafen Tempelhof), wurden bis Ende des Zweiten Weltkriegs fertig gestellt. Nordöstlich vom Potsdamer Platz, Ecke Wilhelm- und Voßstraße, lag unter dem Garten der alten Reichskanzlei der „Führerbunker," in dem Adolf Hitler am 30. April 1945 Selbstmord verübte. Er ist weitgehend zerstört und heute nicht mehr zugänglich; nur eine Informationstafel markiert die ungefähre Stelle.

10. Im Epilog fasst Grünbein noch einmal die Hauptthemen seines Gedichtszyklus zusammen: die schnellen Veränderungen, die eine Orientierung in der Stadt erschweren; die vier Sektoren während der Besatzungszeit (1945-1949), die Zweiteilung zur Zeit der DDR (1949-1989) und die Illusionen des Konsumkomforts.

11. Francisco José de Goya y Lucientes (1746-1828) war ein spanischer Maler und Graphiker, dessen Zyklus „Die Schrecken des Krieges" besonders bekannt ist. Sein Gemälde *Der Koloß* (1808-1812) zeigt einen nackten, brutalen Riesen mit geballter Faust über einer düsteren Landschaft, eine mögliche Allegorie von Kriegsgewalt und politischer Zerstörung.

12. *Schneller Wohnen* ist Grünbeins ironische Variation von *Schöner Wohnen*, eine Anspielung auf den Titel einer populären Zeitschrift für bürgerlich-elegante Innenausstattung und andere Design-Themen. Grünbein deutet hier die fragwürdige Flüchtigkeit dieser Wohn-Ideologie an.

Übungen

1. Lokalisieren Sie die von Grünbein poetisch behandelten Orte auf dem Berliner Stadtplan.

2. Mit welchen sprachlichen Bildern schildert Grünbein die Tauentzienstraße als Mittelpunkt des flüchtigen Konsumlebens in Westberlin und seiner Geschichte?

3. Wie stellt der Dichter die Ruine des Anhalter Bahnhofs als Ort historischer Katastrophen dar?

4. Warum, glauben Sie, reduziert Grünbein Friedrichshain auf den Schauplatz der Straßenkämpfe am Ende des Zweiten Weltkriegs, ohne auf die nachfolgende Geschichte des Stadtteils in der DDR einzugehen?

5. Recherchieren Sie die mythologische Bedeutung der Walküre. Warum setzt Grünbein sexuelle Bilder und Anspielungen auf Richard Wagners Oper ein, um den Potsdamer Platz als zukünftigen Mittelpunkt der neuen gesamtdeutschen Hauptstadt zu beschreiben, der immer noch von den Gespenstern der geplanten Hauptstadt des „Dritten Reichs" heimgesucht wird?

6. Warum konzentriert sich der Epilog auf die Orientierungslosigkeit und Flüchtigkeit des Berliner Lebens zwischen zerstörter Vergangenheit und ungewisser Zukunft?

Tanja Dückers, Spielzone (2000)

Kontext

Nach der Wende begann eine umfassende Sanierung der verfallenen Stadtteile Ostberlins, besonders im Bereich Mitte (Friedrichstraße, Hackescher Markt, Museumsinsel, Alexanderplatz usw.), aber auch in Prenzlauer Berg. Hier findet man jetzt die bevorzugten Zentren des kulturellen, kommerziellen und touristischen Lebens, einschließlich einer aktiven gesellschaftlichen Alternativszene, während Westberliner Ortsteile an wirtschaftlicher Stärke und großstädtischer Dynamik verloren haben. Diese Verlagerungen zeigen sich auf unterhaltsame Weise in dem Roman *Spielzone* von Tanja Dückers.

Dückers wurde 1968 in West-Berlin geboren und studierte Kunstgeschichte, Germanistik und Amerikanistik an der Freien Universität. Sie arbeitete als Redaktionsassistentin bei Deutsche Welle TV und als Verlagsangestellte, ist als Journalistin tätig und in der Berliner Poetry Slam-Szene zu Hause. Dückers gilt als bekannte Vertreterin der gegenwärtigen Pop-Literatur.

In einem bunten Kaleidoskop von schrägen Typen, Außenseitern, leicht Perversen und supercoolen Szene-Kids porträtiert *Spielzone* die Veränderungen Berlins in den frühen Neunzigern. Ihre Charaktere sehnen sich nach wahrer Liebe und authentischer Erfahrung, erproben aber auch neue Lebensstile im Zeitalter der spätkapitalistischen Mediengesellschaft. In dieser Übergangszeit entscheidet sich die Studentin Katharina, aus dem spießigen Neukölln im Westen Berlins in den Ostberliner Stadtteil Prenzlauer Berg umzuziehen. Hier treffen die „ostalgischen" Echos der untergegangenen DDR-Gesellschaft auf die neue Szene unkonventioneller Partys, hektischer Spaßkultur und alternativer Sexualität. Das Engagement für aktuelle Politik droht dabei allerdings zu verschwinden.

Spielzone

Katharina

Wir haben tagelang im Bett verbracht, meine Uni-Sachen waren eh in irgendeiner Kiste vergraben, und Felix erzählte mir in seiner überdrehten Art tausend Geschichten, keine Ahnung, was davon stimmte oder nicht, aber das war mir egal. Er schleppte neue CDs an, lief, die schwachsinnigsten Songs grölend, durch meine Wohnung. Es gefiel uns gut so, die weißen Wände, die Kisten, nichts außer meinem Bett und der Vorstellung, wie es hier mal sein könnte. Drinnen die Wohnung noch unfertig und draußen die neue Stadt. Das Brachland mit den illegalen Clubs und dem Bier für drei Mark. Der Osten war mir ja vor der Wende immer sehr suspekt, Geschichtsunterricht in der Schule, hinter dem Vorhang meiner verdrängten Erinnerungen, aber jetzt, die Sonnenburger, die Schönhauser, die Kastanienallee (1), eine wunderbare Grauzone, nicht mehr Osten, noch nicht Westen, genau richtig, um sich selber auszutesten. Klingt nach Werbeslogan. Was war das noch mal? Man redet schon so, ohne es überhaupt zu merken. (2)

Felix hatte immer ein enormes Freizeitprogramm, schleppte mich durch tausend Clubs. Er kannte die Montags-, Dienstags- und Donnerstagsbars, und in dem besetzen Haus, wo er die meiste Zeit abhing, war sowieso jeden Tag Party, auf dem Dach, im Hof, im Keller oder auf Pennys riesigem Hochbett. »Cat« nannte Felix mich, das fand er wohl schick. Manchmal war er plötzlich erschöpft, legte seinen Kopf auf meine Brust, schlief am Nachmittag ein. Einmal wachte er nachts auf und murmelte »ich weiß nie, was du denkst«; dann starrte er auf seine Hände, die er im Dunkeln vor seinen Augen hin und her drehte, als seien sie ihm fremd geworden nach der Berührung mit mir.

Doch am nächsten Morgen dachten wir wieder nur an das eine, gleiche und schliefen ekstatisch miteinander, lagen bis drei Uhr im Bett. Danach beschlossen wir, ins Aquarium zu gehen. Den restlichen Nachmittag sahen wir uns schöne und hässliche Fische an, bewunderten eine Krokodilfütterin, wie sie lässig den trägen Tieren die Fleischbrocken vor die Rachen warf, und küßten uns – ja, so war das – vor dem großen Tropenfischbecken. Abends liefen wir über mehrere Hausdächer in der Tucholskystraße, sahen die goldene Kuppel der Synagoge (3) ganz nah und die Hanfplantagen auf den Balkons. Über uns hing ein Zeppelin, unter uns donnerte eine Trip-Hop-Party, blau leuchtete der Hamburger Bahnhof (4), gelb-rot die vielen schönen Baustellen durch die Nacht. Um uns herum Bewegung, Unruhe. Wir liefen wieder zurück zu den besetzten Häusern, ein paar Leute veranstalteten gerade ein Spaghettiessen auf dem Dach. »Spaßhaus« hatte Penny mit Neonfarben über ein verwittertes Anarchie-Zeichen auf den Schornstein geschrieben. Wir aßen klebrige, ungesalzene Spaghetti und zogen zu lange an dem Joint. Nachher torkelten wir auf das

Matratzenlager-Podest von Tobias, der gerade ein halbes Jahr in Jamaika rumsumpfte, vögelten uns die Birnen noch schummriger. Am nächsten Morgen fuhren wir nach dem großen Frühstück im Hof mit Penny und ein paar anderen zum Trödelmarkt am Humboldthain (5), kauften Geschirr für die Gemeinschaftsküche. Dann liefen wir rüber zum Schwimmbad, und Felix und ich spielten »Fang die Pommes mit der Zunge«. […]

Mein Zimmer ist herrlich leer, da ich die meisten Sachen noch nicht ausgepackt habe. Von den weißen Wänden, dem schlichten Holzboden, der Kleiderstange und den Bücherhaufen geht etwas Verlockendes aus. Nur das Mona-Lisa-Poster soll hier hängen und meinen Rückzugsort von der Außenwelt still beherrschen. Ich halte das Poster an die Wand, und ich merke, wie ich dem Bild wieder verfalle. Der Sog der Augen, das Jeder-weiß-wie-Lächeln, das Flimmern der Berge und des Himmels, als hätte Leonardo die Fata Morgana einer Landschaft, einer Frau versucht wiederzugeben. Die Ruhe, der blassblaue Himmel, das Lächeln, das nichts verspricht und alles hält … was für blöde kitschige Zeilen, wo habe ich die bloß wieder aufgeschnappt? Manchmal weiß ich nicht mehr, ob man überhaupt noch einen eigenen Gedanken haben kann. Ohne nachzudenken, hole ich den Schuhkarton mit den Nägeln und hänge das Poster in die Mitte der Wand.

Danach gehe ich doch noch mal raus, auf die Sonnenburger. Die Sonnenburger ist eine Sackgasse, ich wohne drei Häuser vor der Ruine an der S-Bahn. Gegenüber ist die Bewag (6), ein riesiges, dunkles Gebäude, in dem ich noch nie einen Menschen gesehen habe, wo aber immerzu, Tag und Nacht, in allen Stockwerken, Licht brennt. Vorne an der Gleimstraße (7) gibt es ein Kino und lauter kleine Kneipen, besonders die Gay-Szene ist hier angesiedelt, »Café Amsterdam«, »Schall und Rauch« und der »potato Shop«, eine Wohnzimmerbar, die man nicht findet, wenn man nicht weiß, wo sie ist. Es ist noch nicht überlaufen hier, kein Kollwitz-Platz (8)-Touri macht einen halbstündigen Fußmarsch hierher. Ich gehe in Richtung Schönhauser zum Netto-Markt. Netto ist Aldi (9) in Ost. Dort gibt es eingeschweißten Lachs für einen Kaugummi-Preis und Fertigpizzen mit Artischockenherzen, die billiger sind als Milchschnitten. Mit zwei prallen gelb-schwarzen Netto-Taschen komme ich zurück, habe genau dreiundzwanzig Mark ausgegeben. Im Briefkasten liegt eine Karte vom »Milchhof«, wo ein Drei-Tage-Programm stattfindet, »KUHnst« heißt das. Vor der Ruine sehe ich schon von weitem wieder Ada, Nils und Moritz, meine drei Partykid-Nachbarn von gegenüber, herumhängen und andere Leute ärgern. Sie kleben Club-Flyer auf Fahrräder, und ich weiß, dass manche Flyer sehr schwer abzuknibbeln sind. Ada & Co. habe ich letztens im »Potato Shop« kennengelernt, die drei sind schon verdammt kindisch, aber zu mir waren sie eigentlich sehr nett. Sie sind vielleicht fünf, sechs Jahre jünger als ich, aber schon total anders drauf. Superabgebrüht, supergleichgültig, superbisexuell. Ich meine, ich renne auch mal mit

Schnauzbart und Anzug rum, aber ich halte es wenigstens noch für eine Verkleidung. Die Szene, in der Felix jetzt rumzuhängen scheint, versucht da auch mitzuschwimmen, obwohl die Leute in ein paar Jahren dreißig sind.

Ich weiß nicht, was ich will. Nicht verspießen, aber auch nicht zum postpostmodernen Eisblock werden. (10) Ich sollte mal an die Nordsee fahren und 'ne klassische Wattwanderung machen oder mich in Italien an den Strand knallen, mir »Ciao Bella« hinterherrufen lassen und mich ausruhen. Jetzt höre ich von draußen eine Demo. Irgend ein Haus wurde wieder in Friedrichshain geräumt, ein paar Maoisten haben sich mit eingeklinkt, und ein Kurdentrupp hat ebenfalls noch was zu melden. Ich stelle die leiernde Soul-Cassette lauter, höre, dass Kenny Rogers auch aufgedreht wird, denke dann aber, dass ich eigentlich runtergehen sollte, von wegen wichtiger Anlass. Andererseits habe ich gar keine Ahnung, welches Haus und ob überhaupt geräumt wurde und wie die Umstände waren, und ich will auf keinen Fall in so einer Maoisten-Herde (11) mitlatschen. Während ich noch hin und her überlege, ist die kleine Demo schon weitergelaufen, in Richtung Schönhauser. Ich schlendere in die Küche, esse einen »Fruchtwölkchen«-Joghurt und lege mich mit einem Buch aufs Bett. So geht das mit den politischen Ambitionen.

Tanja Dückers, *Spielzone*, © Aufbau
Verlagsgruppe GmbH, Berlin, 1999.

Wörter

Substantive

Birne (*f.*)	pear; here (*sl.*) head
Brachland (*n.*)	fallow land
Gemeinschaftsküche (*f.*)	shared kitchen
Hanfplantage (*f.*)	hemp (marijuana) plantation
Jeder-weiß-wie-Lächeln (*n.*)	a knowing smile
KUHnst (*f.*)	(neologism) art (Kunst) + cow (Kuh) = fART
Kurdentrupp (*m.*)	group of Kurdish immigrants
Matrazenlager-Podest (*n.*)	(*sl.*) makeshift bed made of piled-up mattresses
Milchschnitte (*f.*)	type of pastry
Rückzugsort (*m.*)	retreat
S-Bahn (*f.*)	above-ground trains in Berlin's transit system
Sackgasse (*f.*)	dead-end street
Schnauzbart (*m.*)	mustache
Schornstein (*m.*)	chimney

Abbildung 42: Prenzlauer Berg, Schönhauser Allee. © Amy Metzger.

Sog (*m.*)	attraction
Trödelmarkt (*m.*)	flea market
Wattwanderung (*f.*)	hiking in the mudflats of the North Sea
Wohnzimmerbar (*f.*)	private bar in one's living room (not necessarily licensed)
Zeppelin (*m.*)	blimp

Verben

abknibbeln	to remove with one's fingernails
aufdrehen	to turn up the volume
aufschnappen	to pick up
donnern	to boom, to thunder
grölen	to sing unmusically
knallen (sich)	(*slang*) to flop
leiern	(*slang*) to drone on, to rattle off
mitlatschen	(*slang*) to follow blindly
räumen	to abandon, to move out
rumsumpfen	(*slang*) to bum around
schlendern	to stroll
schleppen	to haul
torkeln	to stagger

verspießen	to become complacently middle-class
vögeln	(*slang*) to have sex

Adjektive

besetzt	occupied by squatters
blaßblau	light blue
blöde	silly, stupid
eingeschweißt	sealed in plastic foil
prall	stuffed
schlicht	simple
superabgebrüht	super hardboiled
supergleichgültig	super indifferent
schumm(e)rig	dimly lit
überdreht	hectic, over-active
überlaufen	overcrowded
verdrängt	repressed, suppressed
verlockend	enticing
verwittert	weathered

Anmerkungen

1. Die Sonnenburger Straße in Prenzlauer Berg verläuft nordöstlich des Friedrich-Ludwig-Jahn-Sportparks. Die Schönhauser Allee ist die Hauptgeschäftsstraße mit einem Hochbahnviadukt. In der Nähe befinden sich u.a. die folgenden Sehenswürdigkeiten: Jüdischer Friedhof, Kulturbrauerei (multikulturelles Kunstzentrum in der ehemaligen Schultheiss-Brauerei), Prater (Biergarten, Restaurant und Zweitsitz der Volksbühne) und Gethsemanekirche (Versammlungsort der friedlichen DDR-Opposition im Herbst 1989). Die Kastanienallee ist die älteste Straße in Prenzlauer Berg, von der Schönhauser Allee abzweigend. Sie ist Teil der Alternativszene mit Galerien, Designerboutiquen und Restaurants.

2. Hier und im Folgenden reflektiert Katharinas betont lässiger Sprachstil das Verlangen der jungen Generation nach einem neuen experimentellen Lebensstil, aber auch die Faszination an der unvorhersehbaren Übergangszeit vom DDR-Sozialismus zur westlichen Konsumgesellschaft.

3. Nahe der Kreuzung Tucholskystraße und Oranienburger Straße in Berlin-Mitte befindet sich die 1859-1866 erbaute Neue Synagoge. In der sog. „Kristallnacht" (9. November 1938), wurde sie beschädigt, konnte aber durch den Polizeireviervorsteher Wilhelm Krützfeld vor dem völligen Ausbrennen gerettet werden. Weitere Schäden erlitt das Gebäude durch die Bomben des Zweiten Weltkriegs und wurde 1958 fast vollständig abgerissen. Nach der Teil-Rekonstruktion 1988-1995 dient die Neue Synagoge als Ausstellungsbau und Sitz des Centrum Judaicum, einer Forschungsstätte zum jüdischen Erbe der Stadt. Hier findet man einen

Bezugspunkt des wiederbelebten jüdischen Lebens in Berlin-Mitte. Katharina und ihre Freunde scheinen solche historischen Referenzen allerdings in ihrer hektischen Suche nach cooler Unterhaltung kaum wahrzunehmen.

4. Erbaut 1847, dient der Hamburger Bahnhof seit 1996 als Museum für moderne Multimedien-Kunst. An der Fassade befindet sich eine blaue Neonlicht-Installation von Dan Flavin. Auch diese Stätte ist für Katharina primär ein visueller Reiz, deren kulturelle Bedeutung nicht wichtig scheint.

5. Der Humboldthain ist ein nach dem Naturforscher Alexander von Humboldt benannter Volkspark im Ortsteil Gesundbrunnen. Er enthält zwei 1941-1942 errichtete Flaktürme der Wehrmacht, von denen noch einer als Aussichtsplattform teilweise erhalten geblieben ist. Für Katharina ist allerdings eher der dortige Trödelmarkt und seine eher nostalgische Geschichtsverwertung von Interesse.

6. Bewag ist die Abkürzung der Berliner Städtischen Elektrizitätswerke Aktien-Gesellschaft. Nach der Spaltung der Stadt gab es eigenständige Energieversorgungsunternehmen im West- und Ostteil.

7. Die Gleimstraße in Prenzlauer Berg geht nördlich vom Friedrich-Ludwig-Jahn-Sportpark von der Schönhauser Allee ab. Schon seit den zwanziger Jahren ist Berlins tolerante Haltung gegenüber der schwul-lesbischen Szene weltbekannt.

8. Der Kollwitz-Platz ist nach der bedeutenden Bildhauerin und Graphikerin Käthe Kollwitz benannt; er liegt in der Nähe des Jüdischen Friedhofs und der Schultheiss-Brauerei. Eine Plastik von Gustav Seitz erinnert an die Künstlerin, die hier 1891-1943 wohnte. Für Katharina ist der Platz ein Zeichen für die fragwürdige Touristenszene, die sich im Zuge der Gentrifizierung im Osten Berlins breit macht.

9. Aldi (*Al*brecht-*Di*scount) ist eine ursprünglich westdeutsche Kette von Lebensmittelgeschäften. Der Vergleich mit der Ost-Ladenkette Netto deutet vielleicht Katharinas westliche Sichtweise an, die sie durch das tägliche Leben im Osten zu überwindet sucht.

10. Katharina deutet hier die Suche nach einer authentischen Existenz an, die sowohl die „spießige" Konventionalität des etablierten Bürgertums als auch die verhärtete Lebensweise der Generation nach der Postmoderne vermeiden will. Die Postmoderne ist u.a. gekennzeichnet durch Verlust an historischem Gedächtnis, Skepsis gegenüber umfassenden Philosophien und Betonung experimenteller Identitätskonstruktionen. In Deutschland wird die Postmoderne auch mit der sog. Spaßgesellschaft und ihrer oberflächlichen Betonung von Vergnügen und Konsum assoziiert.

11. Als Maoisten-Herde werden hier unkritische Anhänger der Lehre des chinesischen Revolutionärs Mao Zedong (Mao Tse-tung) bezeichnet,

der besonders seit der linken Protestbewegung der 68er Jahre Einfluss auf deutsche Studenten und andere Intellektuellen ausübte.

Übungen

1. Lokalisieren Sie die von Katharina erwähnten Orte auf dem Berliner Stadtplan.

2. Beschreiben Sie, wie Katharina Prenzlauer Berg als „wunderbare Grauzone" erfährt.

3. Warum befürchtet Katharina, in dem Medien- und Szenenmilieu von Prenzlauer Berg keine „eigenen Gedanken" mehr zu haben?

4. Katharina verkleidet sich manchmal mit Schnauzbart und Männeranzug, um sich vor sexuellen Belästigungen zu schützen. Beschreiben Sie die anders motivierten Geschlechtsrollenspiele von Ada und ihren Freunden.

5. Geben Sie Beispiele für Katharinas Willen, nicht zu einem „postpostmodernen Eisblock" zu werden.

6. Warum denkt Katharina durch den Umzug nach Prenzlauer Berg einerseits an ihre verdrängten Geschichtserinnerungen, gelangt andererseits aber nicht recht zu einem neuen historischen Bewusstsein und zur politischen Handlungsinitiative?

Bibliographie

Brockmann, Stephen. „Divided and Reunited Berlin in Peter Schneider's Fiction." *Berlin. The Symphony Continues: Orchestrating Architectural, Social, and Artistic Change in Germany's New Capital.* Hrsg. v. Carol Anne Costabile-Heming, Rachel J. Halverson, Kristie A. Foell. Berlin, New York: de Gruyter, 2004. 223-243.

Costabile-Heming, Carol Anne, Rachel J. Halverson, and Kristie A. Foell (Hrsg.). *Berlin: The Symphony Continues: Orchestrating Architectural, Social, and Artistic Change in Germany's New Capital.* Berlin, New York: de Gruyter, 2004.

Deutschland: Forum für Politik, Kultur und Wirtschaft 6 (2007): Berlin: Die Hauptstadtausgabe. Frankfurt/Main: Societäts-Verlag, Berlin: Auswärtiges Amt, 2007.

Dorling Kindersley Travel Guides: Berlin. London, New York: Dorling Kindersley Publishing, 2000.

Eshel, Amir. „Diverging Memories? Durs Grünbein's Mnemonic Topographies and the Future of the German Past." *The German Quarterly* 74: 4 (Fall 2001): 407-416.

Esselborn, Karl. Begleitheft zum Video *Bildschirm: Beispiele aus deutschen Fernsehsendungen* 3 (1989). Bonn: Inter Nationes, 1989.

Goebel, Rolf J. „Berlin's Architectural Citations: Reconstruction, Simulation, and the Problem of Historical Authenticity." *PMLA* 118: 5 (October 2003): 1268-1289.

---. „ ‚Ein Hollywood aus Versatzstücken heißester europäischer Geschichte": Durs Grünbein's Berlin as Cinematic Spectacle." *Gegenwartsliteratur: Ein germanistisches Jahrbuch/A German Studies Yearbook* (4/2005). Hrsg. v. Paul Michael Lützeler and Stephan K. Schindler. Tübingen: Stauffenburg, 2005. 1-20.

Grimm, Erk. „Mediamania? Contemporary German Poetry in the Age of New Information Technologies: Thomas Kling and Durs Grünbein." *Studies in Twentieth Century Literature* 21:1 (Winter 1997): 275-301.

Heipcke, Corinna, J. „The New Berlin-Roman as Paradoxical Genre: Tim Staffel's *Terrordrom* and Tanja Dückers's *Spielzone*." *Gfl-journal* 1/2003: 45-61.

Huyssen, Andreas. *Present Pasts: Urban Palimpsests and the Politics of Memory*. Stanford: Stanford University Press, 2003.

Koepnick, Lutz P. „Forget Berlin." *The German Quarterly* 74:4 (Fall 2001): 343-354.

Krüger, Thomas (Hrsg.). *Die bewegte Stadt: Berlin am Ende der Neunziger*. Berlin: FAB Verlag [kein Erscheinungsdatum].

Ladd, Brian. *The Ghosts of Berlin: Confronting Urban History in the Urban Landscape*. Chicago, London: University of Chicago Press, 1997.

Langer, Phil C. *Kein Ort. Überall: Die Einschreibung von „Berlin" in die deutsche Literatur der neunziger Jahre*. Berlin: Weidler, 2002.

Large, David Clay. *Berlin*. New York: Basic Books, 2000.

Lützeler, Paul Michael. „ „Postmetropolis‘: Peter Schneiders Berlin-Trilogie." *Gegenwartsliteratur: Ein germanistisches Jahrbuch/A German Studies Yearbook* (4/2005). Hrsg. v. Paul Michael Lützeler und Stephan K. Schindler. Tübingen: Stauffenburg, 2005. 91-110.

Meyer, Anne-Rose. „Metropolenpoesie: Durs Grünbeins Berlin-Gedichte." *Gegenwartsliteratur: Ein germanistisches Jahrbuch/A German Studies Yearbook* (4/2005). Hrsg. v. Paul Michael Lützeler und Stephan K. Schindler. Tübingen: Stauffenburg, 2005. 21-47.

Michelin Green Guide to Berlin/Postdam. Watford (Herts): Michelin Tyre PLC, 1997.

Richie, Alexandra. *Faust's Metropolis: A History of Berlin*. New York: Carroll & Graf, 1998.

Siedler, Wolf Jobst. *Phoenix im Sand: Glanz und Elend der Hauptstadt*. Berlin: Propyläen, 1998.

Stoehr, Ingo R. „ ‚Erneuerung in jeder Hinsicht‘: Ein Gespräch mit Durs Grünbein." ‚‘Renewal in Every Respect‘: A Conversation with Durs Grünbein." *Dimension²* 4: 3 (September 1997): 366-375.

Taberner, Stuart and Frank Finlay (Hrsg.) *Recasting German Identity: Culture, Politics, and Literature in the Berlin Republic.* Rochester, N.Y. and Woodbridge, Suffolk: Camden House-Boydell & Brewer, 2002.
Winkler, Ron. *Dichtung zwischen Großstadt und Großhirn: Annäherungen an das lyrische Werk Durs Grünbeins.* Hamburg: Kovac, 2000.

Websites

    http://www.tanjadueckers.de/
    http://de.wikipedia.org/wiki/Berlin
    http://www.berlin.de/
    http://www.wikipedia.org/
    http://de.wikipedia.org/wiki/Hauptseite

CREDITS

Text

Illustrations